精提升与微改造

——"大九寨"旅游区高质量发展的实践与探索

文化和旅游部四川培训基地
（四川省旅游培训中心） 编
九寨沟旅游人才培养开发示范基地

中国旅游出版社

编 委 会

序　言

20 世纪末，国家旅游局推出了旅游景区的三面红旗，即峨眉山、黄山、九寨沟，署名"两山一沟"，并号召全国旅游景区学习。2007 年 4 月，财政部行政政法司原司长李林池到九寨沟考察时，以"景色一流、管理一流、素质一流"高度评价了九寨沟景区的保护、科研、开发和管理工作。多年来，九寨沟都是中国旅游的一面旗帜，在每一次时代变革的过程中都能顺势而为、锐意创新，实现新的突破。

党的二十大报告指出："坚持以文塑旅、以旅彰文，推进文化和旅游深度融合发展。"这为新时代新征程文旅深度融合发展指明了前进方向。九寨沟景区作为世界自然遗产、人与生物圈保护区、国家级风景名胜区、国家自然保护区、国家 5A 级旅游景区和国家地质公园，近年来始终坚持绿色、可持续、高质量发展，提出"全域旅游、生态九寨"和"全域发展、绿色崛起"的发展战略，坚持农旅、文旅融合发展，先后引进 39 家大型企业落户，20 余家星级酒店和国际知名品牌酒店入驻，建成一大批精品旅游项目，已经成为四川乃至全国快速发展、极具活力的地区之一；其成功经验对于持续擦亮"大九寨"文旅品牌，带动四川全域高质量发展具有重要意义，同时对其他旅游景区的发展也具有重要的借鉴意义。

新时代，我国大众旅游全面兴起，旅游已经成为人们重要的休闲生活方式。传统观光旅游模式逐步消退，休闲度假旅游、主题品质旅游、专项订制旅游等市场快速发展。人民群众对旅游消费的需求经历了从"有没有"向"好不好"的转变，从低层次向高品质、多样化转变，从注重观光向兼顾观光与休闲度假转变。本书立足于"大九寨"的历史沿革、经验模式和发展前景，从历史经验与时代变迁的角度出发，将理论研究与实践探索相结合，深入探讨了以九寨沟为代表的"大九寨"国际旅游区建设经验和未来发展，对于新时代旅游景区高质量发展以及文旅融合发展都具有较高的学术价值和实践意义。

本书从"大九寨"的概念、内涵和意义出发，分析了新时代"大九寨"建设的背景和必要性，探讨了"大九寨"建设面临的发展机遇，以及新时代旅游业的新需求。通过对"大九寨"文化生态旅游发展理念和原则的深入探讨，总结了九寨沟景区管理的成功经验，梳理了"大九寨"区域文化生态旅游发展的经验，探讨了"大九寨"景区带动型文化生态旅游高质量发展模式，以及新时代文旅产业转型升级和高质量发展的新路径。

本书结合旅游发展新趋势，探索旅游新模式、新业态，以及如何进行新旧动能的转换，守正创新、释放活力。本书的后半部分从"精提升、微改造"的思路着手，针对传统景区空间受限、收入面临瓶颈等问题，探讨了如何通过文化旅游新模式、新场景建设，牵引全域经济社会发展。从景区牵引、文旅融合、产业带动、文创助力等角度归纳了文化生态旅游发展的几种新模式，提出了发展数字文旅、沉浸式体验、文化演艺、文博旅游、旅游风景道等旅游新场景，丰富了文化旅游体验的途径。本书还结合旅游民宿和生态康养这两类高附加值的生态旅游产品在推动"大九寨"乡村振兴方面提供了值得借鉴的经验，为新时期建设世界级旅游景区和世界重要旅游目的地，实现旅游景区可持续高质量发展提供了思路。

本书通过丰富而生动的案例，针对当前文化旅游产业发展面临的问题，结合九寨沟、黄龙、四姑娘山、达古冰川等阿坝州生态旅游开发的典型案例，同时对浙江莫干山、安徽黄山、吉林长白山，以及"只有河南·戏剧幻城"等国内文化旅游"精提升、微改造"的典型案例进行深入剖析，为读者提供了丰富的实践参考。

综上所述，本书是在新时代、新文旅、新消费背景下，结合四川省建设世界重要旅游目的地的要求，全面总结九寨沟景区发展的成功经验，围绕"大九寨"国际旅游区建设，从实践经验和创新探索两个方面对生态文化旅游高质量发展的诸多内容进行了探讨。本书脉络清晰、内容丰富、案例生动鲜活，能让读者更深刻地认识生态文化旅游高质量发展的历史经验和未来发展趋势，对文旅业界人士和相关领域学者来说，是一部具有重要参考价值的专业资料。

四川省人民政府文史研究馆馆员
中国旅游景区协会副理事长
四川省旅游景区管理协会会长

秦福荣

前　言

九寨沟拥有"世界自然遗产""世界生物圈保护区""绿色环球 21"三项国际桂冠，是国家首批 5A 级旅游景区，还是世界顶级的生态旅游区。"大九寨"国际旅游区是四川省委、省政府确定的世界级生态旅游精品旅游目的地，是推进四川旅游国际化、绿色化、开放化的重要支撑。在新时代的背景下，旅游业作为国民经济的重要支柱产业，已经成为各个国家和地区竞相发展的热点。"大九寨"国际旅游区围绕打造世界级生态旅游精品旅游目的地的目标，也在各个方面进行升级改造，产品不断迭代、体验不断优化、效益持续提升，推进了四川旅游的现代化、生态化、品质化。由此，《精提升与微改造——"大九寨"旅游区高质量发展的实践与探索》这本书应运而生，旨在对"大九寨"旅游区的高质量发展进行深入探讨、总结经验、提出建议，为未来的发展提供指导。

本书共分为 11 章，内容涵盖了"大九寨"旅游区的概念、内涵、意义、发展背景、现状、机遇、挑战，以及对未来发展方向的思考与展望。通过对"大九寨"国际旅游区景区管理的成功经验、文化生态旅游发展的理念和原则、全域景区"精提升与微改造"等方面的探讨，为"大九寨"旅游区的高质量发展提供有益的借鉴和启示。

第一章绪论，从"大九寨"的概念、内涵和意义出发，分析了新时代"大九寨"建设的背景和必要性，探讨"大九寨"建设面临的发展机遇，以及新时代的旅游业需求。

第二章深入探讨了"大九寨"文化生态旅游发展的理念和原则，包括推动文旅融合和全域旅游战略、旅游绿色低碳发展以及在旅游发展中铸牢中华民族共同体意识等内容。

第三章总结了九寨沟景区管理的成功经验，包括生态景观保护、绿色景区建设、数字九寨建设、品牌营销推广、文旅融合发展、旅游人才培养以及灾后恢复重建等方面的经验。

第四章重点分析"大九寨"文化生态区域发展经验，探讨全域景区的建设实践以及在生态保护和经济发展协同推进、景区辐射带动区域发展等方面的经验。

第五章梳理了"大九寨"文化生态旅游发展的经验，包括"大九寨"模式的作用和成效、文化生态旅游发展的主要举措以及经验总结。

第六章探讨了"大九寨"景区带动型文化生态旅游高质量发展模式,包括旅游业结合新发展理念的融合发展模式、通过景区发展带动旅游城镇化的"九寨"模式以及促进全域旅游发展的"三微三态"新路径。

第七章和第八章分别探讨文化生态旅游的新模式"精提升"与"微改造",涉及旅游景区牵引全域发展、文旅融合赋能绿色发展、产业园区带动高质量发展等方面的作用,以及数字文旅场景、沉浸式体验场景、文化演艺新场景等旅游新产品新业态建设。

第九章和第十章分别关注旅游民宿推动"大九寨"乡村全面振兴以及生态康养旅游推动"大九寨"度假旅游目的地发展,探讨了旅游新业态如何结合生态资源进行融合的路径,包括旅游民宿对乡村振兴的作用、路径和典型案例,以及生态康养度假旅游目的地建设路径和典型案例。

第十一章通过具体案例分析,总结四川省文化旅游发展案例以及国内文化旅游"精提升微改造"的典型案例,为"大九寨"旅游区的高质量发展提供借鉴。

在撰写本书的过程中,我们得到了四川省文化和旅游厅、四川省旅游学会、四川省旅游协会、四川省旅游景区管理协会、九寨沟风景名胜区管理局等单位的大力支持和帮助,在此致以诚挚的谢意!

当前,我国许多民族地区都将旅游作为优势产业进行培育,本书力求全面、系统地展示"大九寨"旅游区高质量发展的实践经验,并对未来生态旅游的高质量发展进行了多方面的展望,以期能为类似地区在旅游研究、实践和政策制定等方面提供有益的参考和案例。如果本书的研究成果能为其他地区的旅游发展提供行之有效的启示和借鉴,那将是我们最大的荣幸!

编　者

目　录
CONTENTS

绪　论

| 第一节 |

"大九寨"的概念、内涵和意义

作为四川省委、省政府确定的世界级生态旅游精品旅游目的地,"大九寨"国际旅游区在推进四川旅游国际化、绿色化、开放化过程中发挥着重要的支撑性作用。"大九寨"国际旅游区的发展立足于阿坝州的资源优势、生态优势、产业优势,通过项目带动、政策引导、区域合作、体制创新,将经济发展、社会建设、生态保护、富民强区、文化传承五项抓手融为一体,既是民族地区实现绿色转型发展的新探索,又是惠民富民、强州强县的新模式。对"大九寨"发展模式进行研究和总结,将为民族地区全面建成小康社会的探索提供可借鉴、可复制、可推广的宝贵经验。

作为民族区域经济高速发展的一个特例,"大九寨"经济发展模式结合了阿坝州经济发展、社会建设、生态保护、富民强区、文化传承实际,立足阿坝州特有的资源优势、生态优势、产业优势、区位优势,以九寨、黄龙为中心,辐射成都、绵阳和阿坝州广大区域,通过国家支持、项目带动、政策引导、区域合作、体制创新、产业联动等方式,快速实现该区生态旅游发展建设,从而带动相关区域和辐射区政治、社会、文化和经济可持续高速发展。

一、"大九寨"的概念及其提出背景

过往传统的粗放型旅游发展模式带来一定经济效益的同时,也伴随着各类型的负面影响,在"生态优先"发展理念下,完善生态保护政策,探寻人与自然、社会与环境和谐共生的生态旅游发展模式渐成主流。开发生态旅游资源、建设生态旅游产品、开展生态旅游经营、实行生态旅游管理、培育生态旅游消费,已经成为旅游行业和市场的共识。[1]

2002年,四川省委、省政府做出"加快建设大九寨国际旅游区"的决定,九寨沟县、红原县、松潘县、若尔盖县列入其中。2003年,四川省委、省政府将黑水县纳入大九寨国际旅游区整体推出。通过整合阿坝州中北部区域丰富的自然生态和历史文化资源,大九寨

国际旅游区现已成为融会议商住、休闲度假、旅游观光、运动探险于一体的综合性国际旅游目的地，成为展示川西美景的旗舰型产品和重要世界级平台，这使四川省委、省政府首次正式提出建设"大九寨"国际旅游区，并将其作为拉动四川旅游跨越式发展进而助推区域高质量发展的重大战略举措。

《国务院关于加快发展旅游业的意见》提出要把旅游业培育成为国民经济战略性支柱产业和人民群众更加满意的现代服务业，将发展旅游业纳入国家战略体系。四川省委九届九次全会上又进一步提出："要由风光旅游提升为文化旅游，四川旅游要由点式营销提升为量身打造的精品线路。"在 2012 年的阿坝州旅游工作会议上，州委、州政府提出了"着力打造'阿坝全域旅游景区'新品牌，加快推进旅游二次创业进程"的总体思路。推动旅游产业转型升级、加快旅游二次创业，既可优化经济结构、转变发展方式，又能拓宽创业平台、提供大量就业机会；既可富裕百姓、提高广大居民生活质量，又能使人们开阔胸襟视野、追求文明进步；既可凭借优势资源和优良生态繁荣经济，又能在开发建设中使资源和环境得到合理利用和有效保护。州委、州政府在新的历史机遇下，立足于区域实情提出全域旅游的新发展战略，标志着阿坝州将以"大九寨"为主要载体切实转变旅游经济发展方式，从而实现从重量到重质的转变。

2013 年 8 月 22 日，《四川省人民政府关于加快建设旅游经济强省的意见》颁发，该意见提出形成旅游多点多极支撑发展新格局："大成都旅游经济区保持首位发展，培育成德绵乐、成渝、成雅攀 3 个旅游经济带和大九寨、环贡嘎、亚丁香格里拉、川南、秦巴 5 个特色旅游经济区。"同时，该意见明确提出实施旅游景区提升计划，完善大成都、大九寨、大峨眉等世界级旅游目的地，建设大香格里拉、环贡嘎山、攀西阳光、蜀道三国、"醉美"川南、秦巴山地、嘉陵画廊、白酒金三角、熊猫家园、藏羌走廊等新兴旅游目的地[2]。四川省再次将"大九寨"建设作为建设旅游经济强省的重要方向。"大九寨"是依法兴旅、推进旅游业跨越式发展的重要任务之一，是全省旅游精品，具有区域旅游经济增长极的实力和全国乃至世界旅游影响力。

从历史发展脉络来看，"大九寨"的提出与中央经济发展方式转变、推进跨越式发展和实现长治久安的政策取向一脉相承，是阿坝州委、州政府积极响应中央号召，"以资源科学开发为重点加快特色优势产业培育，大力提升阿坝州自我发展能力"的重要途径[3]。大九寨生态旅游的发展，有助于加快阿坝州旅游产业转型升级，增强全州旅游产业的发展动力、创新能力和竞争活力，增强旅游富民惠民带动能力，促进生态文明建设和经济社会建设，有助于壮大少数民族地区团结稳定的和谐力量，扩大少数民族地区对外开放，加强民族团结，推动民族互助、和睦相处、和衷共济、和谐发展。

二、"大九寨"的空间范围界定

大九寨国际旅游区位于四川省北部高原之上，阿坝州东北部，距离成都市 300 多千米，其核心区域主要有九寨沟县、松潘县、若尔盖县、红原县、黑水县、汶川县、茂县、理县、小金县九县，外延部分还囊括成都市、德阳市、绵阳市、广元市部分区域，中心区和外延区共同构成了四川省精品旅游环线九环线的主体。其中，阿坝州的九寨沟县、松潘县、若尔盖县、红原县、黑水县为"大九寨"国际旅游区核心区（北纬 31° 35′~34° 19′，东经 101° 51′~104° 26′），面积共 32256 平方千米，形成了以九黄喀斯特水景为主体，涵盖川西森林、草原、湿地、冰川的精品生态旅游区，集结与生态旅游业相关的高水平酒店服务、文化创意、商贸物流、农副产品及旅游纪念品加工的行业企业。鉴于数据资料的可获得性和可比较性，本书将"大九寨"核心区阿坝州作为重点研究领域（见表 1-1）。

表 1-1 "大九寨"核心区地理环境基本信息

行政单元	地理坐标	辖区面积 （平方千米）	地形地貌
九寨沟县	东经 103° 46′ ~104° 26′ 北纬 32° 54′ ~33° 19′	5290	以高山为主，另有部分山原和平坝；地貌多样，以喀斯特钙华沉积为主导。
松潘县	北纬 32° 06′ ~33° 09′ 东经 102° 38′ ~104° 15′	9339	以中山为主，地貌东西差异明显。
若尔盖县	东经 102° 08′ ~103° 39′ 北纬 32° 56′ ~34° 19′	10620	中西部和南部为典型丘状高原，北部和东南部为山地。
红原县	东经 101° 51′ ~103° 23′ 北纬 31° 50′ ~33° 22′	8398	南部为山原，北部为丘状高原；地貌具有山原向丘状高原过渡的典型特征。
黑水县	东经 102° 35′ ~103° 30′ 北纬 31° 35′ ~32° 38′	4154	地势由西北向东南倾斜，境内群山屹立，河谷深切。

在地理空间上，"大九寨"地区位于四川盆地向青藏高原过渡地带，以山地和高原地形为主，喀斯特地貌发育充分，拥有规模宏大、造型奇特的高寒岩溶地貌和湖泊峡谷风光，蕴藏大量优质旅游资源。区域内各县市唇齿相依、抱团取暖、优势互补、合作共赢，加强基础设施建设、旅游线路统筹、市场共享，进一步凸显生态文化旅游产业战略支柱地位，共同打造具有世界影响的国际旅游目的地。

除了地理上的有形空间外，"大九寨"之所以能够成为举世瞩目的旅游目的地，还在于其独特的、无形的文化晕染。该区域为多民族聚居区，并尤以少数民族文化特色著称，在长期的文化交流中，藏羌文化对其他民族文化逐步吸收，加以整合，使外来文化有机地融入藏羌文化之中，形成了独特的多元文化繁荣共享的幸福景象。

"大九寨"地区民间多种宗教信仰融合共处、并行不悖，反映了藏羌民族对不同宗教和教派兼包并容、为我所用的态度和混融性影响，体现了藏羌文化很强的兼容并蓄特质。"大九寨"地区是多民族聚居区，历史形成了"大杂居、小聚居"的民族分布。汉、藏、羌等民族文化在杂居区内多元并存，是藏羌文化兼容性的另一个侧面。不同民族的家庭成员，大都保持着各自民族的一些固有生活方式与习惯，互容共存，彼此尊重。

艺术方面，藏羌戏剧在吸收汉地戏曲艺术的基础上进行再创作，加入内地乐器和表演程式，使其成为独具风韵的藏羌戏剧。这种融合还体现在舞蹈、建筑和文学等方面。科技医药方面，现代藏羌医药在立足于藏羌传统医药学，充分吸中西医科研成果和诊疗方式的基础上，中西结合、内外相继，融合创新更具现代价值的地道藏羌医药。

除此之外，藏羌文化在文化习俗、生活习惯等方面也呈现出浓厚的文化整合特性。举例观之，"大九寨"的少数民族居民不仅习惯于过自己的藏历新年或羌历新年，同时也会过传统汉式春节，这种汉文化的吸纳和接收呈现出其独有的基于年节观念基础上的文化整合性；汉藏文化融合或汉羌文化融合所形成的新式婚仪则是多民族文化整合的典型产物；汉民族常用的人字形屋顶与藏羌式的石砌屋墙结合的新式碉楼民居则展现了汉藏文化或汉羌文化在建筑艺术上的文化整合；此外更为常见的便是饮食、服饰和语言上的整合性，如习惯于吃藏餐或羌餐的同时，又对汉餐十分喜好；日常生活既会在特定节日中着藏服或羌服，又会将汉服作为日常服饰。

绚烂多姿的藏羌文化以其丰富的文化底蕴和精神魅力浸染着整个阿坝大地。在阿坝金碧辉煌的寺庙中，藏羌人民借用壁画、唐卡和雕塑等艺术形式，生动形象地展现其民族独有的文化魅力和艺术构思；在建筑、装饰、手工艺品和服饰、歌舞、藏戏和说唱艺术等方面，藏羌人民更强烈地表现出独特的审美情趣和创造力，形成了藏羌文化特有的风格和气韵[4]。

"大九寨"地区在语言、习俗、生活方式和信仰习惯等许多方面同样具有独特性。这一特性凸显在集合雍仲本教、藏传佛教、汉传佛教和道教等多元文化因素对藏羌社会和文化层面的影响上[5]。举例言之，作为"藏缅语族文化走廊"的核心地段，阿坝州域内的藏羌文化并非具有单一性，其文化内涵的融合性、开放性使其在发展过程中不断吸纳其他文化的优秀所在，藏羌文化与汉族、满族、回族、蒙古族等民族文化彼此吸收、融合、发展所形成的具有时代特征的多元民族文化在此汇集，呈现渗透着其独有多元文化因素的独特形态。

源远流长的民族历史、积淀深厚的民族文化、内涵广博的民族精神在此交织，呈现出其独有的文化和历史厚重感。以茂县营盘山、汶川姜维城、马尔康各尔俄、黑水八字村为代表、具有藏羌文化特质的新石器遗址的发现，使其文化溯源可追溯至距今5000~6000年前的新石器时代。遍及岷江、大渡河两岸的石棺葬，表现出从先秦以来浓厚的氐羌文化遗存；

历经千年而屹立不倒的藏羌古碉是藏羌文化厚重积淀的完美诠释；曲折蜿蜒、绵延千载的茶马古道增强了内地与西南的文化交流和经贸联系，契合"一带一路"、长江经济带的国家发展战略；以"爬雪山，过草地"为特征的长征精神在此留下丰厚的精神足迹，渐已成为藏羌文化中最雄浑激越的壮美乐章。

以藏羌文化为主体，兼容历史文化、红军文化、长江文化、黄河文化，具有多元性、复合性、原生性特色的地域文化，构成了无形的"大九寨"[6]。

三、"大九寨"的核心旅游资源

"大九寨"地区是全球世界自然遗产地和生态保护区最多、最集中的自然生态旅游区，是世界自然生态旅游最佳目的地，是认识华夏民族历史文化的重要民族走廊，是世界了解中国大熊猫及其相关自然生态环境的最佳窗口，是了解青藏高原形成过程及现代新构造运动与地震活动最理想的地区[7]。

"大九寨"国际旅游区的主要旅游资源包括奇异瑰丽的山水、国宝熊猫的家乡、多彩的羌藏民族文化与神秘的藏传佛教文化、绮丽非常的草原风光、红军长征遗址五个方面，种类丰富。按照"二分法"，"大九寨"国际旅游区主要旅游资源可梳理如下（见表1-2）。

表1-2 "大九寨"区域旅游资源一览表

类型	级别	亚类	主要旅游资源名称
自然旅游资源	世界级	世界遗产地	九寨沟（含神仙池）、黄龙（含牟尼沟、丹云峡、雪宝顶）
	国家级	风景名胜区	九寨沟—黄龙寺风景名胜区
		自然保护区	四川九寨沟国家级自然保护区、四川若尔盖湿地国家级自然保护区
		湿地保护区、湿地公园	黄河九曲第一湾、热尔大草原、月亮湾、日干乔
	省级	风景名胜区	叠溪地震湖、卡龙沟
		自然保护区	白河自然保护区、雪宝顶、勿角自然保护区
	其他		黑水达古冰川、降扎温泉
人文旅游资源	国家级	非物质文化遗产	㑇舞、南坪曲子、川西藏族山歌、登嘎甘伯（熊猫舞）
		全国重点文物保护单位	松潘古城墙、阿坝红军长征遗迹（黑水县、松潘县、若尔盖县、红原县部分）
	其他	古城古镇	松州古城、川主寺镇、叠溪古城
		宗教文化	川主寺、藏传佛教及麦洼寺、刷经寺、郎木寺
		羌、藏风情	火圈舞、涂墨节、安多藏族风情、游牧部落文化、民歌、民族服饰
		红军长征遗址	巴西会议会址、红军长征纪念碑碑园、毛儿盖会议会址、沙窝会议会址、芦花会议会址

自然旅游资源富集。域内拥有"世界自然遗产""世界生物圈保护区""绿色环球21"三项国际桂冠和国家首批5A级旅游景区称号的九寨沟风景名胜区和黄龙风景名胜区的龙头景区，以及区内其他自然旅游资源，如九寨沟县勿角大熊猫、白河金丝猴和贡杠岭、松潘县雪宝顶、若尔盖县黄河九曲第一湾、热尔大草原、花湖和降扎温泉，红原县月亮湾草原生态旅游区、日干乔国家湿地公园、黑水县达古冰川和卡龙沟等。目前，全域已建立自然保护区24处，占全州辖区面积的29%，目前共有九寨沟、黄龙、汶川特别旅游区3个5A级景区，四姑娘山、达古冰川、汶川大禹文化旅游区、茂县羌乡古寨、金川观音桥、桃坪羌寨—甘堡藏寨、毕棚沟、叠溪—松坪沟、马尔康卓克基嘉绒藏族文化旅游区、若尔盖黄河九曲第一湾景区10个4A级景区，被誉为世界生态旅游最佳目的地。草原湿地、水系交错、原始森林、天然彩林、高原湖泊，自然景观比比皆是，具有良好的生态旅游发展基础。

人文旅游资源丰富。历史、宗教、民族、红色和非物质文化等多种类型的人文旅游资源逐步引起政府、旅游企业和旅游者多方关注。"大九寨"拥有巴西会议会址、红军长征纪念碑碑园、毛儿盖会议会址、沙窝会议会址、芦花会议会址等红军长征遗址，全境几乎都留下红军长征的足迹，是我国红色旅游精品旅游线路的重要组成。区域历史文化积淀深厚，有马尔康卓克基土司官寨、松岗直波碉楼（含羌寨碉群）、松潘古城墙、壤塘棒托寺、错尔机寺、营盘山和姜维城遗址、日斯满巴碉房、阿坝州红军长征遗迹等全国重点文物保护单位。黑水卡斯达温、金川马奈锅庄、九寨沟傩舞、羌笛演奏及制作技艺、羌族瓦尔俄足节等民族文化遗产入选首批《国家级非物质文化遗产名录》。羌族羊皮鼓舞、藏族编织、挑花刺绣工艺、登嘎甘等民族文化遗产也分批入选《国家级非物质文化遗产名录》。区域内有松州、川主寺镇、叠溪等历史文化厚重的古城古镇，川主寺、藏传佛教及麦洼寺、刷经寺、郎木寺等宗教文化的聚集地和扩散地。域内不仅有火圈舞、涂墨节、民歌、民族服饰等民族风情的演绎，更有傩舞（见图1-1）、南坪曲子、川西藏族山歌、登嘎甘傩（熊猫舞）等文化遗产展示，显示出独特的民俗文化魅力。

该区域等级高、容量大的自然旅游资源，类别多样、深厚鲜明的人文旅游资源为"大九寨"建设具有世界级影响力的旅游区打下独

图1-1 白马藏族傩舞表演（建措摄）

特的资源基础。其中以下四项是"大九寨"的核心特色，在世界中占据重要的地位。

（一）九寨地质奇观，世界自然遗产

"大九寨"区域地质背景复杂，构造运动强烈，褶皱断裂发育，冰川岩溶作用强烈，造就了类型丰富的地质奇观。九寨沟内 U 字形谷中侧碛堤、终碛垄发育良好，是我国西部第四纪古冰川遗迹保存最完好的地区之一，被誉为"世界地质博物馆"。其地质构造遗迹以及富含古生物的地层对于研究区域地质演化、构造形变以及沉积序列等地质事件均有重要意义，是进行地质对比研究的理想场所。碳酸盐岩发育了大规模的钙华沉积，形成钙华群湖、钙华叠瀑（见图 1-2）、钙华滩流等水体景观，与连绵起伏的雪峰、明艳亮丽的彩林、湛蓝明朗的天空相映生辉，共同构成九寨沟、黄龙、神仙池、甲勿池、牟尼沟等区域"童话世界"般的景致，拥有"世界自然遗产"和"世界生物圈保护区"双桂冠。"大九寨"地质景观具有典型性、稀有性和完整性，在国际上具有无可替代的美学价值和科学价值。

图 1-2　九寨沟诺日朗瀑布（桑吉摄）

（二）藏羌风情浓郁，世界民族文化展示窗口

"大九寨"文旅品牌处于藏羌彝文化产业走廊的核心地带，民族文化历史积淀深厚、内涵博大精深、形态多姿多彩。区域拥有松潘古城、牟托羌寨、中国古羌城、桃坪羌寨、汶川萝卜寨、大录古藏寨、白马藏寨等众多原生态藏羌古寨，形态自然古朴，风貌特色十足。现存白马藏族伧舞、熊猫舞、卡斯达温舞、羌笛演奏及制作技艺、南坪曲子、禹的传说、羌年、羌戈大战、藏族编织、挑花刺绣工艺、川西藏族山歌、羌族刺绣、羌族碉楼营造技艺、羌族多声部民歌、羌族瓦尔俄足节、羌族羊皮鼓舞16项国家非物质文化遗产，保护传承良好，文化氛围浓郁，是展示我国藏羌民族文化的国际窗口。

（三）黄河水源涵养地，自然生物基因库

川西北若尔盖大草原位于青藏高原生态屏障核心腹地，是全球最大的高寒泥炭沼泽湿

地之一，拥有"世界最大高原泥炭沼泽""国家级高寒湿地生物多样性保护区""中国最美湿地"等美誉。1998 年建立若尔盖湿地国家级自然保护区，2008 年成为"国际重要湿地"，主要保护对象为世界上最大的高原泥炭沼泽湿地生态系统和黑颈鹤、白尾海雕、玉带海雕、胡兀鹫等世界濒危野生动物，生态价值极高。黄河 30% 的水发源于若尔

图 1-3　九寨沟川金丝猴（冯刚摄）

盖草原，是黄河上游重要的水源涵养地，也是黄河生态经济带重要组成部分。此外，大九寨区域横跨大熊猫、川金丝猴（见图 1-3）、白唇鹿以及黑颈鹤栖息地自然保护区，珍稀动植物众多，被称为"活化石的宝库"和"生物遗传基因库"。

（四）国际美誉度极高，市场影响力显著

"九寨·黄龙"是"大九寨"品牌市场价值核心。"九寨·黄龙"国际市场口碑良好，具有很高的世界影响力。该品牌在国内亦有品牌影响力及忠诚度高，常年处于"全国 5A 级景区品牌 100 强"榜中前十位，MBI 指数（迈点品牌指数 MBI 主要从搜索指数、舆情指数、运营指数、媒体指数 4 个维度分析品牌在互联网和移动互联网的影响力）常年维持在 200 以上。回到四川省内，九寨沟景区在各大旅游平台网站中常年占据四川最受欢迎景点第一位，有广泛的传播度和美誉度，品牌市场价值极高。

四、"大九寨"的核心旅游产品

（一）"九寨·黄龙"世界遗产观光旅游产品

"九寨·黄龙"世界遗产观光旅游产品。以九寨沟、黄龙世界自然遗产为龙头的精品景区组团，包括甘海子、神仙池等周边景区，是世界上品质顶级的自然遗产观光产品，也是生态文明建设新样板、世界自然遗产保护的典范。

世界遗产科普旅游产品。根据《保护世界自然和文化遗产公约》教育计划，"九寨·黄龙"世界遗产科普研学旅游产品是未来大九寨区域前景无限的品质旅游项目。VR、AR、全息投影等高科技手段在地质科普馆中模拟区域地质景观形成过程。全年龄段编制科普读物、游赏线路上的图文标识和自助语音导览系统持续完善，对应实景阐述九寨黄龙钙华池的地质成因以及发展过程，具有影响力的九寨沟全国科普教育基地正在形成。

（二）"冰川草原"生态观光体验旅游产品

川西北大草原是黄河上游重要水源涵养地和补给地，在黄河流域生态系统中占有重要的地位，大草原的生态基地提供了草原、湿地、冰川等品质优良的自然生态观光旅游产品。依托若尔盖、红原等辽阔的草原湿地旅游资源的保护性开发，正在建设国家生态旅游示范区、若尔盖国家公园、黄河国家文化公园等重大旅游品牌。"冰川草原"生态观光游除了观光，还培育了骑马、低空飞行等特种交通工具体验产品。

独树一帜的户外运动旅游产品。达古冰川、毕棚沟、米亚罗、古尔沟等旅游景区正在以"户外运动＋赛事＋露营"模式培育户外运动基地、自驾车营地、山地自行车邀请赛等新型旅游业态。冬季户外运动、温泉休闲度假、自驾车营地体验等旅游产品体系不断完善，已经形成了知名度影响力俱佳的山地户外运动旅游品牌。

（三）"藏羌探秘"民族文化体验旅游产品

特色突出的藏羌旅游村寨。松潘古城、牟托羌寨、中国古羌城、桃坪羌寨、大录古藏寨以及汶川萝卜寨等原生态藏羌村寨结合幸福美丽新村、富民安康工程、特色文旅小镇建设等措施，村寨风貌、基础设施及公共服务设施正在不断提升，在大九寨区域形成了一批具有历史记忆、地域特色、民族特点的藏羌文化旅游村寨。

藏羌文化深度体验旅游产品。"大九寨"区域具有藏羌汉多民族融合的深厚文化特色内涵，通过文旅产业融合深度推进，丰富的非物质文化遗产在保护传承、活态展示中形成了一批民族文化博物馆、"非遗"传习基地、特色文化街区、文化产业园等项目。目前的藏羌民族传统节庆，创新文化演艺，藏羌家访、民族婚礼、村寨探秘等民俗文化深度体验旅游产品正在不断涌现，世界级的藏羌彝民族文化旅游走廊已经初步成型。

（四）"雪山宝顶"生态休闲度假旅游产品

现代山地休闲度假旅游产品。目前中查沟、九寨云顶、永乐温泉谷等核心项目已经引进国际度假酒店品牌，山地运动、天文观星、户外探索、温泉康养等休闲产品逐步成型，成为九寨沟世界休闲度假旅游目的地的重要支撑，为"大九寨"品牌转型升级提供了新动力。

自然探索研学旅游产品。环雪宝顶区域具有优越的自然生态环境以及生物多样性资源，白河国家级金丝猴自然保护区、勿角民族生态旅游试验区、王朗国家自然保护区等项目正在依托大熊猫国家公园建设，建立珍稀动物研究基地及志愿者中心，邀请专家进行现场授课，开拓青少年科普研学旅游市场。自然课堂、生态营地等一批自然探索研学旅游产品正在创新打造，未来将建立全国研学旅游示范基地。

（五）"长征丰碑"红色文化体验旅游产品

"大九寨"区域以雪山草地长征线路为主要依托，拥有松潘全国爱国主义教育基地红军长征纪念总碑以及毛儿盖会议、沙窝会议、巴西会议、芦花会议等红色文化资源。拥有红军长征纪念馆、红色文化教育基地、长征精神系列文艺产品等红色文化旅游产品。"重走长征路"及"长征再现"情景体验、"新时代·新征程"文化体验等旅游项目，能进一步弘扬红色长征文化，为加快建设具有影响力的长征文化旅游目的地和长征国家文化公园献力喝彩。

（六）"灾区新貌"文化体验旅游产品

映秀镇汶川地震震中纪念地、汉旺地震遗址、水磨古镇、北川羌城等地震遗址是宝贵的爱国主义教育、科普教育、文化体验旅游资源，通过"灾区新貌"等一系列观光旅游产品的打造，形成了北川县地震遗址博物馆、绵竹汉旺地震遗址公园、唐家山堰塞湖、青川东河口地震遗址公园等为主体的纪念缅怀、科普教育、虚拟展示与体验等旅游产品。通过旅游产品建设，是传承伟大抗震救灾精神的重要载体，将被打造成我国重要的爱主义教育基地。

（七）"诗仙寻踪"文化体验旅游产品

"李白故里"文化旅游产品。绵阳江油李白纪念馆景区、青莲小镇、李白故居旅游景区正在开发李白故里寻踪游、诗仙文化体验游等旅游产品，丰富了区域李白文化旅游产品体系。九环线上的"李白故里·诗仙寻踪"文旅品牌建设正在为过去相对弱势的九环东线提供更高品质的文化旅游产品。

"诗意江油"研学旅游产品。江油针对青少年研学旅游市场及国内外文化爱好者旅游市场，打造了以唐诗为主题的研学旅游产品，通过传播诗歌文化，建设全国中小学生研学实践教育基地，提升了"诗意江油"旅游形象。

（八）"月光九寨"文化旅游产品

"九寨不夜城"夜间休闲文化旅游产品。以九寨沟县城、漳扎镇、川主寺镇等为主要载体，依托美术馆、音乐厅、大剧院等大型公共文化服务设施，通过打造街头展演、大型灯光秀等网红景点，营造沉浸式消费场景，提供繁荣的夜间旅游消费场所，正在进一步打造集游赏、购物、餐饮、娱乐、休闲于一体的"九寨不夜城"。

节庆文化旅游产品。围绕藏羌民族传统文化，举办羌年、盛夏雅敦节、传统民俗度炯节、安多赛马节等节日庆典活动和九寨沟冰瀑旅游节等现代旅游节庆，提供了国内外游客共同参与，展示民族文化魅力，传承民族文化精神的系列旅游节庆产品。

文化演艺旅游产品。深入挖掘非物质文化遗产资源，加大"非遗"保护传承力度，开展了登甘嘎伯（熊猫舞）、南坪曲子、仵舞等"非遗"文化展演项目。通过吸引国内外优秀演艺制作团队，运用现代科技，提升文化演艺水平，推出了以"九寨千古情""藏谜""羌魂""梦幻九寨""天地松州""高原红"、松潘花灯舞等为代表的旅游文化标志性演艺产品，扩大了"大九寨"区域特色演艺品牌的覆盖面和影响力。

五、"大九寨"世界遗产国际旅游线

"大九寨"世界遗产国际旅游线以大九寨、大草原品牌为核心，通过九环西线和东线，串联阿坝、德阳、绵阳、广元。

从成都到九寨沟的这条旅游线路途经都江堰—青城山、大熊猫栖息地、黄龙、九寨沟4处世界遗产，是四川旅游的金牌旅游线路。该旅游线路又分为西线和东线，西线为成都—都江堰—汶川—茂县—松潘—九寨沟，东线为成都—绵阳—江油—平武—九寨沟—黄龙。不论是东线还是西线，都充满着精彩的自然风光和多彩的民族文化。

（一）旅游交通

从成都出发可以经过 S9 高速游览都江堰水利工程、映秀地震遗址，再沿着 G213 线游览中国古羌城、松坪沟、牟尼沟、松州古城，在松潘川主寺转平松路游览黄龙景区后，需经过 S301 线到达九寨沟，再从九寨沟经过 S301、S205 线游览白马王朗、平武报恩寺、九皇山猿王洞、李白故里，从江油驶上 G5 高速。对于时间紧张的游客，也可以选择直飞至阿坝州九黄机场，选择九寨沟和黄龙进行游览。

（二）沿线主要景区景点

1. 都江堰水利工程

都江堰水利工程是世界文化遗产都江堰—青城山的一部分，两千多年来一直为天府之国——四川的繁荣做出巨大贡献。景区里面有秦堰楼、安澜索桥、鱼嘴、飞沙堰、宝瓶口等主要景点，除了观赏了解水利工程之外，走在摇晃的安澜索桥之上也是值得回味的体验。

2. 映秀地震遗址

2008 年汶川大地震的震中映秀作为重灾区已经得到了全面重建，映秀地震纪念馆和漩口中学遗址目前被保存下来作为纪念反思和科普教育的重要场所。

3. 中国古羌城

阿坝州茂县古羌城是全国最大的羌族文化展示地。古羌城按照羌王官寨的历史结合现代建筑工艺打造，有活态展现羌族文化的羌王官寨、羌族博物馆，还有银龟圣山、先龙坪、金龟神山、凤仪坪、古羌城门等景点。

4. 松坪沟

松坪沟及旁边的叠溪海子是九环线上的精致景点，红叶、牦牛、高山、溪流、湖泊、村民构成了世外桃源般的清新画面。叠溪海子是由于地震而形成的，被誉为我国目前保存最完整、最典型和最大的地震遗迹。

5. 牟尼沟

松潘县牟尼沟景区紧邻松潘县城，牟尼沟的钙华景观好似黄龙，而大大小小的透明湖泊又很像九寨沟，可以说兼具九寨黄龙两大世界自然遗产的特色于一身。目前游客相对较少，喜好清静、崇尚自然的游客能够在这里得到满足。

6. 松州古城

松潘松州古城一直是边陲重镇，目前有城墙和老街可以游玩，城内的老街风貌古色古香，城门的文成公主和松赞干布像标志着汉藏民族的大团结。在夜间，远山上的城楼会亮起灯光，给这座历史古城增加了几分韵味。

7. 黄龙

世界自然遗产黄龙景区以规模宏大、结构奇巧、色彩丰艳的地表钙华景观为主景，许多层峦叠嶂、大大小小的彩池随着外部倒影和气候光线的变幻呈现出五彩的颜色，所以也被誉为"人间瑶池"。除了彩池之外，雪山、峡谷、森林也是黄龙景区的特色，是这条环线的重要目的地之一。

8. 九寨沟

"九寨归来不看水"，九寨沟可谓中国的水景之王，也是九环线上最璀璨的明珠。各种彩色的湖水美轮美奂，宽阔的瀑布飞流直下，翠绿的溪流穿过金黄的芦苇，不同的鸟儿在树林中歌唱，童话世界一般的景色让所有到过这里的人都交口称赞、流连忘返。沟口有各式各样的星级酒店和特色餐饮，夜间有多场精彩的民族歌舞演出。沟内可以尽情感受自然界的馈赠，沟外则能深度体验多姿多彩的民族风情。

9. 王朗国家级自然保护区

王朗国家级自然保护区位于平武县西北部，生物多样性丰富，国家一级保护动物有大熊猫、金丝猴、扭角羚等 7 种，这里可以感受到非常地道的生态旅游。

10. 白马藏寨

平武县白马藏寨位于九寨沟东环线上，白马藏族被归为藏族的一个分支，插着两根白色的羽毛的白色的荷叶边圆帽是白马藏人最明显的特色，白马藏寨目前还保持着淳朴的风情，对于具有好奇心的游客而言是一个值得探访的地方。

11. 报恩寺

平武报恩寺被称为"深山故宫"，是中国目前保存最好的明朝宫殿式佛教寺院建筑群。全寺为纯木质结构，未用一颗钉子，香炉、瓦当等器物的雕刻都是以龙为主题，据说全寺有 9999 条龙。

12. 九皇山猿王洞

北川羌族自治县的九皇山猿王洞景区由高山溶洞、绝壁栈道、险山茶亭、原始森林、西羌文化所构成。其特色在于洞内有罕见的钙华五彩池，被称为"地下黄龙"。

13. 李白故里

李白故里位于江油市青莲镇，这里可以看到李白故里和太白碑林。在江油市中心还修建了李白纪念馆，里面保存了许多珍贵的馆藏文物，值得喜爱李白和古诗词的文化旅游者一游。

（三）最佳旅游季节和主要旅游活动

"大九寨"世界遗产国际旅游线一年四季皆可旅游，春天的花、夏天的水、秋天的彩林、冬天的雪景都是无比艳丽。

在旅游旺季，茂县古羌城会在早上举行开城仪式。城门缓缓打开，几百名群众演员身披羌族盛装，在羌族释比的带领下走下城门，来到广场之上载歌载舞，与游客同乐。

九寨沟沟口的演艺活动也非常多，不但可以观赏"九寨千古情""藏谜"等大型演艺演出，也能看到大大小小的藏家乐中和藏族儿女一起参与藏式的锅庄活动。

（四）旅游食宿

都江堰水利工程旁的南桥美食一条街里，烧烤、干锅、炒龙虾、香辣蟹、串串香等四川美味应有尽有。茂县则可品尝羌族的洋芋糍粑、酸菜汤；松潘有奶渣包子、贝母鸡、土火锅、清真菜；九寨沟可以到藏家乐品尝藏餐（见图1-4）、烧烤；绵阳的米粉也是不可不尝。

图 1-4　九寨铜锅青稞牦牛肉（梁峰摄）

茂县的古羌城和坪头村有许多羌族特色的精品酒店，松潘县川主寺镇附近的上磨村精品藏寨酒店颇有藏族田园风情，在九寨沟口会聚了除成都市外四川省最多的五星级宾馆。价格根据淡旺季有所不同。

（五）旅游购物

这条线路上可以买到羌绣、藏饰、唐卡、祥巴、牛角梳、冬虫夏草、松茸、蜂蜜、牦牛肉等高原特产。

| 第二节 |

新时代"大九寨"建设的背景和必要性

一、"大九寨"的价值、责任和潜力

（一）"大九寨"最大的价值在旅游

"大九寨"区域具有我国重要的世界遗产，是我国重要的生态安全屏障、高原特色农产品基地、中华民族特色文化保护地、世界旅游目的地[8]。自然资源极为丰富，生态战略地位极为重要，在维护国家生物多样性等方面发挥着不可替代的作用。区域核心旅游资源九寨沟景区和黄龙景区素有"童话世界""人间瑶池"之称，是国家5A级旅游景区、全国唯一拥有"世界自然遗产"和"世界生物圈保护区"两项桂冠的旅游景区。若尔盖大草原被称为"世界上面积最大、最原始、没有受到人为破坏的最好的高原湿地"，有"世界最大高原泥炭沼泽""国家级高寒湿地生物多样性保护区""中国最美湿地"之称。此外，大九寨区域是中国最大的藏羌民族聚集地和唯一的羌族聚居区，拥有松潘古城、中国古羌城、桃坪羌寨等著名旅游景区，是中国藏羌彝文化产业走廊重要组成部分。区域长征遗址众多，红色文化星火燎原。汶川、北川等灾后重建典范，见证中国大爱奇迹。李白故里寻踪，华夏诗歌流传。文化资源数量大、品位高，文化底蕴深厚。

（二）"大九寨"最大的潜力在旅游

良好的生态环境、丰富的生物多样性与自然资源，是"大九寨"区域推进绿色发展、全面建成小康社会的基础和条件[9]。"大九寨"区域世界级的自然与文化旅游资源密集，是四川乃至全国最具代表性的文化旅游名片。"大九寨"区域旅游产品种类丰富，包含世界自然遗产观光、藏羌民俗体验、草原冰山自驾、原乡藏寨度假和红军长征文化体验等，其中以"九寨黄龙"为代表的世界自然遗产观光旅游产品最为突出，具有高品位、多样性、原始性和垄断性的特点，是世界自然生态旅游的最佳目的地。相比之下，区域其他资源开发相对滞后，旅游产品与资源等级不匹配，品牌依附性较强，基础设施建设需进一步完善，市场认同度有待进一步提升，"大九寨"区域性旅游品牌结构体系尚未完全建立。所以，"大九寨"区域仍然具有极大的提升空间，在新时代需要结合人民群众对高品质文旅产品的需求，提供更多优质的旅游产品。

（三）"大九寨"最大的责任在生态

筑牢维护国家生态安全的战略屏障，确保"大九寨"区域生态环境持续良好稳定是党中央、国务院的历史重托，是顺应时代潮流和人民意愿的关键所在。习近平总书记指示："保护好青藏高原生态就是对中华民族生存和发展的最大贡献。"[10]大九寨区域旅游资源集雪山森林、草原湿地、大河峡谷、冰川温泉等自然景观与藏羌风情、红色遗址、地震遗址等人文景观于一体，品位高、分布密、种类齐、组合度高，是全球地质构造最复杂、生物多样性最丰富、自然景观最独特的世界自然遗产聚集地和文化产业走廊。

目前，大九寨区域的生态保护在各方努力下成效显著。"九寨·黄龙"于1992年因其独特的地质景观正式被联合国教科文组织列入《世界自然遗产名录》，1997年被联合国纳入"世界人与生物圈保护区"，并在2001年取得"绿色环球21"证书，其珍稀程度在国际上具有较大影响力。

"九寨·黄龙"按照《保护世界文化和自然遗产公约》《阿坝州九寨沟风景名胜区管理办法》等相关法律法规，严格保护区域自然生态环境以及地质景观。"8·8"九寨沟地震后，为全面科学推进恢复重建工作，九寨沟世界遗产管理局加强国际合作，与世界自然保护联盟（以下简称IUCN）遗产部友好协商，签订为期5年的灾后恢复合作备忘录。世界自然保护联盟帮助优化整合九寨沟监测体系，支持九寨沟参加《保护地绿色名录》申请，制定细化保护管理措施。景区设立院士工作站、国际联合实验室、国际合作基地、博士后工作站和世界自然遗产景观与生态保护国家级综合观测研究站，全方位提升"九寨·黄龙"世界自然遗产地保护管理能力。

二、"大九寨"区域旅游发展面临的问题

（一）地域发展不平衡，旅游产品单一

九寨沟、黄龙景区独占鳌头，域内其他景区知名度不高、影响力不大、发展较慢，区域旅游发展不平衡、不充分问题较为严重，各景区缺乏有效整合，未形成一体化发展格局。旅游产品以传统观光产品为主，开发模式单一，部分景区同质化。文化体验与休闲度假产品规模小、等级低，文旅产品体系结构不完善，亟需供给侧结构性改革。

（二）生态环境脆弱，自然灾害影响大

"大九寨"区域地处青藏高原和四川盆地两大地貌单元的过渡地带，是我国第一大地形

台阶的坎前转折部位，地质环境复杂，生态环境脆弱，遭受自然灾害后生态恢复困难。在严格保护生态环境的前提下，高质量发展文旅产业，推动区域可持续发展，是"大九寨"面临的重大挑战。

（三）基础服务配套设施不足，旅游服务品质不佳

"大九寨"核心地带地处川西北高原，地理区位偏远、生态环境脆弱、经济条件落后，交通路网等级低、密度低、交通运输方式单一，水、电、环卫等基础设施滞后于当地文化旅游发展需求，旅游服务标准化不高，旅游品质参差不齐，制约了文旅产业的高质量发展。

（四）文旅发展保障机制不完善，人才缺乏

在文旅融合新时代的大背景下，"大九寨"区域文旅融合发展仍处于初级阶段，制度、政策、金融等保障体系尚未完善，欠缺有效的发展机制。创新型、专业技术型、现代企业管理等专业人才缺乏，迫切需要建立一套满足品牌发展战略需求的保障机制，支撑"大九寨"区域文旅融合可持续发展。

三、"大九寨"区域旅游发展的原则

（一）尊重自然，生态保护

大九寨区域世界自然遗产丰富密集，属于国家生态保护与建设示范区。坚持节约优先、保护优先、自然恢复为主的原则，以生态文明建设和生态环境保护为根本，实行最严格的生态保护制度，妥善处理好生态环境保护与旅游发展的关系，维护生态本底，构建生态安全屏障，形成资源节约型和环境友好型的旅游绿色产业结构，以实现生态环境与经济社会的协调可持续发展[11]。

（二）核心引领，全域发展

以"九寨·黄龙"作为大九寨品牌建设核心引擎，辐射区域联动发展，有效激活各类相关文化旅游资源，创新个性化的旅游产品，构建精品旅游线路，构建全域、全时、多元的文旅品牌发展格局。统筹推进全域旅游基础设施和文旅服务体系建设，实现区域文旅一体化发展。加快推进区域合作和国际合作，推动形成全面开放新格局，进一步提升大九寨在国际国内旅游市场的影响力和竞争力。

（三）文旅融合，品质发展

坚持以文塑旅、以旅彰文，推动文化和旅游深度融合，深度挖掘区域多元文化资源内

涵，着力提升旅游产品文化内涵，推进"景区＋游乐""景区＋剧场""景区＋演艺"，创新文化旅游新业态，构建"大九寨"文化旅游品牌体系。实施旅游服务业标准化工程，提升全域旅游服务水平、旅游安全环境、旅游诚信与旅游文明氛围，构建值得信赖的国际标准服务，实现"大九寨"区域文旅产业总体品位和整体形象提升，保障"大九寨"在全国乃至世界旅游市场上的吸引力。

（四）以人为本，共享发展

充分发挥文化旅游产业促增长、调结构、扩就业、惠民生的积极作用，把提高城乡居民生活水平和生活质量作为"大九寨"文旅品牌建设的出发点和落脚点，建立资源开发共建共享机制，促进文化旅游资源就地转化，在帮扶农牧民致富奔康、促进社会稳定等方面发挥积极促进作用，提升"大九寨"旅游子品牌市场知名度与影响力。

| 第三节 |

"大九寨"建设面临的发展机遇

一、"新常态"下旅游产品供给侧提档升级

中国经济已进入温和低速增长的"新常态"，由先前的数量优先向质量为先转变。一方面，经济增速减缓虽难以避免，但我国整体仍处于工业化、信息化、城镇化和农业现代化进程中，其贡献增长的动力和潜力依然长期存在[12]。另一方面，而得益于西部大开发战略，处于第二梯队的云贵川等西部地区近年来经济悄然崛起，内需市场逐步释放、产业配套能力日趋增强、基础设施渐进完善等现存基础皆能为区域产业的健康运行保驾护航。国家政策的倾斜与区域经济协调发展理念将为西部地区旅游产品在供给侧方面的提档升级插上腾飞的翅膀。

二、"一带一路"、国家战略带来资源价值的重新挖掘

"一带一路"、国家战略将更加有利于推进新时期的西部大开发。过去，中国西部处于开放的末端，丝绸之路经济带和长江经济带的建设使西部联通沿海和内陆，将西部变成开放的腹地，成西客专、成兰铁路等高铁干线将陆续开通，有助于西部地区迸发出经济发展的新生推动力，也进一步扩大内需和推动整个中西部地区的产业升级。

三、四川省构建"一干多支、五区协同"的协调发展格局

实施多点多极支撑发展战略，是四川省基于改变成都"一枝独秀"的现实考虑，对推动四川多点突破、多极共兴、全域小康意义重大。阿坝州所在的川西北生态经济区被四川省"十四五"规划定位为积极发展生态经济，建设国家生态文明先行示范区。在四川省构建"1355"区域旅游经济板块方案，以及推进 5 个特色旅游经济区、打造 5 条旅游环线中都明确九寨沟县要以生态资源、民族文化与民族风情为依托，重点发展旅游产业，积极打造全域九寨国际旅游目的地。

四、国民收入提高，旅游消费能力提升

根据国家统计局数据，2021 年全国居民人均可支配收入 35128 元，城镇居民人均可支配收入 47412 元，农村居民人均可支配收入 18931 元，国人可利用支配收入逐年增加[13]。近年来，伴随着经济发展成果人民共享水平的提升，中等收入阶层占比日益扩大和城乡居民可支配收入的增多，居民消费驱动将有望超过投资驱动成为推动经济发展"三驾马车"的主动力。据野天鹅发布的调查报告，2021 年，国内旅游人均花费为 899.3 元，同比增长16.17%，增速高于 1998~2021 年的平均值 4.786%，增速乐观，国人出游的消费能力正在不断提升[14]。

| 第四节 |

新时代的旅游业需求

进入新时代，产业旅游化趋势日渐显现，在经济社会的消费活动、空间营造以及相关产业链打造等诸多方面，纷纷通过旅游赋能产生了巨大的价值。随着人民生活水平的提高，居民用于旅游和休闲的日常花销比例在不断提升，旅游已经成为现代社会人们日常消费的重要组成部分，也成为美好生活的重要支撑。一些旅游目的地因为旅游产业的发展完全改变了空间发展形态和产业格局，并因此发生了诸多改变。比如，大理的洱海周边，在原来的传统观光旅游时代，其空间结构并没有发生太大的调整，但随着人民生活和对旅游需求的提升，洱海边的民宿蓬勃发展，改变了大理的旅游产品格局，形成了新的休闲度假目的

地，带动了当地的房地产、餐饮、环保、影视等产业链发展，相关产业的业态不断丰富、企业和从业人员数量不断提升，人民生活水平得到了显著提升。

一、拓展旅游需求，激发旅游市场新动能

过去，我们长时间在旅游方面偏重于供给侧，供给决定需求的理念成了许多旅游部门和地方发展旅游的工作重心，以资源为导向的开发在很长一段时间一直是旅游发展的重点。即使是在当前国际旅游消费不足、国内旅游消费需求放缓、旅游同质化产品过多的情况下，该情况尚未得到根本性改变。如果依然以资源为导向来开发旅游产品，而忽视旅游市场的潜在需求，旅游业很难推动旅游产品转型升级。

从历史脉络来看，推动我国旅游发展的主要动力是旺盛的旅游需求被释放。国内旅游的大规模兴起是在 2000 年国家调整假日制度之后，在全年形成了 3 个黄金周，伴随着加入世界贸易组织后我国经济的旺盛发展，以及私家车数量的迅速增长，国内旅游连续 20 年呈现高速增长的态势。

当前，我国经济进入了新发展阶段。如何放大旅游对经济社会发展的效能，提升旅游带动其他产业链的能力，通过旅游产业盘活在农村和城市的闲置资产等方面，都是新时代下旅游产业发展的重要任务。

对比国外，我国旅游业在需求侧尚有巨大的发展空间，新业态还不够丰富，有着巨大的提升潜力，比如在世界上较受欢迎的房车旅游、海洋旅游、研学旅游、康养旅游等，在我国发展相对较缓慢，这一方面和人民的收入以及闲暇时间不足有关，另一方面也受制于供给侧的约束。

二、丰富旅游体验，激发游客主体的主动性和代入感

在观光旅游时代，游客以被动参与为主，上车睡觉下车看庙成为当时观光旅游的常态，旅行社作为主要旅游组织部门，完全掌控了大部分游客的参与时间、参与形式、参与范围，游客虽说尽可能多地到了不同的景点，降低了出行成本，但是这种被动参与的形式对于逐渐见多识广的游客来说已然不具诱惑力。

进入新时代，一些体验性非常强并需要有专门技术才能体验的旅游形态开始涌现，如滑雪旅游、滑翔旅游、登山旅游、潜水旅游、冲浪旅游、攀岩旅游等旅游形态得到了市场的接受和欢迎，这些旅游体验不但需要适合的场地，还需要游客具备基础的训练以及专业的装备，更需要旅游供应商有专业的组织能力和服务团队。对比过去的观光旅游和简单的度假休闲旅游而言，新型旅游形态消费更高、体验更独特、用户依存度更强，对游客的素质以及对旅游企业的服务能力也提出了更高的要求，是未来旅游高质量发展的重要组成部分。

过去多年旅游产业的发展由于起步晚、基础设施差、旅游项目不丰富，旅游开发的重点主要以景区开发和提升硬件为主。经过多年的发展，现有的旅游硬件设施已经形成了标准化的体系，在 A 级旅游景区创建等措施的推动下，旅游硬件差的问题在许多地方已经基本得以解决。但是旅游基础设施不代表旅游体验，在旅游的产业链配套、空间营造以及丰富的产品供给等方面还存在一定的短板。对于许多旅游目的地周边区域而言，最头疼的问题就是客流量虽然大，却留不住人，这往往是因为高品质体验旅游产品仍相对匮乏。

新时代的旅游发展就是要改变过去以旅游硬件建设为主转向以旅游体验策划为主，以游客被动参与转向游客深度体验为主的一种新发展格局。

三、提升单项品牌，深度转化旅游要素资源

在过去围绕旅游景区开发的时代，往往结合"食、住、行、游、购、娱"六要素进行全面开发。但进入新时代，优质的旅游景观资源已经得到了充分转化，景区开发放缓，而各种主题化、小而精的旅游产品层出不穷。结合当前旅游目的地的旅游要素供给相对成熟的形势，可以探索以一些专项文旅要素深度开发为主，做好旅游单要素品牌的精深开发。

如近年来新出现的乡村民宿、露营地、剧本杀等备受欢迎的旅游产品便是将单一旅游要素做精做强的结果。新时代见多识广的游客可能因为一个主题就到一个地方进行旅游消费，他们要求的是在某个领域更深入的体验。而单一旅游要素做精做强的结果，也往往带动了周边的其他旅游要素开发。具有代表性的就是节会旅游，每一次全国性或者国际性的节会来临时，节会场地周边的酒店餐饮都能得到极大提升，这就是通过节会这一旅游单要素发展带动其他相关产业的结果。

四、推动游历体验，强调旅游对人的成长作用

习近平总书记指出，旅游是修身养性之道，中华民族自古就把旅游和读书结合在一起，崇尚"读万卷书，行万里路"[15]。旅游不仅是一种生活方式，更是一种学习方式和成长方式。在近代的欧洲，中产阶级和贵族的青年成年之际往往都会来一次跨国的旅游，以增长见识、结交朋友。旅游能够帮助游客更深入接触不同的风土人情、了解地理风貌，是一种潜移默化的成长和学习方式。

在当前，研学旅游已经成为旅游发展的热点领域，通过精心组织的活动，让以中小学生为代表的游客能够在游玩中学习、在游玩中成长。研学旅游可以让游客体验平时很难接触到的农事体验、"非遗"手工、传统文化等，这对于拓展学生的视野、培养动手能力都有极大的帮助。

我国有为数众多的世界遗产、地质公园、森林公园等品牌，最近正在建设大熊猫国家

公园、长征国家文化公园等国家公园品牌，这些自然文化保护地都具有鲜明的特色，也具有浓重的教育意义。合理转化这些资源，让它们不仅成为旅游休闲的空间，更要成为体验和学习的空间，推动旅游业寓教于乐，树立爱国主义情怀和文化自信。传统以休闲和观光为主的旅游体验方式现在已经到了提质增效的阶段，完全可以结合自然文化的要素，打造集旅游休闲、科普教育、文化体验为一体的旅游产品。

五、深化旅游融合，形成旅游化的发展态势

目前，旅游已成为人民群众必不可少的美好生活方式，旅游形态也从过去简单的观光休闲拓展到了更多的体验形态，旅游与文化、体育、艺术、演艺、美食等诸多要素的深度融合持续推动，创造了更多符合市场需求、满足人民期待的旅游新产品、新业态。"为一间房，赴一座城"的民宿旅游蓬勃发展，沉浸式体验旅游在城市里遍地开花，这些新的旅游形式，极大地提升了旅游产品的融合水平，创造了更多的附加值，带来了更多的就业和收入。

随着知识经济的快速发展，我国经济的驱动力从过去以劳动密集型为主转化为以创新驱动为主，以旅游作为融合剂，发挥我国数量多、质量高的高素质劳动者智慧，可以推动更多的资源转化为旅游产品。以重庆的轻轨穿楼为代表的旅游景点，便是在新时代背景下通过新媒体的传播途径，让具有特殊传播点但又较为普通的公共交通产品变成了备受外地游客喜爱的交通旅游产品。此外，诸多博物馆、艺术馆、大型工程等设施，都具有转化为旅游产品的潜力，更不要说对一些生态脆弱地区、资源枯竭地区、边远山区等不适宜发展传统工业的区域，更需要旅游工作者发现美、创造美、传播美，运用新的营销理念、新的传播方式将生活中的美丽资源充分转化成可以消费的旅游产品，用旅游赋能的方式发挥其产业带动作用，让生活更美好、经济结构更优化、社会更和谐。

六、强化旅游平台，全面提升旅游服务效率和质量

移动互联网重塑了旅游市场的组织和运营方式，传统以旅行社为主导的旅游组织逐渐被在线预订平台所替代。大数据时代的旅游平台，整合了传统旅游要素资源，并能全面、迅速、及时地和旅游消费者对接，催生了新的旅游消费方式。旅游票务平台、民宿预订平台、生活服务平台等平台经济的发展为旅游消费提供了极大便利，短视频、图文等新媒体平台又为旅游消费者的体验传播提供了展示和互动的机会，产生了大量反映美好、介绍经验的旅游信息，这些在线平台，为数字经济时代的旅游发展提供了更多的便利，创造了更多的消费途径和机会。

对于新的旅游产品供应商来说，能否转型适应数字经济时代的旅游消费趋势，将是取得市场成功的重要因素。目前我国优质的自然旅游资源基本得到充分开发，在这一背景下，

新的旅游目的地产品开发不能单单只固执地沿用建景区、收门票的固有传统模式，必须充分运用数字平台的组织效能和传播效力，拓展良性的旅游生态圈并进行发展，面向互联网所能覆盖的地方拓展市场，转化资源，不断提升旅游要素生产率。同时，旅游业从业者要高度关注新一轮科技革命的动向，合理运用好 VR、AR、区块链、元宇宙、高清视频等现代科技工具以提升旅游体验，找到不断提升的创新路径。

七、强化创新驱动，改变传统旅游发展方式

新时代的社会经济发展离不开创新驱动，旅游业也不例外。经过粗放高速增长的几十年，我国旅游业传统的发展红利已经难以为继，需要将创新驱动作为旅游高质量发展的首要动力。旅游业的创新改革将覆盖旅游业的产品、技术、服务、管理、组织、制度等各个方面，并有着改善和提升的巨大空间。创新驱动的根本目的是满足人民群众对美好生活的需要，在这个目的下，要结合数字经济、工程师红利、交通改善、共同富裕等发展机遇，为旅游业的高质量发展进行全方位的创新，从而构建起新的旅游经济体系、产品体系和政策体系。

注重旅游产品创新，最重要的是体验创新，要结合摄影、美食、体育、服饰、场景等便于传播、能够显著提升旅游消费者心理体验的领域进行拓展，要紧密结合社会需求的热点，快速反应打造新的旅游体验产品。在旅游技术方面，坚决围绕我国领先的工程技术和庞大的制造业基础，围绕体育、户外、房车、酒店等消费方式，借力打力，大幅提升旅游制造业水平，从旅游消费大国转向旅游装备制造强国。在旅游服务方面，要充分借鉴欧美、日本、泰国等传统旅游服务强国的经验，不断提高旅游从业者素质，加强旅游质量监管，并借助我国的人才优势，推动旅游业从传统的生活性服务业向附加值更高的生产性服务业转变，做强做大旅游规划、文创产品、品牌管理等旅游服务市场。在旅游管理方面，要围绕文旅融合的大趋势，形成大旅游的综合管理体制，充分激发旅游社会组织和综合性旅游平台在旅游质量监督管理方面的作用，形成宽严有度、良性发展的管理模式。

八、创新旅游空间，实现旅游要素全方面呈现

随着乡村振兴和城市更新的不断深入，旅游空间已经从传统的景区延展到了城市和乡村的各地。城市旅游和乡村旅游现已成为旅游的重要形态。通过创意进入街区、创意进入乡村等新发展路径和新发展空间，把原有的社区提升改造成为具有旅游吸引力的目的地，对景区的空间也有巨大的提升潜力。原有的旅游景区主要以观光为目的，但现在科考、研学、民宿、户外等其他体验活动的植入可以让传统的景区变得更加有活力、有黏性，能够延长游客的游览时间和体验强度。结合市场需求采用艺术、技术、服务，创造新的文化元素和旅游体验，从而对传统空间进行改造，与此同时，通过增加吸引要素等方式，提供更

多旅游附加服务，产生更多的经济价值，社会价值和文化价值。

当前，游客对旅游空间的要求不仅只限于观光和休闲，结合更多元素、提供与众不同的体验是游客所欣赏和喜爱并且需要的。城市空间，通过艺术和建筑相结合产生了许多网红打卡地，比如博物馆、美术馆等公共空间，现在也成了游客青睐的目的地。一些精致小巧的场景，比如说咖啡厅、游泳池、观景餐厅、街头雕塑、桥梁等，也是小巧精致的旅游吸引物。在短视频等平台的推动下，许多年轻的游客纷纷去打卡、分享，乐此不疲。成都天府新区就新建了一个形状好似莫比乌斯环的五岔子大桥，因为其独特形状而成了备受游客青睐的网红打卡地。

参考文献

［1］中共四川省委　四川省人民政府. 关于大力发展文旅经济　加快建设文化强省旅游强省的意见［EB/OL］. https://www.sc.gov.cn/10462/10464/10797/2019/4/30/cb0ea36cea04475ab7ebc3953ebba351.shtml，2019.04.25.

［2］四川省人民政府. 四川省人民政府关于加快建设旅游经济强省的意见［EB/OL］. https://www.sc.gov.cn/10462/10883/11066/2013/8/23/10274159.shtml，2013–08–22.

［3］省委、省政府召开四川藏区工作座谈会［N］. 四川政协报，2010–03–02（001）.

［4］杨文健，紫腾嘉，庄春辉. 大九寨国际旅游区民族文化走廊工程建设构想［J］. 阿坝师范高等专科学校学报，2003（4）：32–36..

［5］杨文健，庄春辉，李瑞琼. 对大九寨国际旅游区藏羌文化形成和发展的再认识［J］. 阿坝师范高等专科学校学报，2005（4）：58–62.

［6］杨文健，马成富，庄春辉等. 大九寨国际旅游区民族文化资源的优化整合和效益提升［J］. 阿坝师范高等专科学校学报，2004（3）：36–41.

［7］曾勇奇，李晓琴. "大九寨"国际旅游区旅游资源特色与开发规划战略构想［J］. 商场现代化，2008（14）：258.

［8］张天华. 牢记嘱托　守护净土——西藏生态环境保护70年记［J］. 中国藏学，2019（3）：39–44.

［9］张天华. 关于正确处理西藏生态保护与富民利民关系的几点思考［J］. 中国藏学，2020(1)：5–10.

［10］王娜. 论保护好青藏高原生态的作用与地位［J］. 西藏发展论坛，2020（6）：27–30.

［11］以习近平生态文明思想引领新青海建设［N］. 青海日报，2020–08–17（010）.

［12］五大转变预示未来经济发展格局［J］. 工具技术，2014，48（6）：93–94.

［13］国家统计局. 中华人民共和国2021年国民经济和社会发展统计公报［EB/OL］. http://www.stats.gov.cn/tjsj/zxfb/202202/t20220227_1827960.html，2022–06–21.

［14］野天鹅. 国内旅游人均花费走势图（定期更新）［EB/OL］. https://yte1.com/datas/inner-tour-per，2022–03–21.

［15］张英，于沛鑫. 西部地区旅游发展与铸牢中华民族共同体意识［J］. 中南民族大学学报（人文社会科学版），2022，42（2）：37–44+182–183.

"大九寨"文化生态旅游发展的理念和原则

| 第一节 |

文旅融合和全域旅游战略推动旅游高质量发展

一、旅游高质量发展的内涵

高质量发展是 2017 年中国共产党第十九次全国代表大会首次提出的新表述，表明中国经济由高速增长阶段转向高质量发展阶段。党的十九大报告中提出的"建立健全绿色低碳循环发展的经济体系"为新时代下高质量发展指明了方向，同时也提出了一个极为重要的时代课题。党的十九届六中全会通过的《中共中央关于党的百年奋斗重大成就和历史经验的决议》强调，必须实现创新成为第一动力、协调成为内生特点、绿色成为普遍形态、开放成为必由之路、共享成为根本目的的高质量发展，推动经济发展质量变革、效率变革、动力变革。实现高质量发展是我国经济社会发展历史、实践和理论的统一，是开启全面建设社会主义现代化国家新征程、实现第二个百年奋斗目标的根本路径[1]。

（一）旅游高质量发展是以人民需求为导向的发展

旅游是美丽产业，对满足人民群众对美好生活的需要、建设美丽中国有着重要作用。提供高质量的旅游消费产品、满足人民需要是旅游发展的根本目的，旅游的增长动力、发展潜力都蕴含在满足人民群众对旅游产品的需求之中，产生在旅游服务质量提升的过程之中。旅游高质量发展，就要全面提升旅游服务的效能，尽可能丰富旅游产品供给，实现效能、质量的同步提升。进入新发展阶段，需要坚持推动旅游高质量发展，调动社会各方面的积极性和能动性，提升旅游从业者的技能素养，提升旅游投资的精准度，让旅游形成的要素流动起来惠及全体人民，提供更多的发展机会，通过旅游带动共同富裕，实现产业的现代化。景区新建的九寨沟立体式游客服务中心（见图 2-1），针对过去游客进沟人数多、等待时间长的问题，设置了双层平台。在平时，平台层可作为游客出发层，平台下层作为游客到达层；在游客高峰时段，平台层和平台下同时作为出发层，游客就可快速进沟游览。同时游客服务中心建筑承载了九寨本身的文化传承和积淀，与山水相融，颇具地域特色。服务中心的建成，从根本上解决了沟口游客拥堵的问题，使游客进入沟口排队的时间大大缩短。

（二）旅游高质量发展是增强旅游经济稳定性的发展

图 2-1 九寨沟立体式游客中心航拍图（梁峰摄）

传统的观光旅游有着巨大的季节性，淡旺季明显，周期性波动频繁，旅游经济在时空的大起大落不仅会带来了产品的闲置、资源的浪费，还有可能破坏生产要素和社会财富。旅游的生命周期理论揭示了传统旅游目的地从发展到衰退的一般规律；从旅游发展历程来看，一些曾经繁荣兴旺的旅游目的地，在经历短时间的繁荣后完全可能出现大起大落甚至破产倒闭的情况。旅游高质量发展，就是要尽量注重从旅游供给侧发力，通过优化提升旅游产品，优化旅游时空组合，优化旅游经济结构来提升旅游经济的稳定性。增强旅游经济的稳定性，除了要高度关注国民经济的波动之外，还要做好立足旅游自身规律的跨季节设计和逆季节调节，加强新产品新业态的开发，做好资源的有效转化。我国旅游经历了多年的高速增长阶段，在转向高质量发展的过程中，存在着投资较高、风险易发的特点，要在发展中把握底线思维，防范化解可能出现的各种重大风险，实现稳中求进和创新探索的平衡。

（三）充满活力的旅游经营主体是旅游发展的微观基础

旅游高质量发展，需要全方面培育具有核心竞争力的旅游经营主体。旅游是富民产业，从大到小的各类旅游企业、关联企业，以及许多小微经营个体，一起创造了我国旅游持续几十年的高速增长成就。旅游也是经济的晴雨表，为目的地带来了口碑、为居民带来了就业、为政府创造了税收，为资源转化带来了资本。当前，我国的旅游企业还存在大而不强的问题，上市企业的数量、体量和利润率都不高，在品牌号召力、创新引领力、国际竞争力上和国外的知名旅游企业还有着巨大的差距。例如，我国的主题公园建设，与迪士尼、环球影城等全球知名的企业相比，在产品打造、品牌影响、周边拓展、文创开发等方面都还有巨大的提升空间。对于一些中小型旅游企业，尽管有较强的市场创新，但是由于体量小、限制多，存在影响力局限、扩展能力不足的现象。要实现旅游高质量发展，国有旅游投资企业需要不断深化改革，高效公平地参与旅游市场竞争；民营旅游资本要向"专、精、特、新"的方向发展，在研学、度假、民宿、沉浸式体验等细分领域深度开发，实现创新和规范的协调发展。要坚持旅游对外开放，引进国际知名的外资旅游企业，通过更多高质量的旅游产品、高水平的旅游技术、高标准的旅游服务，形成对国内旅游的示范效应，以高水平的竞争促进旅游产品价值的提升。目前，随着国内经济结构的调整，许多矿产、地产、互联网的资金进入旅游业，要进一步做好旅游的要素整合和市场开拓，为旅游投资创造更宽松的市场环境，通过兼容并蓄，为各方面的旅游主体发挥主观能动性创造条件。

（四）旅游高质量发展需要创新驱动

目前，创新驱动的重要性已经上升到前所未有的高度，作为高质量发展的定义性特征，创新驱动将在未来成为我国高质量发展的第一动力。旅游产业要从外延式扩张上升为内涵式发展，也必须要围绕创新驱动拓展边界，激发动能。近年来，随着数字经济为代表的科技发展，旅游与科技的融合越来越紧密，科技对旅游产业的驱动作用也更加明显。从票务预订到活动管理，从无接触消费到旅游分享，旅游消费呈现出内容丰富多彩、消费方便快捷的特点。但消费侧的迅速发展反衬出供给侧提升的乏力，高质量的旅游产品供给还存在着一定的不足，科技含量高、艺术感强、体验深入、服务精细的旅游产品在一定程度上还比较欠缺，旅游装备制造业也仅是处于起步阶段。随着我国对外开放程度的不断提高，旅游业也从原来的区域竞争转向为国际竞争，国内旅游需要与成本更低的东南亚和体验更强的日韩欧美等旅游产品竞争，创新将是至关重要的一环。对于旅游业高质量发展而言，必须坚持创新驱动发展战略，要强化旅游科研科技力量，加强基础研究和应用研究，加强科技成果转化，用好我国的工程师红利和市场红利，不断突破旅游前沿科技，掌握了更多具有知识产权的核心技术。旅游创新驱动，离不开企业的主体作用，要发挥大企业的引领支撑作用，支持中小企业在旅游"痛点"发力实行突破创新，加强旅游创新领域的区域合作，加强旅游人才的交流学习。

（五）旅游高质量发展要营造开放规范市场环境

旅游开发的环节涉及要素众多，土地、环保、文化、卫生等诸多环节都有相应的政策，一个"堵点"就有可能导致旅游开发的延缓和停滞。旅游高质量发展，需要进一步强化市场机制，在以国内大循环为主体、国内国际双循环相互促进的新发展格局中形成统一的大市场，形成良性竞争的态势。要在一些领域上进行政策创新，突破过去制约旅游开发的限制，降低制度交易成本，建立统一开放、竞争有序的旅游市场体系。例如，2022年文化和旅游部等10部门出台的《关于促进乡村民宿高质量发展的指导意见》，就在过去限制乡村民宿发展最关键的消防环节上做出了明确的突破，明确了乡村民宿的消防标准可以参照农家乐标准执行，打通了过去投资人最头痛的"堵点"，为乡村民宿合法合规发展创造了更好的条件。在旅游开发过程中，类似的限制还有很多，必须以保护产权、维护契约、统一市场、平等交换、公平竞争、有效监管为基本导向，完善相应的法律法规，为旅游市场主体活动提供公正、稳定、可预期的法治环境[2]。对于旅游业的国际化，还要进一步推动旅游市场的对外开放，广泛参与高水平的国际旅游竞争，推动旅游市场规则、监管、标准等制度型开放，制定推广一批国内国际旅游标准，增强中国旅游的话语权和影响力，培育更具国际竞争力的旅游市场主体。

（六）旅游高质量发展要坚持绿色低碳发展

生态优先、绿色发展是旅游业应该遵循的根本要求，在旅游发展中，要坚持"绿水青山就是金山银山"的理念，要保护好旅游目的地和周边的自然环境，实现在保护中开发，在开发中实现更好保护。要结合生态治理和生态产品价值实现等措施，将更多的生态资源转化为美丽宜人的生态旅游产品（见图2-2）。旅游业作为绿色产业，理应在碳达

图2-2 九寨沟国家地质公园

峰、碳中和工作中主动作为，引领相关产业实现绿色低碳发展。旅游的发展要充分结合绿色低碳政策和市场体系，充分发挥市场机制激励约束作用，对接好各类生态工程、城乡建设工程，依托自然遗产、国家公园、地质公园、森林公园等品牌，将保护和开发充分结合。要立足于旅游目的地的条件，深入研究如何有序地采用清洁能源、绿色建筑、环保材料、节能减排等技术手段，在绿色低碳发展中推动生态环境向好发展，在旅游生产生活中全过程推广绿色理念，加快形成节约资源和保护环境的产业结构，让旅游这一美丽产业在绿色低碳发展的背景下展现出更大的魅力。

二、深入推动文化旅游融合战略

（一）为什么要文旅融合

党的十九大报告指出，我国经济已由高速增长阶段转向高质量发展阶段，社会主要矛盾已经转化为人民日益增长的美好生活需要和不平衡不充分的发展之间的矛盾。文化旅游产业既是经济产业，也是幸福产业，从过去的高速发展转向高质量发展，同样面临着亟待提质增效，转型升级的背景。

1. 独立的文化旅游产业已经面临发展瓶颈

过去，文化产业和旅游产业尽管彼此相互联系，但主管部门不同、统计体系不同，在策划、开发、统计、研究等方面联系不多，暴露出了各种发展瓶颈问题。目前的发展形势要求文化旅游深度融合才能进一步满足人民日益增长的美好生活需要，实现更持续更健康的发展，这正是当下我国文化和旅游发展所呈现的新特征。

2. 文旅融合符合了文化和旅游产业的发展趋势

文化与旅游产业跨界融合、应用新技术、活跃旅游消费市场需求，可进一步打通上下游产业链，推动关联产业转型升级，催生新业态发展。文化是旅游产业的灵魂和内涵所在，市场上不断涌现的案例表明，打响"文化牌"能够有效助推地方旅游产业发展。随着人们精神追求的不断提升，多元化和个性化的需求增加，食、住、行、游、购、娱各个旅游要素都对文化有了更深的要求。此外，影视、动漫、音乐等文化业态与旅游的融合更加广泛和深入，创新着旅游产品和营销模式。

3. 文化旅游产业本身具有综合性、融合性很强的特征

文化旅游具有很强的综合性和融合性，一方面是靠"老天爷"的自然资源，另一方面是靠"老祖宗"的文化资源，文化元素和旅游元素是密不可分的，文化和旅游产业的发展也是相互交融的。过去这些交叉融合领域归属不同管理机构，在一定程度上形成了"多管一"和"一对多"的局面，不利于产业的融合推动。为了适应新时代文化和旅游业发展的新要求，把文化和旅游部门合并，为打造"诗和远方"的幸福产业破除了机制障碍。

4. 便于文旅要素的统筹管理和科学开发

文旅融合的工作重点既要抓"文"也要抓"旅"，需要做到融合发展，实现资源和产品、内容与表达、观赏与体验的结合，促进资源到产品的转化，实现产业、事业管理的优化，最终推动资源向产品的高效转化，推动业态创新，实现产业升级与消费升级。

（二）目前文旅产业现存的问题

我国文化旅游融合情况与理想状态相比仍有较大差距。目前，文化和旅游融合领域还较为单一，深度合作方面有待加强。主要表现为以下几个方面：文化内涵的挖掘不够深入，很多区域的悠久文化尚未得到很好彰显，旅游景区特色定位不够准确、清晰[3]；在优秀传统文化的创造性转化、创新性发展上存在短板；文化、旅游的合作不够畅通，部门之间仍然存在着管理不精细、流程不清晰、权责不明确等现象；各地政府在政策支持上缺乏协调机制，宏观调控作用尚没有得到有效发挥，对产业的促进性不明显，在税收、财政、产业扶持上的相关政策尚不完备，文化和旅游市场不够规范等。

同时，我国在人均可支配收入方面，高收入人群与低收入人群巨大的差距导致了对文化和旅游消费认知的差距，在一定程度上制约了文化和旅游的发展。此外，我国当前的文

化和旅游产品设计总体上还处于跟随阶段，缺少引领时尚的创意性产品；缺少满足人民日益增长的文化需求的个性化产品；缺少文旅与科技融合的高端产品[4]。

此外，文化旅游资源开发不够、区域发展不平衡也是我国文化旅游发展的现状。我国拥有丰富的文化旅游资源，据不完全统计，可供观光的旅游景区有一万余处，而已开发并具有接待国内外游客能力的景区仅有1800余处，不足总数的1/5，文化旅游资源尚未得到充分挖掘[5]。而东西部的区域发展不平衡也值得关注；旅游目的地的接待能力从东向西递减，而东、中、西"旅游产业综合发展水平"表现为532的三级阶梯状分布。

在基础配套设施方面，不同地区存在较大差距。在信息时代，文化旅游基础设施不仅包括传统的交通、住宿、餐饮、酒店、厕所等基本设施，也包括融入新技术的旅游信息化基础设施等。尤其在一些经济不发达地区，尽管文化旅游资源丰富，由于缺乏相应的基础配套设施，开发起来难度很大，游客也难以停留进行深度消费，导致文化旅游业发展受到很大限制；所以，目前东部特大城市群和中西部大城市等基础设施完善的地方仍是主要的旅游目的地。

（三）文旅融合的方向与路径

对文化旅游的再认识来源于对文化旅游需求的转变，文化旅游市场正在从"资源导向"转为"消费导向"，人们对休闲的需求、对生活品质的需求、对文化的需求都在不断增长，艺术生活化、生活艺术化，现在的文旅需求和改革开放初期已经不可同日而语，我们也要从更新的角度来认识和促进文化旅游的融合。

文化旅游的本质特征在于文化，现代文化旅游业竞争的核心要素是旅游基础之上文化内涵的竞争。文化旅游的发展可从以下特征把握：综合性——集食、住、行、游、购、娱、健、闲、体"多位一体"的产业；延展性——一项文化旅游核心产品可以衍生出文化含量高附加值大的其他系列产品；创意性——能够与科技、教育、体育、音乐等多种元素碰出创意火花；体验性——能够给旅游者带来深度精神体验；参与性——能为旅游者带来更多知识获取和文化参与。

对文化旅游资源进行新发现和再认识。新技术、新传播方式、文旅融合特点开启了对文化旅游资源的新发现和再认识。一是文旅资源内涵再拓展。文化旅游资源是动态而不是静态的，是复合的而不是单一的，其包含了自然、文化、创意的多重要素，西部的文旅资源具有极大可拓展性。二是文旅价值标准再判断。文化旅游的初心是发现美丽、创造快乐、分享幸福，文旅资源开发的着力点是为人民创造美好生活。三是文旅资源再配置。新技术和新创意，为实现全时、全域、全要素的文旅资源综合开发提供了新的可能性和新配置方式。

通过旅游促进文化资源活化。我国有大量的优秀传统文化需要有效保护与活化，过去的保护需要巨大的资金支持，单依靠国家财政难以支撑。要做到"见人见物见生活"，就需要和旅游结合起来。敦煌、故宫等热门的旅游目的地，现在的文创做得风生水起，就是经过多年的探索形成了旅游和文化相互促进的良性发展道路。我国的历史文化、民族文化、生态文化都有许多唯一性，可以在文创方面多进行思考和突破。

通过文化促进旅游 IP 打造。旅游升级需要打造 IP，通过网络的放大效应延伸拓展产业链，整合影视、广告、文学、艺术、新媒体等多种文化形式。进入信息时代，过去一些并不属于旅游资源范畴的事物，可以通过现代技术的包装和现代需求的推动而形成新的旅游资源。例如重庆的轻轨，原本只属于交通公共交通资源，但在短视频的推动下，"轻轨穿楼"便成了重庆很受游客欢迎的旅游资源。因此，以发展的眼光对文化旅游资源进行再认识具有重要意义。

（四）找准文旅融合的切入点

我国文化旅游资源丰富，发展基础较好，运用技术和创意可以激活沉寂的资源，加大对新兴旅游资源的开发，催生文化旅游消费场景。具体而言可以围绕"场景 +""技术 +""功用 +"等方面进行切入。

一是"场景 +"转化空间。通过赋予会展、节庆、演出、购物、博物馆、书店等时尚元素让城市更富魅力，通过文创赋能工业遗址和田野乡村增加空间旅游活力。二是"技术 +"催生资源。运用现代技术将过去难以开发利用的资源转化为旅游产品，如高速公路上的特大桥、大型水坝等工业奇观的开发，卫星发射基地、老工业基地遗址、现代工业聚集地等资源与文创科教结合形成新的旅游场景。三是"功用 +"提升效能。博物馆、美术馆、书店等文化空间旅游属性不断增强，民宿旅游盘活了闲置住房；阳光、温泉、森林奠定了发展康养旅游的良好基础。未来，可以在以下这些领域重点关注文旅产品的打造和营销。

第一，是新的研学市场需求。伴随科教研学旅游市场的不断增长，我国丰富的植物物种、特有的珍稀动物、乡村田园、历史遗迹、各类高科技的工业成果都可以作为新的旅游资源推向市场。而且教育部门已经将研学旅游纳入了考核，研学旅游逐渐转化为刚性需求，发展潜力巨大。

第二，是新的文化空间休闲氛围。各类文化遗址、书店、博物馆、美术馆等文化空间正在现代文艺及生活美学的引领下发生改变。故宫文创、方所书店、三联生活书店等文化场所的持续走红，传统文化空间正在和文创、策展深度融合，转化为城市中极具吸引力的旅游资源。

第三，是新的文化元素跨界融合。一曲《成都》让成都旅游更火，新的文化旅游资源也包括了音乐、会展、体育、动漫、游戏等新的文化元素。音乐带来旅游的情感冲动，会展、体育形成旺盛的人气，游戏动漫中旅游元素的植入，都可以让文化元素变成旅游资源。

第四，是不断涌现的科技奇观。随着科技进步，新的工业奇观不断涌现成为新的旅游资源。如我国高速公路、高速铁路上的各种特大桥、双曲螺旋隧道、大型的机场、体育场馆，开发的各类大型水坝，还有如卫星发射基地、太空望远镜等工业旅游资源，都能成为知识经济时代的旅游资源。

第五，是新的自然奇观体验。过去由于开发条件限制，我国许多独特的气象资源很难转化开发为旅游产品。但随着基础设施的不断完善和建筑技术的发展，现在已经有条件依托云海、日出、星空等独特的气象奇观进行深度的资源开发。如四川浮云牧场、亚丁村这样一些高海拔的旅游目的地，游客过去只能通过宿营的方式进行观赏，但现在随着基础配套设施的改善，游客不仅能像过去在野外观赏，还可以在云海之上的观景餐厅、观景民宿中愉快舒适地领略这些自然奇观。在九寨沟著名的诺日朗瀑布附近，就建设了现代化的九寨沟诺日朗餐厅，这也是九寨沟中唯一的餐厅，经过休憩用餐的游客可以在养精蓄锐之后，到不远处的诺日朗瀑布观赏，感受雄伟壮观的瀑布景色（见图2-3）。

图2-3 九寨沟诺日朗瀑布冬景（九寨沟管理局供图）

第六是新的医疗康养服务体验。我国康养旅游资源丰富，养生文化源远流长，用好阳光、温泉、森林、海滩等资源，可以形成发展康养旅游的良好基础。随着基础设施和远程诊疗技术的逐渐普及，即使在远离大城市的康养旅游地，也能通过远程技术和人工智能享受和大都市里同步的医疗和健康服务。

三、贯彻落实全域旅游战略

全域旅游是我国旅游产业发展的又一重大战略导向，将对未来旅游的资源保护、规划设计、投资建设、运营管理等产生积极而深远的影响。

（一）全域旅游战略的政策背景

中国旅游经过改革开放以来40年的发展，从小到大、成绩斐然、举世瞩目。其间，中国旅游的发展路径基本上是以建设景区、景点、宾馆、饭店为主，称为"景点旅游发展模式"。这种模式催生了中国现代旅游发展的初级阶段，并呈现了排浪式和井喷般的发展局面。但是，旅游业发展到今天，已经到了全民旅游和个人游、自驾游为主的大众旅游时代，旅游消费不断升级,传统的以抓点方式为特征的景点旅游模式,已不能满足现代大旅游发展的需要。人民日益增长的美好生活需要和旅游业综合管理滞后、产品有效供给不足等问题,要求我们创新发展理念,深入推进旅游综合改革,全面优化旅游发展环境,促进旅游业从单一景点景区建设管理向综合目的地服务转变,从门票经济向产业经济转变,从粗放低效方式向精细高效方式转变,从封闭的旅游自循环向开放的"旅游+"转变,从企业单打独享向社会共建共享转变,从景区内建设管理向全域全面建设管理转变,从部门行为向政府统筹推进转变,走全域旅游发展的新道路[6]。

2015年8月18日至19日,全国旅游工作研讨班在安徽省黄山市举办。国家旅游局围绕贯彻落实国务院办公厅《关于进一步促进旅游投资和消费的若干意见》,就下一步重点推进的各项工作做出具体部署,提出明确要求。从国家层面,首次明确提出全面推动全域旅游发展的战略部署,并给出量化工作目标,"在2000多个县中,每年以10%的规模来创建全域旅游。15年要推进200个县实现全域旅游,3年实现600个县实现全域旅游"。国家旅游局认为,"全域旅游对生产要素的配置,更能发挥旅游的导向作用。如果我们工作的重点仍然局限在景区(点),资源配置、效率提升和宏观效果都会受限。要用全域旅游的概念布局旅游产业发展,发挥全域旅游对生产要素布局的导向作用"。随后,国家旅游局下发了《关于开展"国家全域旅游示范区"创建工作的通知》。

2016年年初,国家旅游局在全国旅游工作会议上提出发展全域旅游的基本思路,引起行业内和社会各方面的关注和重视。在全国旅游工作会议上进行动员部署后,经过地方推荐和集中筛选,国家旅游局确定了500多个全域旅游示范区创建单位,包括7个省级、近百个市级和400个县级行政区域,并于2016年5月、9月和2017年6月分别在浙江湖州、宁夏中卫、陕西西安召开了3次全域旅游推进大会,制定发布了《全域旅游示范区创建工作导则》,持续深入推进全域旅游发展。

2016年7月,习近平总书记在宁夏考察时明确指出,"发展全域旅游,路子是对的,要坚持走下去"。全域旅游是以旅游业为优势产业,带动和促进社会资源全方位、系统化地优化提升,最终追求旅游对人们生活品质的提升。

2017年3月,李克强总理在政府工作报告中明确提出,"大力发展乡村、休闲、全域旅游"。在2018年政府工作报告中,李克强总理明确提出要"创建全域旅游示范区"。经过过去的理论和实践探索,行业内外对全域旅游的发展理念和模式形成了一致认识。

2018年,国务院办公厅印发《关于促进全域旅游发展的指导意见》,就推动全域旅游发展做出部署。针对旅游业发展目标提出了"旅游发展全域化、旅游供给品质化、旅游治理规范化、旅游效应最大化"的要求。

全域旅游是我国旅游产业发展的又一重大战略导向,可以预见会对我国旅游资源保护、规划设计、投资建设、运营管理等方面产生积极而深远的影响。

（二）全域旅游的战略目标

我国旅游业已与社会经济发展高度关联，体现在资源利用广度和深度与日俱增，在GDP和就业岗位中占比不断提高，实现与其他产业门类的融合发展，在城乡居民精神文化生活中的积极作用显著增强，对地区发展方式转型升级的引领和支撑作用日渐显现。由此，旅游业成为中央和各级地方政府确认的主导产业和支柱产业。这既是对旅游业30年来发展成果的肯定，也是对旅游业寄予的更大期望。

同时，以封闭式管理的旅游景区、旅游度假区等作为主要项目形态的发展方式已经难以满足国民旅游休闲时代的实际需求。传统项目形态的主要问题包括不利于协调资源保护，资源利用效率偏低，容易造成同质竞争，游客体验碎片化，不便于开展目的地管理与营销等。这些问题共同指向对旅游生产要素配置和流动的管控方式，需要通过顶层政策设计加以统筹解决。

可见，旅游业转型升级势在必行，全域旅游则是引领此轮转型升级的必然抓手。促进全域旅游发展的指导思想，是全面贯彻党的二十大精神，以习近平新时代中国特色社会主义思想为指导，统筹推进"五位一体"总体布局和协调推进"四个全面"战略布局，牢固树立和贯彻落实新发展理念，服务经济社会全面发展需要，加快旅游供给侧结构性改革，着力推进旅游业从门票经济向产业经济转变，从粗放低效方式向精细高效方式转变，从封闭的旅游自循环向开放的"旅游＋"转变，从企业单打独享向社会共建共享转变，从景区内部治安保卫向全面依法治理转变，从部门行为向政府统筹推进转变，从单一景点景区建设管理向综合目的地服务转变。

首先，全域旅游是对国民旅游需求的满足。随着休假制度的不断完善和国民消费与出行能力的迅速提升，散客自由行已经并将进一步成为主导旅游形式，游客不再满足于对景区（点）的按图索骥，而是希望在广大城乡内开展深度探访体验。这要求旅游业打通空间界限，打造覆盖全域的旅游产品体系，提供全域均质化的旅游设施和服务。

其次，全域旅游是对产业可持续发展的保障。我国当前对自然、文化、生态等旅游资源和资金、技术、土地等生产要素的利用方式浪费严重，并造成很多不可逆的破坏。通过全域旅游理念引领，以集约化、可持续发展为原则，系统统筹资源要素，实现旅游空间、业态、设施、活动等多层次体系的最优发展，并保障旅游发展综合效益的人际公平和代际公平。

最后，全域旅游是对旅游经济绩效的促进。游客规模早已不是我国旅游业的发展瓶颈，过度集聚的游客甚至给很多顶级景区造成管理负担和保护困局，而游客人均消费则增长缓慢。这反映出以景区为核心的发展模式实则难以达成"以点带面"，想要真正提升旅游经济绩效，就必须"以面育点"，通过构建全域旅游产品和服务体系，深挖游客消费潜力。

全域旅游发展要坚持三项基本原则，分别为"统筹协调，融合发展""因地制宜，绿色发展"和"改革创新,示范引领"。全域旅游发展的主要目标包括四个方面,可以概括为"四化",即旅游发展全域化、旅游供给品质化、旅游治理规范化和旅游效益最大化。

(三)全域旅游战略的主要目的和意义

《关于促进全域旅游发展的指导意见》(以下称《意见》)中明确提出了旅游业的战略定位和发展全域旅游的主要目的和意义。《意见》明确指出:旅游是发展经济、增加就业和满足人民美好生活需要的有效手段,是提高人民生活水平的重要产业。近年来,我国旅游经济快速增长,产业格局日趋完善,市场规模品质同步提升,旅游业已成为国民经济的战略性支柱产业。但是,随着大众旅游时代的到来,我国旅游有效供给不足、市场秩序不规范、体制机制不完善等问题日益凸显。发展全域旅游,将一定区域作为完整旅游目的地,以旅游业为优势产业,统一规划布局、优化公共服务、推进产业融合、加强综合管理、实施系统营销,有利于不断提升旅游业现代化、集约化、品质化、国际化水平,有利于更好满足旅游消费需求。

(四)全域旅游发展的主要任务

《意见》将增加旅游产品有效供给作为全域旅游发展的首要任务进行部署,条目篇幅也是各部分中最多的。其主要内容和精神,就是要走"旅游+""+旅游"的整合资源、融合发展道路,持续不断地增加旅游产品供给,加强旅游产品品质建设和供给主体建设。关于融合发展,《意见》分别从旅游与4个主要产业领域的融合来谋篇布局:一是与城镇化、工业化和商贸业("城工贸")融合;二是与农业、林业、水利("农林水")融合;三是与交通、生态环境、自然资源、海洋、气象(基础和资源)融合;四是与科技、教育、文化、卫生、体育("科教文卫体")融合。

全域旅游是顺应新时代我国人民美好旅游生活需要而产生的旅游发展理念和模式,必将随着人民美好生活水平不断提高而持续深入发展,成为我国旅游发展普遍适用的理念和模式。通过从以往的景点旅游发展模式转变为旅游业带动下的综合性发展方式,强调旅游业与各个产业、行业的有机融合,充分发挥旅游业对经济、政治、文化、社会、生态文明建设等领域的带动和联动作用,以整体的思维谋划旅游事业与其他各项事业的"合力"发展。全行业和社会各方面通过共同推动全域旅游深入全面发展,让旅游成为人民美好生活的新途径、新空间、新范式,在"建设美丽中国""绿水青山就是金山银山"等新时期政策导向下,全域旅游理当成为我国旅游业发展的"新常态"。

(五)全域旅游发展重点

全域旅游是一项系统工程,政策与实务涉及广泛,其中最为关键的优先事务与政策保障应包括以下几点。

第一，落实旅游资源的公共属性。扭转对山系、水系等地理单元进行的封闭式、碎片化景区开发，逐步实现公共旅游资源的整合化、开放式管理，集中供给公共旅游休闲产品，以此加强旅游目的地吸引力，扩大有效旅游容量和增进国民旅游休闲福利。

第二，探索旅游产业差别化用地。将旅游基础设施和重大项目发展用地作为专项类目，列入土地利用总体规划。积极利用低丘缓坡、滨水地带、矿产采空区、滩涂用地等，鼓励对其他产业门类的发展用地进行旅游增值复合利用，充分盘活土地资源。

第三，强化旅游产业的带动效应。通过"旅游+"产业融合探索，引导旅游业与其他产业门类联动实现对土地、资金、技术、人才等生产要素的高效集聚与共享利用，推动更具可操作性和可持续性的旅游业态、产品与服务创新。

第四，公共设施和服务体系均质化（见图2-4）。为全域旅游景区和城乡社区配置均质化的旅游公共设施、服务乃至景观体系，在保障游客享受品质如一的、旅游接待服务的同时，兼顾改善旅游目的地宜居环境，特别是提升农村旅游社区的发展能力。

图2-4 九寨沟诺日朗旅游服务中心（阿冬摄）

第五，统筹规划和管理以保障实效。全域旅游是对给定行政区划内旅游发展时空体系的统筹安排，必须构建层次清晰、承接有序的规划和管理体系。应以全域旅游为契机，进行旅游主导产业引领下的"多规融合"与"部门协作"探索。

| 第二节 |

"双碳"背景下的旅游绿色低碳发展

碳达峰、碳中和是一场极其广泛深刻的绿色工业革命，需要在能源、交通运输、工农业等领域做出战略调整。推进旅游领域的碳达峰与碳中和，是我国碳达峰、碳中和战略部署的重要组成部分。旅游业碳中和涉及旅游开发、区域发展、游客生活以及生态环境保护和资源利用的方方面面，意味着涉旅产业链的全方位变革，要求旅游业的发展模式全面向绿色低碳转型。为此，应协调好四个维度的关系。

一、总体要求

一是要与旅游业发展战略的顶层设计相协调。我国旅游业污染排放主要集中在旅游交通领域，同时，旅游过程中的生活垃圾产生量大且资源化利用率低。开展旅游行业环境整治行动既是提升旅游目的地生态福祉的重大民生工程，也是助力碳达峰、碳中和目标实现的重要举措。在旅游产业高质量发展过程中推进碳中和是一项复杂的系统工程，需处理好发展与减排、整体与局部、短期与长期的关系，加强顶层设计。在下一阶段规划的顶层设计中，应将减排固碳理念贯穿落实于旅游产业发展的全过程，注重旅游项目建设和运营与碳中和目标的有机统一，积极推动旅游开发的绿色转型升级，使旅游产业朝着绿色、节能、减排、低碳方向协同发展。

二是要与生态产品的绿色提质定位相协调。党的十九大报告明确指出，我国社会主要矛盾已经转化为人民日益增长的美好生活需要和不平衡不充分的发展之间的矛盾。旅游产业具有多重功能，除了发挥供给旅游体验和服务产品等基本功能外，还具备生态保护、社会发展、文化传承等功能。随着人民生活水平的提高，旅游发展的目标导向应逐渐从"集中观光""排浪式消费"向"高品质供给与绿色提质"转型。发展绿色低碳的现代旅游产业，提供更加环保美丽、参与性强的旅游产品，已成为当前及未来全球旅游产业发展的新趋势；供给优质的旅游产品是新时代赋予旅游行业的重要定位，也是我国经济新常态高质量发展的必然要求。

三是要与保障旅游目的地的民生要求相协调。旅游产品的提质定位要求旅游目的地因地制宜地建设更加美丽绿色的旅游产品、充分发挥旅游业的多重功能，通过创新体制机制，让当地居民能以绿水青山换金山银山。同时，倡导全域零碳旅游模式，使城市居民在享受绿水青山的同时践行绿色低碳的消费方式，逐步缩小城乡差距，实现供需双方的良性循环，满足人民日益增长的精神文化和美好生活需要。旅游产业应逐步推广使用清洁能源，但也应注意防止转型不力带来的无效投资浪费。在欠发达地区推动旅游业绿色低碳发展过程中需要对产业、能源、金融等方面做出重大调整，必须充分考虑当地的承受能力和战略定位，慎之又慎，谋定而后动。要充分协调好旅游业绿色低碳发展与当地经济社会发展战略的顶层设计、与区域发展、与生态产品的绿色提质、与民生保障和顾全大局这几大关系，分步分级推进旅游绿色低碳发展，在经济持续高质量增长中促进共同富裕。

四是实现碳达峰碳中和目标要与地方旅游发展基础相协调。要认识到我国许多旅游目的地经济社会基础差异巨大，人口分布不均、基础设施有待提升，推动旅游业低碳转型将是一个长期的过程，需确立循序渐进的"持久战"心态，留出一定的政策余地，设置必要的缓冲过渡期。为了实现碳中和目标，需要一定程度上重构旅游业能源体系、旅游业现代开发体系以及生态资源综合治理体系，促进旅游产业结构的战略性调整。在制定和推行旅游项目低碳政策的过程中，首先要充分保障当地居民和旅游企业的日常生产生活和正常运转。

二、旅游业绿色低碳发展的具体举措

旅游绿色低碳发展的目标是有朝一日让旅游业尽可能使用循环利用和可再生材料，在降低碳排放的基础上打造可持续发展的旅游目的地，同时采用循环利用技术，有助于保护地球上有限的资源并带动区域和社区的协调发展。

（一）丰富绿色生态旅游产品

1. 挖掘生态文化资源

挖掘提升传统生态文化。深入挖掘传统与现代的生态元素，弘扬"天人合一"等传统文化，培育旅游目的地生态文化载体。将生态文化元素有机融入文化节庆和大型活动。创作以当地山水文化、生态文化、历史文化等文化资源为题材的摄影、散文、诗歌、书

图 2-5 九寨沟秋色

法、绘画及音乐作品，同时融入生态文化，使山水诗、山水画等文艺作品成为旅游绿色发展的载体（见图 2-5）。

2. 做好绿色生态品牌

打造绿色品牌。深挖非物质文化遗产资源，加强传统工艺保护与传承。深度开发野生菌、牛肉、药材等经典生态产业，培育传统产品制造、手工业等基地，壮大乡村文创产业。深入践行文旅融合发展战略，推进全域全链深度融合，培育文化旅游新业态、新模式，聚力发展以古城古镇古村游、经典美食娱乐游、文化休闲游、工业遗迹游等深度融合型业态为主线的大文旅产业。促进文化和旅游融合，提升旅游产品和服务的内涵性、多样性、趣味性与互动性。

3. 依托生态文化品牌开发实现产品增值

深入推进"非遗"保护和传承，举办非遗展示活动。打响地域品牌知名度，推动特色产业文创化，打造生态主题小镇。提升当地建筑文化知名度，挖掘古镇、古村内历史建筑

及特色民居、老厂房等特色建筑历史价值、艺术文化价值，通过摄影、微电影等方式，打造网红景点、特色民宿等项目。依托木雕、砖雕、石雕等古建筑修复人才资源，探索开发建筑衍生品创意产业，推动创意设计行业发展壮大。发展民俗文化衍生产品，通过举办民族文化节、节庆会展等活动，传承发展民俗文化。打造民族文化主题公园，加强教育性表演，增强民族文化宣传能力。整合挖掘民间文化智慧与资源，将文化内蕴与现代理念融合，打造人文元素艺术精品。加大非物质文化遗产的保护力度，建立非物质文化遗产数字档案。

4. 做好绿色旅游产品市场拓展

整合现有生态文化，资源和生态产业资源，进一步激活生态文化产业市场，加快培育绿色旅游市场主体，扶持重大生态文化产业项目，增强生态文化产品生产能力，有效解决生态文化产业"小、弱、散"的问题，提高生态文化产业规模化、市场化、专业化发展水平，增强生态文化产业抗击市场风险的能力。同时，通过市场营销进一步提升生态文化产业的市场影响力和号召力，打造生态文化产业市场运营的新平台。

提高绿色旅游产品市场竞争力。依托良好的生态基底，充分挖掘美食文化，选址打造"文旅＋美食"百年老店、餐饮文化展示区、美食特色街、品牌店集聚区、小吃夜市街区，发展美食文化新经济。

（二）构筑绿色旅游发展体系

将绿色、低碳、可持续原则融入旅游规划、建设和运行全过程。明确旅游开发建设必须采取"环境正影响"的基本要求，将可持续性要求落实到旅游设施建设、生产采购和低碳管理各个方面。针对旅游发展特点，绿色旅游体系可以由绿色能源、绿色场馆、绿色交通、林业固碳构成，形成旅游绿色发展的主要支撑。在数字技术的支持下，可以让旅游目的地更多绿色应用场景将进入公众生活，为绿色旅游增添活力。通过在旅游商品和包装中尽量使用循环利用和可再生材料，在酒店提供的用品中基本淘汰塑料材料，在水资源紧缺地区最大限度减少淡水资源的使用，在旅游服务设施中消除需要填埋的废弃物等措施，可以进一步加强旅游循环利用。

1. 推动绿色建筑应用

在具体实践上，为最大限度降低旅游设施建设对生态环境的不利影响，坚持生态保护优先，协同推动老旧设施循环改造和新设施绿色建构。通过将一些传统村落、老旧厂房、闲置院落等保护性改造升级为旅游接待设施，不仅实现了源头减量、资源节约，也为旅游的多业态经营奠定了基础。

2. 新建绿色旅游设施

新建旅游设施必须充分融入绿色理念。新建旅游设施需尽可能统一按照绿色建筑评价标准来执行，规划建设时避让野生动物栖息地，并与生态修复同步进行。毗邻景区的生态旅游设施尽量依靠天然地势而建，采用环境友好型的设计方式，保证原地表径流路线与生态廊道不被阻断，让旅游设施掩映于绿水青山之中，自然之美与人文之美交相辉映。

旅游目的地的酒店、游客中心、旅游设施、零售店、餐饮店这些建筑在保持对环境的影响方面都具有重要作用。需要仔细考虑旅游建筑环境与外部的相互作用，树立以人的体验为中心的设计思维。需要将艺术和设计引入旅游建设中，不断寻找新的方法打造创意空间，始终对游客和社区共享的环境予以优先考虑。要让场所的设计和施工标准与业界公认的绿色建筑范例保持一致，以促进节水、节能和负责任的材料采购等活动。比如，玻璃立面的外墙系统既能充分利用光线，又能限制日照。为确保有效利用资源并为员工提供舒适环境，对安装的系统进行定制，可调节温度和光线。窗户附近的日光感应器会根据太阳的位置自动变暗或变亮。领先的水冷式冷却机和暖通空调（HVAC）系统可优化和减少能源使用。一些设施可对场所产生的废水进行处理和重复使用，用于冷却、冲洗和周边灌溉，从而减少了所需的淡水总量。

3. 推动旅游建筑高效运营

千方百计地从源头上避免消耗能源。需要与设计团队合作，因地制宜定制建筑物系统选择流程，以满足旅游投资商和普通家庭民宿各自的特定需求，确保旅游场所设施都能得到有效利用。要寻求多种途径努力节能，包括整修和翻新改造较为陈旧的酒店、博物馆、游客中心等设施，在能力范围内采用最优能效策略。需要综合考虑旅游建筑物的各方面，包括照明系统、电力系统、采暖制冷系统等，以求找到提高能效的机会。对于新建旅游设施，要在设计之初就融入能效理念，根据当地的温度、湿度和日照，对每处选址的条件、设计和营建详加考虑。每个场所投入使用后，要监测相应的能效表现，并做出必要的调整。

（三）广泛采用绿色能源

在低碳能源供应上，光伏、风电等清洁能源为旅游发展提供了"绿色动力"。通过光伏、风电、水电等可再生能源电力源源不断输送旅游目的地，尽量实现旅游设施100%使用绿色电力。有条件的旅游设施需要对场地内水、电、气、热等消耗和碳排放进行实时监测管理，让每一度绿电都能可追溯、可查证。对于旅游业而言，尽可能在未来实现可再生能源全运营流程覆盖，无论是在旅游目的地、酒店、餐厅、娱乐、工厂、商店，清洁能源都有巨大的使用潜力。

1. 在旅游场所设施方面广泛采用清洁能源

旅游项目可以配套建设太阳能发电和风力发电项目，既可以为旅游场所设施提供可再生能源，也能实现新的利润来源。对于旅游项目投资来说，可以采用多种方式进行可再生能源项目投资，包括直接拥有可再生能源项目的所有权、进行股权投资，签署长期能源采购协议等方式，实现旅游项目的绿色低碳发展。

第一种方式是直接拥有发电设施的所有权。在可行的情况下，旅游投资商可以建设自有的太阳能、沼气燃料电池和风电等项目来提供可再生电力。

第二种方式是对清洁能源企业进行股权投资。在某些市场，旅游投资商可以对当地的新建太阳能光伏或风能项目进行投资，用它们的可再生电力满足自身的能源需求。

第三种方式是签订长期可再生能源合同。一些大型的旅游目的地设施可以和清洁能源企业签订长期可再生电力合同。这些购电协议以及其他形式的长期承诺，有助于支持绿色能源标准的新建旅游项目。

2. 在旅游设施方面布局太阳能屋顶、太阳能电池板和风力发电机

在阿坝州，家庭用户可以通过安装太阳能屋顶、太阳能电池板或风力发电机来大幅减少碳排放。对于我国旅游目的地的家庭而言，安装这样的一套系统需要评估经济效益的需求。美国特斯拉公司的研究表明，理论上仅依靠太阳能发电就能够满足美国家庭包括用车在内的所有电力需求，并且一套普通的太阳能和储能系统大约 10 年内节省下来的能源费用就可以抵偿系统本身的支出。随着我国清洁能源技术的不断提升，以及国家政策补贴的深入，这些产品的成本不断下降，可再生能源（太阳能或风能）和电池储能最终都将成为成本最为低廉的能源选项。将会有更多的用户可以用较低的成本采用清洁能源和储能设施，以应对旅游旺季的供电需求和日常生活，从可再生能源的转变中获得直接的经济收益。在一些条件适宜的地区，新工厂的屋顶都可以实现太阳能电池板全覆盖。只要空间允许并且经济上可行，这种方式将有效帮助工厂降低排放并可以为制造业提供清洁能源。

3. 旅游产品制造中的低碳化

建立设计更合理、更高效的新型工厂。旅游装备和旅游商品制造业在旅游业中也具有较高的碳排放，需要秉承可持续发展的理念来建设工厂，通过减少零部件在工厂内的转移、减少生产过程中工艺环节等措施降低能耗。在追求不断改进过程中，力争将每个新工厂建得比前一个工厂更好、更具有可持续性。在厂房的建设方面，可以选用高效、隔热、低辐射的窗户来减少建筑供暖和制冷需求。

增加旅游设施使用寿命。高质量的旅游设施有赖于高质量的材料供应，需要越来越多地通过循环供应链采购这些物品，尽可能都来自可回收成分和可再生资源。需要持续关注旅游产品的质量和耐用性，通过设计经久耐用的设施，让材料物尽其用，最大限度地减少了维修或更换的需求，带来更好的用户体验。耐用的旅游设施也需要结合智能软件功能来扩展产品性能，设施制造方需要提供便捷的维修服务，可以通过翻新设备供下一任用户使用，并重复利用仍具备其他功能的零部件。对于在高寒高海拔地区使用的旅游设施，需要经得起日常使用中各种严苛考验，并在用户需要时提供便捷且安全可靠的维修服务。当设施生命周期结束，要加强产品收集和循环利用方面的创新，在需要淘汰现有设施的时候能将旧设备用作新产品的原材料来源。

推动绿色包装。在采购、生产、销售环节为旅游商品制作和包装使用循环利用和可再生材料。无论是原生材料，还是循环利用或可再生的资源，都需要以负责任的方式进行运用。尽量采用纸制品取代传统的塑料包装，还可以用纤维制品替代大号塑料托盘、包装材料和泡沫减震等材料。尽可能消除一次性塑料，将重点放在推动旅游产品和包装采用循环利用和可再生的材料，从而减少废弃物。

4. 推动绿色低碳出行

全球范围内的气候变化已达到了惊人的程度，这在很大程度上都归咎于燃烧化石燃料用于运输和发电所产生的排放。倘若不同时解决能源生产和消耗问题，全球范围的温室气体排放将无法减少。对于旅游业而言，尽管在产业链的大部分环节排放较低，但在旅游交通领域，碳排放量还是相对可观。所以，旅游业的低碳发展，首先是要直接减少运输板块的排放，从而改变旅游领域的能源使用习惯实现低碳发展。在旅游交通的节能减排领域，需要设计并打造一个完整的能源和运输生态系统。既要采用支持此绿色交通系统的技术，又要专注于系统内所包含产品的可负担性。需要通过设备采用以及地方政策与基础设施的完善来实现这一目标。

推动电动车与清洁能源、储能设备形成闭环。对于阿坝州等高寒高海拔且地广人稀的旅游目的地而言，充电桩等电动车配套设施不完善制约了电动车在旅游及生活领域的广泛应用。在技术条件的支持下，目前的电动车客户可在家中安装太阳能电池板、太阳能屋顶、风力发电机以及 Powerwall（特斯拉主打的家用电池）等储能电池之类的储能解决方案，从而丰富旅游目的地的可再生能源组合。即使将分布式清洁能源发电、储能电池制造与上游供应链中的碳排放考虑在内，也可显著减少电动车在使用周期内的碳排放。

据统计，每辆汽车要燃烧 3 万升燃料，向大气中排放 70 吨二氧化碳当量。由于目前碳捕捉技术尚不具备经济可行性，化石燃料燃烧后无法实现减碳。如果是电动车，按照每辆汽车的充电量为 70mWh（毫瓦时），排放 30 吨二氧化碳当量（以当前的全球电网结构计算）。借助成熟的技术，可实现电动车在生产和终身使用阶段的碳减排，电池组会在使用寿命结束后被回收，反复不断地用来制造全新的电池组。

提高清洁能源汽车利用率。中国是可再生能源的主要部署国和生产国，中国的电网结构随着时间的推移将得到极大改善。尤其是阿坝州所在的四川省，水电、光伏和风力发电等可再生能源部署率非常高，电动车通过电网充电所产生的污染比全球大多数国家或地区充电产生的污染都要少。采用电动车为主的旅游交通方式要比采用燃烧汽油更加环保。考虑到车辆在报废前要使用 15~20 年，加上电动车技术的突飞猛进，电动车和燃油车的排放差距只会越来越大。所以，可以在旅游全过程加快绿色出行体系建设，构建起"清洁能源 + 电车 + 高铁"的低碳交通格局。要合理运用动车、高铁等中远程公共交通工具，以高铁站为枢纽向旅游目的地区间转运提供交通运营服务保障，推动旅游客运车辆全部采用电动或天

图 2-6　九寨沟环保观光车（九寨沟管理局供图）

然气、氢燃料电池客车，不断推动清洁能源车辆占比提升（见图2-6）。

据统计，全世界所有汽车每年的行驶总里程可达到数万亿千米。旅游大巴、厢式送货车、卡车和公共汽车等车辆的数量相对较少，行驶里程却并不少，这导致了排放量的不成比例。在美国，以半挂式卡车为主的拖挂式卡车只占道路行驶车辆总数的1.1%，但因为其耗油量颇高，占到了全美国车辆排放的18%左右。目前对于旅游大巴和货车来说，采用电动化的技术还不太成熟，可以探索运用氢能源和天然气等清洁能源的方式，降低大型旅游运输车辆的碳排放。电动车通过电网充电所产生的污染比全球大多数国家或地区充电产生的污染都要少。所以，采用电动车为主的旅游交通方式要比采用燃烧汽油更加环保。

5. 加强旅游循环利用

节约旅游水资源。致力于减少对淡水资源的依赖，使用的替代水源越多，对当地水域的影响就越小，潜在的替代水源包括循环水、再生水、雨水和冷凝水。利用雨水收集系统可以吸收存储雨水；冷凝水回收系统可以收集作为制冷和空调系统副产品产生的水。这不仅避免了将这些水排入当地的废水系统，还打造了一个重复使用的优质的现场水源。

随着全球气候变暖，许多大河、湖泊出现了多年不遇的干涸现象，水资源变得越发稀有。因此，在旅游业内要不遗余力地降低整个运营过程中的用水量。需要对旅游消费环节中的直接用水进行优先级排序，并将继续发掘整条供应链以及餐饮、服务和娱乐环节的节水潜力。可以将融雪水、自然降水高效回收存储，实现良性水循环。旅游目的地设施建设坚持节能、节地、节水，采用超低能耗示范工程，尽可能使用可再生环保材料。还可以利用雨水和冷凝水收集再利用来提高用水效率，可以通过收集屋顶径流到建筑地下中央存储系统中，以便回收雨水。同时，室外湿热空气遇冷后，可得到冷凝水；这种冷凝水过去通常被视作废水，但是现在已经有技术可以重复利用冷却塔和水处理系统中的冷凝水来补给进水。通过在旅游产品制造企业中合理利用处理过的当地废水，可以满足非饮用水补充需求。

提高旅游运营场所的用水效率。随着旅游场所设施和运营活动不断增加，必须努力应对用水量和用水效率方面的挑战。优先考虑具有较高水风险的地区，并努力减少旅游用水量。需要优化水资源的使用，以改善卫生设施、气候控制、绿地维护和制造流程。包括改进制冷系统在内的多项设备升级，普及更有效的餐饮住宿清洗流程的员工教育，其他一些场所则需要升级节水设备和废水回收系统，以及重新设计制造酒店。

提高废弃物回收利用效率。在生产和运输环节中产生的绝大部分废弃物都能回收利用，如纸、塑料和金属。旅游发展过程中，要努力创新减少废弃物的方法。例如，减少不可回收材料的用量，向国内外先进旅游企业学习经验，在旅游区域内部署改进措施，或与物流团队合作以最大限度地减少旅游物资的运输与包装。

实现旅游废弃物零填埋。努力让旅游业运营过程实现废弃物零填埋，尽量使用可循环利用或可重复使用的材料，从而减少产生需要填埋的废弃物。完成这样的目标需要涉及与旅游业相关的各种物品，从厨房用具到建筑材料，以及旅游活动中产生的废弃物。

要在旅游过程中逐步过渡到使用散装、可回收或可重复使用的包装。对于无法避免的废弃物，可以尽量让其通过转化而免于填埋。要构建合适的基础设施并改善信息传递，以确保各种废弃物被正确分类后归置于相应的垃圾箱。推出用于回收和填埋的综合垃圾箱，并改进标识以减少污染和提高回收率。尽可能回收纸张、塑料和纸板材料。

（四）构建绿色旅游生活方式

1. 建设绿色旅游宣传载体

在旅游网站和现场设置绿色旅游相关专栏，安排专人负责更新管理；鼓励旅游目的地和省、市民间环保组织开展和宣传环保公益活动。建设绿色旅游宣传网络体系，在旅游主管部门网站设立"绿色旅游"板块，加强政府与公众的沟通建设，使公众能够融入绿色旅游之中；结合全域旅游示范区、旅游度假区、生态旅游示范区、A级旅游景区、乡村旅游重点村等品牌建设，加强绿色旅游宣传教育；加强饮用水源保护区、森林公园、湿地公园、风景名胜区等的建设和管理，使其成为滋养、传播生态文化的重要平台。

2. 加强绿色旅游方式宣传

依托各类旅游节事活动，组织以保护环境为主题的宣传活动，加大绿色旅游方式传播力度；在现场向市民和游客宣传环保知识，并提供与环保相关的资料，在旅游目的地普及生态知识，广泛宣传生态环保的世界观、价值观、伦理观和正确的政绩观、财富观、生活观。充分发挥旅游目的地以及各文化馆、博物馆、美术馆等公共文化场所，以及主流媒体、网络、社会媒体等在传播绿色旅游生活方式方面的作用；充分利用户外标语和广告的宣传作用，在车站、集散广场、酒店、景区入口等人口密集区域设置一定比例的绿色旅游公益广告，由旅游主管部门统一制作绿色旅游宣传标语和广告内容，强化公众对绿色旅游生活方式的认同感，使旅游成为弘扬生态文化、倡导绿色生活方式的重要阵地。以各种宣传方式，如普及低碳知识、积累碳积分等形式倡导游客参与绿色低碳行动。

3. 打造绿色旅游环境

开展以节约、节能为主题的各类"绿色旅游"活动，旅游主管部门和国有大型旅游企业要率先建设节约型机关;公共建筑、政府投资或参与投资的旅游设施项目,要严格执行建筑节能标准,争创绿色建筑;杜绝过度装修酒店、餐厅、演艺场所。文化和旅游主管部门和国有大型旅游企业要积极实施绿色采购与绿色消费计划,优先采购再生材料生产的产品、通过环境标志认证的产品、通过清洁生产审计或通过 ISO 12000 认证的企业产品,逐步提高采购中绿色产品、绿色企业的比例。

4. 鼓励公众节约资源

结合旅游目的地建设,提倡并鼓励旅游目的地的家庭、宾馆、单位、餐厅节约使用能源及水资源,提倡并鼓励使用相对清洁的能源及可再生能源。大力宣传倡导节俭文明的生活方式,号召大家从自身做起、从身边的小事做起。推进"节能减排"活动,开展"节能环保酒店""节能减排行动示范景区"等创建活动。努力探索长效节水机制,鼓励酒店等旅游场所生活用水"一水多用,中水回用",探索废水再生利用模式,促进水资源可持续利用。

5. 深化多点多级示范创建

积极推进绿色景区、绿色酒店、生态旅游示范区等的创建和"生态文明教育示范基地"等各类示范创建活动。营造共建共享绿色旅游氛围。结合各旅游目的地特色,围绕节能、环保、舒适主题,开展旅游绿色空间、环境基础设施和监管机制建设,强化环境宣传教育,改善居住环境及人文环境,提升节能环保意识。鼓励当地家庭阳台及庭院植绿、垃圾分类、节水节电、绿色出行、低碳环保装修;策划一批游客可以主动参加、寓教于乐的旅游环保活动。鼓励有条件的景区和文博场馆开设绿色研学旅行活动,定期组织开展绿色环保活动,做好文旅场馆设施节电节水、垃圾分类、绿色美化等工作,着力培养工作人员和游客良好的环境行为,创建绿色、健康、洁净的旅游环境。针对各类绿色创建活动,出台相应奖励办法,设置奖励资金。

| 第三节 |

在旅游发展中铸牢中华民族共同体意识

一、以旅游业带动各民族共同富裕

中央民族工作会议暨国务院第六次全国民族团结进步表彰大会指出,"要大力发展特色优势产业,增强民族地区自我发展能力……逐步把旅游业做成民族地区的支柱产业"。为新形势下民族地区旅游业的发展跨越发展提供了根本遵循、指明了前进方向。加快发展旅游业为代表的现代服务业，是民族地区向结构调整要动力、促进经济稳定增长的重大措施，既可以有效激发内需潜力、带动扩大社会就业、持续改善人民生活，也有利于引领产业向价值链高端提升，实现服务业与农业、工业等在更高水平上有机融合，推动经济提质增效升级。在新常态背景下以旅游带动民族地区的社会经济发展，是一轮更高起点、更高层次、更高目标的发展，体现了不是着眼于"常态化发展"，而是要实现"跨越式发展"的战略意图。

旅游需求无止境，旅游产业无边界。在民族地区要充分发挥旅游综合产业优势，致力于推动旅游与一、二、三产业融合发展，与新型城镇化、信息化、农业现代化紧密结合，与文化、科技、教育、医疗、政治、外交领域都深度融合，不断催生乡村旅游、文化旅游、研学旅游、养生旅游、医疗健康旅游、科考探险旅游、邮轮游艇旅游、低空飞行旅游等新产品、新业态涌现，推动旅游产业与优质资源、优势资本的相结合，拓展旅游产业面，拉长旅游产业链，共享旅游发展机遇，共同做大旅游产业，推动民族地区共同富裕。

二、以旅游业促进民族文化传承与创新

中国 56 个民族密切交往、相互依存、休戚与共，形成了中华民族多元一体的格局，共同创造了璀璨的中华文化，缔造了统一的多民族国家。维护祖国统一、加强民族团结是各族人民的共同心愿，是不可阻挡的历史潮流，是必须传承发展的历史传统。对于民族地区而言，实现合理、持续、发展的文化繁荣是民族文化传承与保护的必要条件。

做好民族文化的传承和保护，是夯实民族团结进步的文化基础。民族化、个性化，是民族文化永葆生命力的根本所在，要按照"文艺人才培养优先、文化设施建设优先、文化遗产保护优先、对外文化交流优先"的思路，有效融合文化和旅游资源，打造民族特色文化品牌体系。要鼓励民族地区立足地方特色，精心策划，形成以"民间文化艺术之乡""非物质文化遗产"等为代表的一批具有影响力和带动性的地方文化品牌，以及一批特色鲜明、群众喜闻乐见的文化服务品牌。

在以旅游业推动民族文化传承与保护的过程中，要分清传统民族文化保护、创新和发展的关系。保护、创新、发展之间的关系是辩证统一的，保护民族文化是基础和根本，创新是本质和灵魂，发展是保护和创新的最终目的，这是以文化生态旅游业促进民族文化传承和保护的基本规律。创新是指在继承前人成果的基础上，本着批判继承、推陈出新、与时俱进的精神，引导各民族摒弃落后的、不符合时代发展需要的传统文化，弘扬优秀的民族传统文化，吸纳其他民族的先进文化。发展是指扩大民族传统文化的内涵和外延。扩大内涵就是丰富内容，提高品位，使其具有民族性、科学性、大众性、现代性和稳定性；扩大外延就是通过继承、创新提高民族传统文化在各民族中的地位，提高影响力、凝聚力、

亲和力。

三、以旅游发展推动民族交往交流交融

旅游可以促进各民族交往交流交融，通过旅游业高质量发展，能够推动各民族在空间、文化、经济、社会、心理等方面全方位嵌入、铸牢中华民族共同体意识，加强中华民族共同体建设。旅游发展中，要坚持突出铸牢中华民族共同体意识主线、坚持旅游为民、坚持因地制宜、坚持创新发展。通过推动民族地区优质旅游产品供给更加丰富，旅游业高质量发展水平明显提升，旅游人数大幅增长，旅游基础设施明显改善，有效提升旅游带来的人流、物流、资金流、信息流，让各民族交往交流交融更加广泛深入。

通过旅游深入各民族交往交流交融要做到几个方面：要在传统旅游产品中注入新内涵，在旅游产品的体验中让游客感受到铸牢中华民族共同体意识的意义，以及旅游发展对于改善民生、凝聚人心的意义。要通过打造新产品新线路，推进民族地区旅游业提档升级，通过打造更多个性突出、特色明显、体验深入的旅游产品，吸引更多游客到民族地区旅游，让外地游客感受到祖国的大好河山和热情好客的民族风情，从而实现民族团结进步价值理念深入人心。要充分发展让当地群众广泛深入参与、游客深度融入体验、东西部市场主体深化合作的新业态，为当地提供更多就业机会，让游客能够延长游览和体验时间。还要培育更多旅游发展主体，鼓励民族地区的人才返乡创业，以外部的知识和理念推动民族地区旅游演艺、文化旅游、医药资源、特色节庆展会等传统业态转型升级，打造更多现代游客喜爱的"网红"产品。还要围绕品牌创建，打造一批民族民俗文化旅游示范区和全国乡村旅游重点村镇，做好典型示范、创新引领，聚焦旅游城市、景区、乡村，充分发挥创建的示范作用，突出旅游促进各民族交往交流交融的意义。

参考文献

[1] 刘鹤. 必须实现高质量发展 [J]. 中国军转民，2021（23）：10-13.

[2] 范周. 文旅融合迈进新时代 [N]. 经济日报，2018-04-23（9）.

[3] 刘大杰. 图书馆在文旅融合时代的使命与创新 [J]. 当代旅游，2019（8）：17-18.

[4] 周耀林. 推动新时代文旅融合深度发展 [N/OL]. 光明网，2018-06-15.

[5] 齐中熙，叶昊鸣. 推动全域旅游进一步发展——《关于促进全域旅游发展的指导意见》解读 [N]. 光明日报，2018-03-23（4）.

[6] 国务院办公厅. 国务院办公厅关于促进全域旅游发展的指导意见 [EB/OL]. https://www.gov.cn/zhengce/content/2018-03-22/content_5276447.htm，2018-03-09.

第三章 | CHAPTER THREE
九寨沟景区管理的成功经验

| 第一节 |

生态景观保护经验

九寨沟景区在探索中起步，在变革中创新，始终坚持可持续发展战略，长期致力于发展低碳旅游，以先进技术推动科学管理，从"数字九寨"到"智慧九寨"，一直走在中国旅游景区发展的前沿。九寨沟景区始终把生态环境与自然保护放在发展的首位，坚持走"保护促发展、发展促保护"的道路，形成了一系列生态景观保护经验。

一、设置专门保护机构进行科学化管理

图 3-1 九寨沟景区管理局管理机构（建错摄）

九寨沟的管理机构（见图3-1）随着九寨沟的开发经过了从组建到优化的过程。1978年12月，九寨沟被国务院划为自然保护区；1982年，九寨沟被国务院划为首批国家重点风景名胜区；1984年，九寨沟旅游正式对外开放。2000年3月，"九寨沟国家级自然保护区管理处"更名为"九寨沟国家级自然保护区管理局"；10月，九寨沟国家级自然保护区管理局、九寨沟风景名胜区管理局升格为阿坝州人民政府直属正县级事业单位。2005年，成立九寨沟世界遗产管理局。2011年5月，九寨沟国家地质公园管理局获批成立；7月，九寨沟国家5A级旅游景区管理局成立，与风景名胜区管理局合署办公，实行五块牌子、一套班子的管理体制[1]。2018年结合灾后重建管理的实际需要，根据地理位置和职能分布，管理局将景区保护处分解为四大基层管理处：树正沟管理处、日则沟管理处、则查洼沟管理处和扎如沟管理处，各管理处负责辖区内的游客接待、护林防火及基础设施设备维护等管理工作。

二、建立多位一体的生态景观保护措施

九寨沟景区管理局通过对景区环境进行科学、严格的保护培育，游览路线的合理安排，游览设施的生态建设，景区居民的有效调控，达到保护—开发利用—管理三个环节的良性循环，形成多位一体的生态景观保护措施。生态保护的理念在九寨沟景区开发保护与管理运营中，得到全过程、全方位地贯彻落实，形成了保护性开发、生态型旅游的重要实践经验。游客不仅是生态旅游的消费者和主体，也兼具成为生态保护、景区环境工作的监督者和批评者；景区居民不仅是原住民和服务人员，也是生态保护成果的享有者；由此构建出一个管理者、游客、景区居民相互监督、互利互惠的生态保护局面。

三、有效执行"沟内游、沟外住"的规定

为贯彻生态旅游的理念，九寨沟成为全国第一个有效执行了"沟内游、沟外住"的规定的景区。从 2001 年 4 月 30 日起，九寨沟关闭了景区内所有的宾馆；2003~2004 年，拆除了景区内经营性房屋建筑和违章建筑 10 万平方米，恢复植被 2 万余平方米，创造了良好的生态环境氛围，明显解决了九寨沟景区内的人为污染问题，维护了世界遗产地环境、景观的真实性和完整性。

四、坚定不移执行"限量旅游"的政策

通过科学测定环境承载量，2001 年以来，九寨沟景区在全国乃至世界同行业中率先实施"限量旅游"策略，即每日进沟旅客限制在 1.2 万人以内，以缓解生态环境与人为活动之间的矛盾。虽然这个政策的执行，单单从门票上就会让九寨沟景区收益短期内受到不小的损失，但是，为了保护好九寨沟这个不可再生的世界自然遗产，如此颇有远见卓识而又极具冒险性的举措，体现了九寨沟"保护至上"的现代旅游开发理念[2]。该政策中"限量"的游客人数，也随着九寨沟景区的具体生态接待能力而调整，实现了科学有效的景区管理。

五、启动"智慧九寨"高效保护生态景观

为全力保护景区的生态景观，九寨沟管理局充分利用高科技，打造智慧景区系统全天候全面监测生态环境，达到更为及时有效的生态景观保护作用。九寨沟景区充分利用高科技，建设智慧景区管理平台，常态化开展对动植物、水质、空气、地质灾害、森林火灾等的监测。通过上千个物联网传感器能随时监控景区内的生态情况，并且可通过互联网或手机终端了解景区运行所有实时数据。

绿色景区建设经验

九寨沟景区牢固树立"绿水青山就是金山银山"理念，不断强化生态自觉，全面推进生态文明建设。如今的九寨沟景区在建设管理中按照"尊重自然、绿色优先"的思路，走出了一条景区建设与环境保护双赢的绿色发展之路，在发展中保护，在保护中发展。

一、引入国际标准化管理，确立"绿色旅游"新理念

图 3-2　在九寨沟诺日朗中心站等待载客的环保观光车（苏杰摄）

九寨沟景区积极开展"绿色旅游"，将保护生态环境和绿色资源、满足"绿色旅游消费"的思想贯穿于整个旅游规划、开发、管理、发展中。主要体现在以下一些地方：科学测定环境承载量，实施"限量旅游"政策，严格控制日进沟游客数量；开通绿色环保观光车（见图3-2），尾气排放达到欧三标准，大大降低了汽车尾气对九寨沟生态环境的影响；拆除景区内的所有旱厕，引入智能全自动免水冲环保生态厕所和环保型车载式流动厕所，从而实现了景区内污染物零排放；景区内的诺日朗旅游服务中心更加突出"绿色"功能，以旅游咨询、环境教育为主，其他服务为辅；设计开发以绿色为主题的原始森林旅游路线、生态研学旅行课程等，起到对游客"绿色旅游"的引导作用。

二、重建植入生态基因，打造绿色发展九寨模式

2017年8月8日，7.0级地震突袭九寨。在灾后恢复重建中，坚持将生态环境修复保护贯穿始终。景区85%的区域经过"补妆"后再度开放，美景再现实属不易。九寨沟景区灾

后重建植入生态文明基因，面对景区面积大、游客人流量多的特点，根据资源环境承载能力综合评价，调整思路，增添措施，创出了独具特色的"九寨模式"。在九寨沟景区重建规划区域中，生态保护区占比达到81.44%，体现出对生态重建、绿色发展的追求。而随着生态修复，野生大熊猫也频频出现在人们的视野中，成为九寨又一道亮丽的风景线。

三、开展国际合作交流，推进景区生态管理现代化

为了更好地推进景区员工的素养提升，改善景区服务质量，九寨沟景区广泛、深入地开展国际交流合作，使其生态旅游管理向着国际化和现代化的方向快速发展。每年派专业人员出国考察，不断学习先进的管理经验；与美国华盛顿大学开展环境工程、环境教育和森林生态学等内容的科研合作；还与四川大学和美国加州大学、优山美地国

图 3-3　开展国际联合调查研究交流（肖维阳摄）

家公园合作，成立"九寨沟生态环境与可持续发展国际联合实验室"；此外，配合世界自然保护联盟（IUCN）在九寨沟开展实地调研，并积极与中华人民共和国住房和城乡建设部、中国风景名胜区协会开展"中国世界遗产地生物多样性项目"的研究[3]。

四、环境保护主体多元化，开创居民参与新模式

九寨沟管理局始终坚持"以旅游发展促进生态保护，以生态保护促进旅游发展"的理念，从保护生态环境的角度出发，开创了居民参与景区管理的新模式，以此来扭转景区内居民与管理者之间的利益冲突问题。"居民式景区"环境保护，是把景区内居民纳入环境保护的体系之中，通过倡导、引导、疏导、指导的方法，使之有主人翁的认同感、责任感，成为监督、批评和参与的重要力量。从负向思维角度来看，应该使沟内居民认识到保护九寨沟的紧迫感、危机感，增强忧患意识，才能反向激励，变被动的、强制的环保工作为居民自觉主动参与。

五、坚持可持续发展战略，促进低碳旅游发展

九寨沟管理局长期致力于发展低碳旅游，科学编制低碳旅游发展规划，精心打造低碳产品，全面完善低碳设施和不断优化低碳服务，努力塑造低碳品牌。在 1999 年，九寨沟就

已经开始禁止外来车辆进入景区，统一采用绿色环保观光车，有效控制汽车尾气排放。到2001年，九寨沟管理局关闭景区内所有宾馆，严格实行"沟内游，沟外住"，以及开始实施游客限量政策，减轻了游客食宿与活动等对生态环境的影响。2006年，九寨沟管理局开始实行办公自动化，减少纸张使用。2009年，九寨沟管理局成立了"绿色小组"，开展环境教育活动，督促节能减排。2012年，九寨沟景区荣获首批"全国低碳旅游示范区"称号。

九寨沟管理局着力打造扎如沟生态游、曲那俄科考游、栈道徒步游等低碳旅游产品[4]。同时，重视能源结构优化，推动景区居民停止使用薪柴，将环境检测仪器、照明等设施改用电能、太阳能作为水电以外的清洁能源。九寨沟管理局还完成了退耕还林还草，加强植树造林，防火防病虫害，以森林生态环境的改善来固化二氧化碳，最大限度地抵消旅游活动产生的碳排放[4]。

| 第三节 |

数字九寨建设经验

九寨沟景区游客多，生态脆弱，具有极大的管理难度，通过"数字九寨沟"工程建设，全面提升了九寨沟的保护、管理、开发水平，使景区综合效率提高了38%。其技术体系构成了中国景区数字化建设标准，被作为"国家重点风景名胜区数字化景区"建设样板工程向全国177个景区推广。

一、将数字化作为景区提质增效的重要手段

在住房和城乡建设部，文化和旅游部，四川省委、省政府的关心、支持、帮助下，在阿坝州委、州政府的正确领导下，九寨沟管理局坚持把信息化建设作为九寨沟"保护、开发、管理"的基础平台，特别是在创建世界级旅游精品的过程中，严格按"统一规划、统一管理、分步实施"的要求，立足于"高起点、快发展"，强力推进"数字九寨沟"的建设。

"数字九寨"工程建设始于2001年，已开通网上订票、客流智能监控、智能环境监测、观光车卫星定位等多个数字化工程。"数字九寨"突出特点在于创新性地建立了"资源保护数字化、运营管理智能化、旅游服务信息化、产业整合网络化"集成应用体系，探索出中

国景区数字化管理新理论、新方法及旅游产业营运新模式，建立了景区资源保护与旅游开发协调发展的新机制，数字九寨沟体系构成了景区数字化建设标准[5]，该项目具有先进性、实用性、创新性，在国内外景区数字化建设和中国旅游产业数字化运营中均居领先地位，是中国景区资源保护与旅游产业协调发展的解决方案[6]（见图3-4）。

图 3-4　九寨沟大数据综合管理平台

二、用智慧化解决景区发展遇到的困难挑战

在新一代技术的加持下，在 2011 年，九寨沟景区根据过去 3 年来 800 多个科研项目的实践成果，进行"智慧九寨"建设，重点从景区管理精细化、低碳化、移动化方向着手，通过该项目的实施进一步提升了九寨沟景区的旅游服务质量，整合了景区旅游资源，加强了旅游资源的共享。

"智慧九寨"的建设重点是通过信息化手段，对景区地理环境、自然灾害、游客行为、社区居民和景区工作人员行迹、景区基础设施和服务设施进行全面、透彻、及时的感知，并通过数据采集进行分析，帮助景区管理者能做出准确的决策和调控，从而缓解矛盾，实现人与自然的和谐。"智慧九寨"使运行管理有序、可控、安全、节能；景区服务简捷、高效、可靠、随身；处置突发事件快速、准确、协同、并行，达到"信息实时、功能联动、运作分工、控制集中"的总体要求，并最终为游客提供安全有序优质高效的服务[6]。

三、用互联性实现景区运作方式的彻底改变

随着互联网的发展，将景区、市场和政府信息系统中收集和储存的分散信息连接起来，通过网络进行交互和多方共享，实现对游客、社区居民、景区工作人员信息高效管理，从而更好地对环境和游客进行实时监控。一方面，可以通过信息的掌握，从全局的角度分析形势并实时解决问题，实现景区环境、游客体验全面、协调、可持续发展；另一方面，还

可以将科研机构、院校、酒店、旅行社、航空公司、在线旅游公司等旅游相关企业建立战略联盟，通过远程信息共享，运用众人的智慧、集结众人的力量管理景区，从而彻底地改变整个景区的运作方式。

| 第四节 |
品牌营销推广经验

九寨沟景区在进行品牌营销推广中，积极提升各管理层的现代营销意识，从顶层设计旅游战略合作开始，主动与国内外一流的线上、线下旅游运营商进行战略合作，实施整体营销战略，不断创新营销手段，不断优化游客结构，通过举办旅游节庆活动、推行网上营销等方式，持续扩大品牌价值。

一、通过品牌创建带动品牌营销

九寨沟是世界自然遗产、国家重点风景名胜区、国家 5A 级旅游景区、国家级自然保护区、国家地质公园、世界生物圈保护区网络，是中国第一个以保护自然风景为主要目的自然保护区。通过这一系列的品牌创建工程，划定了保护范围，明了了保护目标，引入了保护规范，带来了保护资金，创建了旅游品牌；在保护好生态环境的同时，也整合了多方资源，提高了保护意识，极大地促进了文化生态旅游业的迅速发展。九寨沟景区在外也美名远播，东方人称为"人间仙境"，西方人则将之誉为"童话世界"。

二、借力区域营销助推品牌营销

文化旅游品牌与区域整体形象紧密相关。区域整体形象品牌，解决的是游客在诸多旅游目的地中选择"去哪里"的问题，是提升整个区域文化旅游知名度的关键，也是品牌形象体系中最顶层的一环。其他各级品牌，都将从不同角度演绎和体现整体形象品牌的内涵[7]。很多地区已经把全域作为一个整体的目的地来营销，树立一个统一的文化旅游目的地形象。九寨沟景区作为阿坝州文旅产业中的明星，在阿坝州"聚力打造民族地区全域旅游发展典范"的过程中，和阿坝州区域整体营销相辅相成，带来了"1+1>2"的品牌强化效应。

三、打造文化旅游线路品牌营销

线路品牌结合了形象诉求和行动诉求，其解决的是游客"怎么去"的问题；线路品牌根据一定的主题串联起不同的景点，通过为游客提供尽可能丰富、尽可能便利的文化旅游体验而形成口碑。对外，还可以和其他景区联动。例如，四川闻名世界的"九寨沟、黄龙世界自然遗产环线之旅"不但包含了九寨沟、黄龙两个世界自然遗产，游客还可以感受藏族风情、羌族风情，参观民族村寨、高原古城、地震遗址等其他旅游景点，是一条具有核心吸引力的文化旅游线路品牌。对内，推出有影响力的线路品牌，例如，九寨沟官网里介绍的摄影之旅、生态之旅、藏情之旅、科普之旅、发现之旅。这些专题旅游线路都成了九寨沟文旅品牌重要的代表。

四、举办节庆活动助推品牌营销

节庆、活动、演艺等旅游方式是未来旅游的一个热点发展方向，成功的节庆品牌，既可以扩大知名度、又能直接吸引游客。通过在总体形象和主题形象的基础上策划一系列节庆活动，是在短期迅速提高人气、创造收益的长效措施。

自 2012 年以来，以九寨沟冰瀑旅游节为代表的景区节庆活动的开展，提高了九寨沟淡季旅游的知名度和影响力，让市场看到一个多种可能的九寨沟。此外，在农历春节期间，九寨沟景区利用游客小长假的出游高峰期，组织藏族村寨进行祭祀、祈福、舞龙等展示性活动，让游客在观光美景的同时，感受新春气息、领

图 3-5　白马民俗伯舞

略藏族民俗文化（见图 3-5）。同时，各村寨向游客推出"藏家乐 DIY 系列"：开展走进藏家体验游，参与打酥油茶、刻经石、印龙达等活动。

节庆活动的举行，对于九寨沟景区强化交流合作，加大与境内外媒体、旅行商、航空公司的合作力度，与北京、西安、重庆等旅游市场签订深度旅游合作协议，在旅游营销、拓展市场等方面开展广泛合作。

五、利用新媒体营销擦亮金字招牌

新媒体时代伴随着传统媒体的没落和自媒体的繁荣，4G 时代让图像和视频内容大幅度增长。微博、微信、抖音——"两微一抖"成为新媒体的主阵地。一段视频、几张照片，就可以让一个地方火起来，这是过去不可想象的事情。做文化旅游宣传，要让"现场服务 + 微信、微博、抖音（两微一抖）"形成闭环。特别重视"内容"创作，重视图片、视频等宣传素材的策划和制作。

九寨沟近年通过新华社直播九寨沟世界遗产地"大美河山中国美　神奇山水九寨奇"、四川卫视长时间、全方位报道九寨沟"讲好九寨故事，传递九寨声音"，以及"助力阿坝州争创国家全域旅游示范区"的新媒体联合宣传活动，取得了很好的营销效果。

| 第五节 |

文旅融合发展经验

事实证明，把发展文化旅游产业与其他产业融合互动，是促进经济组织方式转变的重要环节。通过发挥文化旅游业的拉动、融合功能，为传统产业和新兴领域的提升发展提供平台，有助于在区域内外形成产业链，促使当地居民参与旅游业及相关产业，从而带动当地多元化现代经济结构转型升级[8]。

一、创新文旅融合发展观念

文化旅游产业供给侧改革在于立足需求并创造需求，根据游客的需求来改善文化旅游体验是摆脱文化旅游开发粗放低质、克隆模仿的关键。尽管增加经济收入是发展文化旅游产业的重要动力，但对文化旅游体验重视不够，开发观念雷同，导致了目前许多文化旅游开发急功近利、克隆抄袭的现状很严重。要想通过文化旅游让老百姓富起来，还需要在提升游客的体验上下更多功夫。民族地区文化旅游资源数量多、差异大，要让游客感受到与众不同的体验，就需要借助电影编剧学中的理念来构建一个由"观念 + 理由"构成的文化旅游主题基调。因为观念是文化的核心，只有视觉的刺激，而没有观念的冲击，是难以满足见多识广的旅游者的，只有通过观念的植入，才能让游客受到价值观的冲击，留下深刻的印象。

二、创新文化旅游目的地建设

旅游不是现实生活的克隆，文化旅游目的地要在历史的基础上超越现实，追求理想的状态。将市场化、艺术化的田园生活、娱乐休闲元素融合到文化旅游目的地建设中，集中实现"文化旅游＋建设、文化旅游＋生产、文化旅游＋餐饮、文化旅游＋休闲、文化旅游＋研学、文化旅游＋购物"的效果，实现全民参与、协同创新的效果，让游客逃离现实枯燥的生活，在情感上代入一个陌生而有趣的世界。

三、创新文旅融合体验活动

围绕消费者体验开发文化旅游产品。立足游客体验在设计与服务环节对旅游产品进行细分。树立以提升旅游者体验为开发导向的思路，在立足民族、生态、红色旅游等独有资源的基础上跨界融合文学、影视、叙事等技巧来让旅游体验情景化、故事化，从文化体验的角度改善文化旅游产品品质，提高附加值。

利用现代手法进行文化旅游活动的设计。通过现代化的技术手段、设施设备将民族文化中的人物内心世界以游客能感受的形式表现出来，达到以旅游为载体传播文化的作用，形成联系民族历史和现实的桥梁。

通过降低参与难度吸引游客参与。民族文化旅游的传统活动往往是大众参与的艺术，通过降低动作难度提高参与性，让游客能够感同身受。

注重活动参与时间的控制与衔接。通过设计延长游客的停留时间与参与度，旅游演出市场已经成为九寨沟美景之外另一个经济增长点。传统文化表演作为重要的吸引物，在安排上将其与餐饮、购物紧密衔接，吸引游客，起到了"看一场演出、吃一顿大餐、买一些特产"的捆绑效果。

四、创新文化旅游商品开发

推动现代市场需求和传统工艺融合，扶持文化旅游纪念品的开发。打造可供居民生产、可供游客消费的旅游商品品牌，推动文化的"物象化、物质化、物流化"（看得见、摸得着、带得走），促进传统和现代的交流，促进生产关系的改善，形成旅游富民、文化传承的持久动力。在文旅融合发展中利用好移动互联网技术，将这些特色产品和需求市场对接，依托文化旅游的流动性和传播性，创造口碑打造出具有地方特色的文旅商品品牌，策划制造有地方特色、有纪念意义的产品（见图3-6）。

图 3-6 "九寨有礼"文创旅游商品

五、创新文旅融合管理机制

强化文化旅游对民族地区城镇化发展的推动作用，将村镇作为旅游目的地进行系统规划，突出吸引系统（民族文化、历史风情）、服务系统、交通系统、标识系统、保障系统。要用现代科技推动交通与文化旅游融合发展，引入并普及网约车等旅游交通服务，解决目的地与车站、景区之间的交通换乘问题，提高可达性。

制定系列扶持政策。鉴于部分民族地区普遍用地条件紧张的现实，要用好民族地区的优势，制定落实利用荒地、荒坡、荒滩、垃圾场、废弃矿山、石漠化土地开发文化旅游项目的相关政策；鼓励发展养老康复、科普科考、户外运动等带动性强的现代文化旅游项目。

六、创新文旅融合宣传内容

在目前旅游景区的宣传营销中，主要集中在建筑、风景、美食等物质方面，忽略了旅游者在个人成长和精神体验方面受到的启迪。文化旅游宣传应该将社会主义核心价值观融入"个人成长""挑战极限""增长眼界"等主题宣传中，更多地深入宣传文化艺术、民族风情、历史变迁、发展成就等深层次的内容，让游客和居民在旅游中加深了解，互相学习，树立起对祖国的热爱之情，建立起民族团结的友情。

对于正确引导发展宗教旅游，以艺术欣赏为主，让游客在艺术欣赏的过程中感受到民族历史、科学、哲学，从而更深入地体验、认识民族文化。在民族地区的旅游宣传营销的内容创新，要"带着心、动真情、辨美丑"，发掘弘扬民族地区的奇山秀水、优秀文化和美学精神，推出更多兼具时代性、思想性、娱乐性的精品旅游宣传方案。

| 第六节 |

旅游人才培养经验

人才是景区发展之本、是产业发展之基，推动旅游转型升级，必须加强人才队伍建设。九寨沟景区把培育旅游人才作为战略性工程来抓，开展旅游人才培训改革，创新旅游人才培育及引进机制，加快形成旅游人才体系化。

一、精心策划培训内容

景区有计划、有步骤地实施旅游从业人员全员培训，全面建立持证上岗制度，多次组织培训，形成常态化（见图 3-7）。培训应该结合国家战略、把握发展脉搏、承担责任使命、聆听市场声音、回答时代课题。围绕旅游提档升级、文化旅游产品创新、新媒体营销宣传、旅游管理实务、旅游标准化建设、智慧旅游等旅游发展新热点，在有限的时间把课堂做精做活，争取让景区工作人员学到更多有

图 3-7 九寨沟景区参加 2022 年世界文旅产业博览会发展论坛（何晓燕摄）

益的知识。在课程的设置上，结合传统的理论授课，通过丰富的现场教学，实施翻转课堂、资源推介会等生动的案例教学，让工作人员对未来九寨沟旅游应该"做什么"和"怎么做"有了更深入的认识。

二、打造优质师资体系

景区为了保质保量做好人才培养，尤其要加强工作第一线的师资力量。在全国精心挑选师资，拓展了师资队伍的来源构成，不仅包括来自高校的专家教授，更有工作在旅游发

展第一线的企业家、管理者进行经验分享。通过现身说法，他们以实际经验和成功模式作为鲜活榜样，结合旅游发展中的关键环节进行教学，保证了旅游人才培养的效果。

三、构建旅游人才体系

九寨沟景区加强旅游行政管理人才、旅游企业高级人才以及旅游服务技能人才建设，构建旅游人才体系。首先，选派旅游行政管理人员到国内外著名院校旅游管理专业进修学习，提升业务素质。与国内外著名旅游管理机构或组织衔接，选派优秀管理人才前往挂职锻炼学习，拓宽视野，引进国际化管理理念，提升管理水平。其次，加强旅游企业经理人才信息库建设，建立完善旅游人才评价制度，培育职业经理人市场，推动旅游企业经理人才的职业化、市场化、国际化建设。最后，依托省内旅游专业院校，以提升职业素质和技能为核心，面向宾馆饭店、旅行社、旅游景区、文艺演出团体等旅游企业，培养、培训一支高技能服务人才队伍。

四、建立科研合作基地

为了更高水平地保护生态环境、服务顾客、管理景区，九寨沟景区管理局积极开展国际、国内学术交流活动，建立博士后科研工作站和国际科研合作基地，通过"引智、借智、集智、用智"，承担了多项国家级重大、重点科研项目，获得了一批科研成果，建立了非常好的科研氛围，培养了一支高素质的科研队伍，为建立"智慧九寨"打下了扎实的理论基础和人才保障。并支持和引导国内旅游科研院所和高校及企业共同开发旅游产品、培养旅游人才、开展技术研究和旅游发展策划规划，建立产、学、研结合的创新体系。

五、加强专业人才培养

景区培养或引进导游、会展节庆策划、旅游市场营销、旅游电子商务、旅游信息技术、景区规划、旅游研究等方面的专业人才。特别因为智慧旅游对提高旅游业技术含量，加大旅游产品的增值服务能力，体现现代服务业的特征等方面都有着重要的作用。因此，为加强"互联网+"意识，培养为智慧旅游发展提供服务的中高端人才，景区建立了一套智慧旅游教育培训体系，加快建设智慧旅游人才培训基地，鼓励旅游培训机构为旅游行业从业人员开展信息化知识和技能的培训，激励和引导社会旅游信息化人才资源向景区流入。

| 第七节 |

灾后恢复重建经验

2017 年 8 月 8 日 21 时 19 分 46 秒，四川省北部阿坝州九寨沟县发生 7.0 级地震，震中位于北纬 33.20 度、东经 103.82 度，九寨沟核心景区西部 5 千米处的比芒村。一场突如其来的地震让"人间仙境"九寨沟"受伤"，引发了山体滑坡、泥石流和崩塌等次生灾害，多处景观受损。九寨沟自 1984 年作为旅游景区对外开放以来首次宣布闭园，进行灾后恢复重建。

一、绿色发展，探索生态修复措施

震后的景区需要及时地保护和恢复，以避免破坏的进一步扩大和灾害链的发生。景区进行修复时通常使用到的灰白色混凝土结构造型死板、颜色突兀，与周围环境极不和谐，破坏了景观的和谐美、自然美与生态美，会对九寨沟作为国家级重点风景名胜区和世界自然遗产地的景观美学与遗产价值产生严重影响。

世界自然遗产地九寨沟遭到严重破坏，而同级别保护地此前并没有震后重建的先例可循。九寨沟探索出"自然恢复为主，人工治理为辅；生物措施为主，工程措施为辅"的生态修复措施。九寨沟灾后重建植入生态文明基因，根据资源环境承载能力综合进行评价。在九寨沟重建规划区域中，生态保护区占比达 81.44%，体现出对绿色重建的追求。

在世界自然遗产地进行灾后保护和恢复过程中，做到生态自然，控制影响范围，坚持"尊重自然，适度干预"的原则。在九寨沟恢复重建中发挥重要作用的关键技术、修复"补妆"所用的"化妆品"都是纯天然的。这里有三个案例。第一，改性糯米灰浆材料生态修复。通过自主研发的生态改性剂，结合糯米灰浆，原地激活钙华土，完成九寨沟震损生态修复。所用修复材料强度高，对钙华土具有很好的结合力；无污染，不会危害到水质环境；有利于生成新的钙华土。第二，植被保育技术。完全采用本地物种，通过改性糯米浆固土植生和双层双向改性糯米浆复合植生，从而实现带状景观一致性，达到行人视觉消解作用和景观融合性。第三，就地取材利用损坏钙华体。震后九寨沟诺日朗瀑布曾出现一条超 16 米长的裂缝。如果放任不管，那么瀑布终将消失，并对多个海子造成破坏。为解决这个问题，九寨沟修复团队就地取材，用震损的钙华体来填补"漏水"的裂缝，再借助藻类对钙华体进行生物修复，不伤一草一木[9]。

再以九寨沟景区内受损严重的火花海修复为例。三年前的地震使火花海出水口堤坝崩塌，形成长40米、宽12米、深15米的决口，湖泊景观消失。经反复论证，科研人员以震损钙华、落石、糯米灰浆等生态材料，修复了坝体和裂缝，防治了次生灾害，恢复了湖泊景观，并得到了联合国教科文组织世界遗产中心、世界自然保护联盟的积极肯定[10]。

二、分区开放，加强景区重建管理

在九寨沟景区恢复中，将景区分为生态保护区、封闭保育区和开放游览区共三个功能区。有效地分区，对于九寨沟灾后恢复重建有着很好的管理作用。特别值得强调的是，在开放游览区中提出，有序组织游览，根据保护与修复的具体情况逐年增加面积。例如，开放游览区一期（2018年），恢复总面积108平方千米，包括景区内漳扎镇、羊峒—则渣洼沟长海观光平台两岸约1千米和羊峒—如沟郭都寨附近两岸1千米区域。其中，对火花海、诺日朗瀑布和双龙海研究制定一案一策的具体措施来恢复重建[10]。

三、产业升级，创新九寨恢复样板

九寨沟灾后重建，是以旅游产业提档升级为重点的一次深度实践。为了把游客留在九寨沟县城及周边区域，九寨沟利用重建的"空窗期"，加快建设总投资75亿元的九寨鲁能胜地度假区、九寨沟爱情海景区、嫩恩桑措（神仙池）、甲勿海大熊猫保护研究园、金丝猴研学旅游基地等景区项目，形成新的旅游"引爆点"。

重建美丽新九寨，加快交通重建，破解交通瓶颈，规划建立"大通道"，成为九寨沟灾后重建工作的大事。重建以来，九寨沟县交通建设总投资271亿元，是2013~2017年交通建设总投资的25倍。九绵高速建成通车后，成都—九寨沟4小时即可到达。

在加快恢复提升旅游基础设施功能和服务水平方面，九寨沟正着力打造九寨沟宜居县城和漳扎国际生态旅游魅力小镇建设，升级九寨沟景区旅游产业，通过沟外打造更舒适的度假环境，留住观光的游客。

四、脱贫奔康，凝结九寨重建经验

震前，九寨沟景区涉及旅游业发展的相关人员共计4万余人，震后，景区大部分时间"闭门修复"，涉及相关人员的生计、就业以及转型，是一道不小的难题。

为帮助群众增收，九寨沟注重把灾后重建与脱贫攻坚和全面建成小康社会相结合，广泛引导群众参与规划设计、参与建设、参与监管，进一步强化群众的主体作用。探索灾后重建就业新模式，为农村劳动力建立实名制登记数据库，举行多场招聘会，向外输出农民工，组织群众参与重建项目建设，97%的震后失业人员实现再就业；促进高校毕业生实现创业、发放创业补贴，为返乡创业人员申请返乡创业担保贷款，支持创办经济实体；开发生态护林员、地灾监测员、卫生防疫等公益性岗位，实现劳动力贫困户和就业困难对象全覆盖。

五、地灾防治，确保景区安全运营

地震后全面完成灾区地质灾害应急排查评估和九寨沟景区重点调查，健全以群测群防为基础的群专结合监测预警网络，基本实现地质灾害气象预警预报工作全覆盖，全面提升灾区基层灾害防御能力。这样的举措，从源头上起到了预防作用，把次生地灾发生并带来的损害降到可控的最低限度。

参考文献

［1］张瑞鹏. 九寨沟自然保护区与社区原住居民和谐发展的探讨［D］. 成都：四川农业大学，2013.

［2］钟明晶. 同行眼中的九寨沟［N］. 中国旅游报，2002–12–04（4）.

［3］陈菲. 九寨沟景区的生态旅游管理探析［J］. 经济研究导刊，2009（21）：147–148.

［4］邓贵平. 九寨沟世界自然遗产地旅游地学景观成因与保护研究［D］. 成都：成都理工大学，2011.

［5］刘芳. 九寨沟景区人才发展战略研究［D］. 成都：西南财经大学，2009.

［6］英国PM灯管. 数字九寨沟综合示范工程［EB/OL］. Http://baize.sou.com/v66462718.HTML，2001.

［7］魏珊珊. 闽江河口湿地农业旅游开发模式研究［D］. 成都：成都理工大学，2015.

［8］张杉，赵川. 乡村文化旅游产业的供给侧改革研究——以大香格里拉地区为例［J］. 农村经济，2016（8）：56–61.

［9］单鹏，安源. 四川九寨沟县灾后重建创"三个典范"［EB/OL］. http://sc.people.com.cn/n2/2020/0628/c345458-34116763.html，2020–06–28.

［10］李严. 取与舍：震后三年九寨沟绿色发展的新路径［N］. 四川日报，2020–11–6（12）.

［11］四川省人民政府办公厅关于印发"8·8"九寨沟地震灾后恢复重建5个专项实施方案的通知［EB/OL］. https://www.sc.gov.cn/10462/c103046/2017/12/10/059b6ffeb6864a6da2ec0316238bda0e.shtml，2017–12–10.

第四章 | CHAPTER FOUR

"大九寨"文化生态区域发展经验

　　近年来,"大九寨"文化生态区域致力于立足生态保护开展治理与开发,科学推进生态文明建设的"全域化探索"。所在的阿坝州划定了生态保护红线 3.96 万平方千米,整合优化自然保护地 62 个,不断增强生态环境分区分级管护能力。加快了生态综合补偿试点工作,重点生态保护工程纵深推进,治理水土流失 2366 平方千米,草原"两化三害"面积减少 689.6 万亩,林草综合覆盖度提高到 85.5%。高质量整改生态环境突出问题 1716 项,超额完成主要污染物总量减排目标,单位地区生产总值能耗累计下降 16.4%,实现生态环境质量指标"五个 100%"。创建国家生态文明建设示范县 2 个,全国首个"人与生物圈计划"自然教育基地落户松潘,九寨沟成为全国首批"两山理论"实践创新基地。"1+4+13"生态环境监管新体系基本形成,河(湖)长制、林(草)长制全面落实,每条河流、每个湖泊、每片森林都有了自己的"生态管家",生态理念走进藏寨羌乡,生态红利惠及千家万户[1]。以文化生态旅游发展为重点,走出了建设美好家园"阿坝样板"、打造灾后重建"阿坝典范"、探索问题整改"阿坝经验"的阿坝州文化生态区域发展经验。

　　这样经验的总结,既是对阿坝州由"经济发展落后区"向"生态经济实验区"转变、由"老少边穷贫困区"向"共建共享改革发展区"转变、由"思想文化保守区"向"先进文化践行区"转变、由"生态系统脆弱区"向"生态文明示范区"转变以及由"实现小康难点区"向"藏区发展创新区"转变的系统梳理,也是对阿坝州新阶段战略位势提升期、生态屏障巩固期、新旧动能转换期、乡村振兴接续期、后发崛起赶超期"五期叠加"关键阶段的工作指导,也是面临外部环境变化、市场需求收缩、经济预期转弱、自然灾害多发、疫情持续冲击"五大挑战"的经验保障,更是对拥有中央支持涉藏地区发展、新一轮西部大开发形成新格局、推动长江黄河上游生态保护和高质量发展、乡村振兴重点帮扶、加快川西北生态示范区建设和碳汇经济发展"五大机遇"的精准把握。

| 第一节 |
全域景区"精提升与微改造"

一、"大九寨"区域总体发展现状

"大九寨"是重要的四川省文化旅游品牌之一,是四川"十大知名文旅精品"之一,涵盖国家 5A 级旅游景区、世界自然遗产、世界生物圈保护区——九寨沟、黄龙,以及世界最大高原泥炭沼泽、国家级高寒湿地生物多样性保护区、中国最美湿地——川西北大草原等旅游景区,同时囊括牟尼沟景区、神仙池景区、勿角民族生态旅游试验区、虎牙大峡谷、达古冰川、红原嘎曲国家湿地公园以及若尔盖湿地等品牌资源,被誉为"童话世界·人间仙境",是四川乃至全国深具代表性的文化旅游名片之一。"大九寨"文化旅游品牌涉及阿坝州九寨沟县、松潘县、若尔盖县、红原县、绵阳市平武县等核心区域,以及阿坝州汶川县、茂县、理县、黑水县,绵阳市江油市、北川县,德阳市绵竹市,成都市都江堰市,甘肃省甘南州舟曲县、陇南市文县等辐射区域。该区域是中国最大的藏羌民族聚集地和唯一的羌族聚居区,拥有松潘古城、中国古羌城、桃坪羌寨等著名旅游景区,是中国藏羌彝文化产业走廊重要组成部分。区域长征遗址遗迹众多,红色文化星火燎原。汶川、北川等是灾后重建典范,见证中国大爱奇迹。李白故里寻踪,华夏诗歌流传。文化资源数量大、品位高,文化底蕴深厚[2]。2019 年 11 月 6 日,"大九寨"文旅发展联盟在九寨沟县正式成立,九寨沟县当选首届理事长单位。近年来,该联盟以"合作共赢、创新引领"为理念,按照"资源共享、品牌共创、客源共推、市场共治、人才共育、基础共建、区域共治"的原则,积极搭建区域文化旅游发展一体化新平台,聚力打造"一核两圈一带两环"("九寨·黄龙"世界遗产旅游极核、川西北大草原生态旅游圈、环雪宝顶休闲度假旅游圈、藏羌文化旅游产业带)全域旅游一体化发展大格局,推出十大精品旅游线路,力争将"大九寨"品牌打造成为四川省建设世界重要旅游目的地重要支撑、世界自然遗产保护与开发典范、全国全域旅游目的地提升样板、全球灾后重建展示窗口。作为"大九寨"核心区域的阿坝州,其生态文化旅游发展尤其是景区发展对整个"大九寨"区域发展将起到重要引领作用。

自 2019 年文旅机构融合以来,阿坝州委、州政府对全州文化旅游事业发展高度重视,把全州文化旅游工作摆在重要位置来抓,从 2019 年开始每年举办全州文化和旅游暨全域旅游发展大会，鲜明提出以旅游业为龙头，加快构建"1+6"现代服务业产业体系的发展理念，全州上下深入贯彻落实全省、全州文旅发展大会精神，抢抓文旅融合发展的历史机遇，坚持"宜融则融、能融尽融"的原则，做到文以旅传、旅以文兴，全州文旅融合发展成效明显[3]。

近 3 年，阿坝州成功申创 1 项国家级"非遗"项目和 1 项国家第四批公共文化服务示范项目，成功创建 3 个省级文化生态保护实验区，10 处革命文物保护单位增补为第九批省级文物保护单位，卓克基等 19 处文物列入全省第一批革命文物。《辫子魂》成功入选"国家艺术基金 2019 年度大型舞台剧和作品创作资助项目"。全国首部红色音乐剧《牦牛革命》成为全省唯一入选第二届全国优秀音乐剧展演参演的剧目。建成全国首批 4 个阿来书屋。全州开展群众文化活动 2800 余场，共创作音乐作品 146 首、舞蹈作品 117 个、书法作品 896 幅、美术作品 1533 幅、摄影作品 1 万余幅，创历史新高。成功创建国家全域旅游示范区 1 个、省级全域旅游示范区 3 个、全国乡村旅游重点村 2 个、省级乡村旅游重点镇 1 个、省级旅游乡村旅游重点村 12 个、4A 级旅游景区 9 个、省级生态旅游示范区 5 个、省级旅游度假区 2 个、天府旅游名镇 3 个、天府旅游名县 2 个、州级旅游度假区 30 个、5 个省级地学研学基地。全面完成了全州文旅资源普查工作，共查明古籍、美术馆藏品、地方戏曲剧种、传统器乐乐种、非物质文化遗产、文物六大类文化资源 59208 个，查明旅游资源 15641 处。编撰发行《黄河清水向东流》《何处韵悠扬——阿坝州非遗之旅》《阿坝州研学之旅》《阿坝州高海拔山峰图录》《重庆人眼中的阿坝》《净土匠心》等全域旅游系列丛书 10 余本。

截至 2021 年年底，阿坝州拥有 1 个国家级文化生态保护区，3 个省级文化生态保护试验区，1 个国家级文化产业示范基地、2 个省级文化产业示范基地。国家级非物质文化遗产名录项目 20 项，省级非物质文化遗产名录项目 73 项；"羌年"被联合国教科文组织列入《世界急需保护非遗名录》。国家级非遗传承人 13 人，省级非遗传承人 82 人。全国重点文物保护单位 16 处 32 个点，省文物保护单位 76 处 117 个点，有三级以上文物 1000 余件套。桃坪羌寨列入《中国世界文化遗产预备名单》。州、县级图书馆 14 个，174 个乡镇综合文化站，村（社区）文活动室 1151 个，分别实现了县、乡、村全覆盖。拥有世界自然遗产 3 处，国家 5A 级旅游景区 3 个、4A 级景区 24 个，全国红色旅游经典景区 10 个，天府旅游名县 2 个，天府旅游名镇 3 个，国家级和省级风景名胜区 9 个，国家级生态旅游示范区 1 个，省级生态旅游示范区 6 个，国家级全域旅游示范区 1 个、省级全域旅游示范区 3 个，省级旅游度假区 2 个，全国乡村旅游重点村 2 个，省级乡村旅游重点镇 1 个，省级旅游乡村旅游重点村 12 个，全州有旅行社 78 家，星级饭店 16 家（其中，五星级饭店 3 家），金鼎级特色文化主题酒店 1 家。

但同时，阿坝州在"食、住、行、游、购、娱"和"商、养、学、闲、情、奇"方面还有不少短板问题，人流、信息流、物流、资金流等不够流畅，如何在现有基础上，提升阿坝州文化旅游发展质量，补齐短板，是急需解决的问题。

习近平总书记指出，城市规划和建设要高度重视历史文化保护，不急功近利，不大拆大建。要突出地方特色，注重人居环境改善，更多采用微改造这种"绣花"功夫，注重文明传承、文化延续，让城市留下记忆，让人们记住乡愁[4]。这为旅游业发展提供了重要遵循。特别是以生态立州的"大九寨"核心区域阿坝州，随着旅游基础设施的进一步完善提升，景区的大拆大建已成过去式，现在应致力于细微处打磨、细小处提升，实现"小切口、大文章"的成效，从细处入手，突出软件和硬件结合，内部和外部结合，线上和线下结合，用"微改造"的"绣花"功夫，实现景区的长远发展。在这方面浙江省走在了全国前列。

2021年，浙江省文旅厅等6部门联合印发了《浙江省旅游业"微改造、精提升"五年行动计划（2021~2025年）》，要求从挖掘文化内涵和提升游客微观感受入手，强化软件与硬件、内部与外部、线上与线下的交融结合，聚焦做好旅游业"微改造"的"绣花"功夫，坚持不搞大拆大建，强化开展对旅游核心吸引物、旅游目的地、旅游接待场所三类场所的"微改造、精提升"[5]。从浙江省近两年经验看，不断加强旅游业的微改造、精提升，既是当下提升游客体验的必要之举，也是旅游产业长远发展的重要前提。

新发展阶段，以"大九寨"品牌为代表的阿坝州文旅发展，学习浙江省旅游业"微改造、精提升"行动，对旅游业进行改造提升，在提升过程中把控细节、聚焦内涵，注重体验，是坚定以习近平总书记重要指示批示精神为指引，深入贯彻省委建设"文化强省、旅游强省"战略部署的重要落实，是以清醒的头脑审视自身、以前瞻的思维谋划未来，主动顺应旅游发展新趋势，奋力推进阿坝州全域文化和旅游产业高质量发展，加快推进国家全域旅游示范区和国际生态文化旅游目的地建设的重要举措。

立足阿坝州实际情况，文旅发展重点任务是要按照"全域覆盖、点面结合、统筹推进、以人为本"的原则，以满足新时代游客需求为核心，重点对旅游核心吸引物，即国家A级旅游景区、旅游度假区、生态旅游区示范区、文博场馆等，以及旅游接待场所，即酒店、民宿等，进行旅游体验、景观、运营管理、设施设备功能等的全面提升，即从硬件和软件两方面来进一步提升品质。硬件上，以游客的心理特征、生活方式、生活态度和行为模式为基础进行产品规划，通过参与性设计，可以将抽象的文化景观转变为游客能接触、感受的形式。软件上，以精细化、常态化管理为目标，以网格化、规范化管理为抓手，结合宣传引导、定点盯守、巡查发现、集中整治等方式，景区的精细化管理将引导旅游业各要素之间的互相融合，同时需要更加注重人性化和细节化服务的雕琢。同时加大精细管理工作线上宣传力度，广泛发动辖区群众参与精细化治理，与管委会形成联动、协同、共治的新局面，营造全民参与城市共建共治共享的良好氛围，全方位提升精细化管理工作水平，助推文旅高质量发展。这就是"精提升"，是阿坝州文化生态区域发展的新的重要课题。

同时旅游目的地发展建设，尤其是天府旅游名县、全域旅游示范区、天府旅游名牌等，要以满足游客需求和当地居民生产生活为目标，善用小变化、小改造、小更新，提升游客、居民的安全感、幸福感和获得感。因此要加强改造，在改造中沉下心去细心打磨，多打造品质化、多样化、分散化的消费场景，多探索微创新，不搞大拆大建，不搞劳民伤财的政绩工程，并且加强数字化改造，着力打通数字壁垒，消除旅游与交通、公安、环境等部门间的"数字鸿沟"——这就是"微改造"，是文化生态区域发展的新的重要课题。

通过"精提升、微改造"实现引领品质生活、引领全域美丽、引领旅游消费、引领文旅融合的发展目标。

二、全面提升文旅体验的"精致度"

社会发展水平的提升将助推人类需求从以生理需求和安全需求为主，向以社交需求、尊重需求和自我实现需求为主跃升。基于人类需求的变迁，社会经济着重点也将从以强调食品安全为主的农业经济和关注产品优化的工业经济，向强调增强自身消费满足感的服务和体验经济过渡。这种经济核心点的变迁将更为关注消费者内在层面的心理满足感，进而在认知需求的驱动下逐渐成为当今社会经济发展的核心原动力[6]。将此延伸至文旅行业便可发现，过往表面化的旅游模式已经难满足当下消费者的内在需求，关注观览过程中能否带来充足、极致的文化体验和精神享受已转化为文旅行业发展的核心竞争力，这一转化已带动文旅服务的关注重点从过往的"单一供给"向注重"游者观感"转变，并受到"精致化"水平影响。基于此，文化旅游产业也应顺应体验经济的浪潮，通过提升旅游者与旅游目的地原生态文化的原始接触和文化精神交互，增强旅游者的过程参与感和内在体验感，增加真实文化场景"后台"体验的全新路径将成为文旅发展的必由之路。旅游者对旅游区内各资源要素的多维参与和深度体验过程即是旅游体验，该体验的生成首先会依托于旅游者与旅游目的地的多元互动，助使旅游者在这一过程中实现独特的参与感和体验。重点围绕"食、住、行、游、购、娱"六要素，加快"农业＋旅游""文化＋旅游""教育＋旅游"业态融合，积极发展乡村旅游、研学旅游、生态旅游等经济业态。从空间上拓展，在时间上形成闭环，让游客每时每处都能享受到美好的体验。深入开展文化基因解码工程，讲好当地故事，传承文化基因，游客在观人间美景、品特色美味、赏山川风情的同时，也能享受到文化上的洗礼，心灵上的触动，精神上的感悟。

"城镇＋文旅"拓展体验新空间。一是文旅设施生活化。例如，将绿道、古驿道等文旅设施的现有功能从单纯的外来游客的"打卡地"向兼具散步、跑步、骑行等功能的城市公共休闲设施转变，在一定程度上摆脱外在的商业气息，融生活气息于其中，成为游客和市民共享的休闲生活空间[7]。二是生活社区文旅化。例如，阿坝州在"宜居四川、美丽乡村"建设中，按照"农牧民自愿""宜水则水、宜旱则旱"原则，进行"厕所革命"和村庄清洁行动,通过"微改造"提升了全州厕所尤其是旅游厕所的"精致度",提升了居民和游客如厕体验。按照新三年行动计划,推进全域生态旅游厕所建设,4A 级及以上景区、重点交通服务区厕所设置第三卫生间,推出一批"生态化、景观化、旅游化、人性化"智能旅游厕所综合体。做到主要旅游景区、旅游线路以及客运车站等场所厕所数量充足、干净卫生、使用免费、管理有效。鼓励临街临景单位、道班及服务场所免费对外开放厕所。

"数字 + 文旅"创造体验新场景。一是优化文旅环境。九寨沟景区内搭建全国首创的 5G 新型基础设施网红式观景体验厅,设置了 12 个 VR 体验点位,让游客充分体现"现实 + 虚拟"的不同美感。理县鹧鸪山自然公园滑雪场通过"5G+VR"技术运用,整合周边文旅资源,提升旅游综合环境,成功将冰雪节现场同步上传到天翼云 VR 平台,通过穿戴 VR 装备或下载视频播放客户端,足不出户即可身临其境感受冰雪节盛况现场。同时,用户在手机上也能感受裸眼 VR 的效果[8]。二是叠加文旅功能。中国电信四川公司利用专业化的 VR 拍摄设备和相关团队,立足于景点自身的现有旅游资源、旅游特色和旅游形象,为鹧鸪山、桃坪羌寨、甘堡藏寨、古尔沟、毕棚沟、孟屯河谷 5 个著名景区定制化拍摄制作其专属的 VR 宣传视频,相关视频为观众带来极具现场感的互动体验与视觉冲击,获得良好的传播效果和市场反应。三是提升文旅服务。智慧旅游综合管理平台得到更广泛运用,预约旅游、刷脸入园、智能导游等已成为出游新方式(见图4-1)。

图 4-1 智慧九寨——景区时空分流集成管理系统

"乡村 + 文旅"衍生体验新价值。"大九寨"的主要市场以近车程、短距离、短时间、高频次的"微度假"模式为主。一是乡村游。"大九寨"的民族村寨民宿体验、度假、温泉等旅游产品颇受欢迎。二是民俗乡村游。依托羌族年、藏历年、"中国农民丰收节"、樱桃采摘节等节庆,相继开发了如篝火晚会、星空露营、民俗体验、非遗文化等多样化的乡村文旅项目,以沉浸式体验为切入口让游客玩得好、体验足。

三、专项提升文旅设施的"精良度"

当今的旅游产品早已突破了传统旅游产品的定义,在自媒体时代,重庆轻轨穿楼、成都五岔子大桥等交通设施早已成为网红旅游打卡点,秦皇岛阿那亚图书馆、乌镇木心美术馆等文化设施也成了爆款旅游景点。因此,"大九寨"在文化旅游设施规划建设中,不断强化"设施即产品、设施即服务"理念,将设施设备作为衡量游客微观感受的关键标准。一方面,牢牢守住安全红线,特别是针对玻璃栈道、索道滑道、蹦极滑翔等新业态,因地制宜探索制定安全保障措施,进一步补全监管短板。另一方面,以"更智慧、更便捷、更舒适"为原则,加快提升旅游厕所、便民驿站、休憩设施、停车场等公共服务场所,鼓励推广新能源旅游车辆,打造一批覆盖面广、特色规范的导览系统。

"文化+功能"赋予建筑精神底蕴。一是加大城乡规划建设管理力度,严格各类新建、改建、扩建建筑风貌审查,要求各县要传承和发扬丰富独具的藏羌民族文化,突出民族建筑风格、体现民族元素符号、彰显民族文化内涵,切实做到传统与现代风貌的协调统一,外部结构与内部功能布局的有机结合[9]。二是深入推进历史文化名城、名镇、名村和古村落、古建筑保护工程,加大国、省道公路和旅游沿线的民族村寨、民居和古建筑保护力度。三是督导各县成立规划委员会(建筑风貌审查委员会)对建筑设计审查力度,力求各类建筑风貌与周边环境相融相协调。四是加强规划管理人员培训,积极宣传建筑风貌审查和建设要求,增强从业人员建筑物文化和特色把控意识。五是启动《藏羌建筑风貌概念引导》编制工作,挖掘并追溯藏羌建筑起源及发展历史,对建筑材料、结构形式、外观风貌、表现符号、施工工艺等要素予以规范指导,规范引导建设阿坝州浓郁民族特色的城乡建筑风貌,提升全州城乡风貌建设品质。

"景观+功能"赋予设施磅礴气质。近年来,阿坝州以创建国家全域旅游示范区为契机,全力实施G317最美景观大道旅游基础设施建设,全面提升沿线旅游综合服务能力,高规格打造集藏羌文化体验、自然观光、休闲度假等功能于一体的藏羌文化景观大道(见图4-2)。一是高标准规划。以创建"国家全域旅游示范区"为主线,结合理县、马尔康、金川、壤塘等地独特的文化内涵和优势的旅游资源,科学编制建设规划,对沿线重要节点的旅游形象平台、旅游配套设施、旅游线路产品等进行统一规划和打造,完善区域配套设施,促进乡村、城乡共同发展。二是高质量建设。累计投资2000万元,依托G317沿线A级旅游景区、生态旅游示范区,搭建观景平台,实施景观绿化改造,打造景观小品等业态。新建尽头村(吉柯村)旅游综合服务站、马尔康市嘉绒驿站旅游综合服务区等旅游综合服务中心5个,帐篷营地1个,游客广场、文化旅游展示走廊4个,进一

图4-2　G317最美景观大道(赵川摄)

步提升了沿线基础设施和旅游业态综合品质。坚持"统一打造、属地管理"原则，沿线各县（市）精心制定经营管理办法，对旅游基础设施及沿线旅游业态进行"点对点""一对一"的宣传和经营，确保能吸引游客、服务游客、留住游客，带动沿线群众增收致富。

四、重点提升文旅环境的"精美度"

随着旅游市场的发展，人们对旅游环境的大气环境质量、水环境质量、植被或森林植被、空气负离子浓度、空气中细菌含量限定值、植物精气、声环境质量、旅游气候舒适度、环境天然外照射贯穿辐射剂量水平、土壤环境等专业性指标值的关注度越来越高。阿坝州地处青藏高原东南缘，是国家重点生态功能区、长江黄河上游重要生态屏障和"中华水塔"的重要组成部分，生态地位尤为特殊[10]。精准把握阿坝州的发展功能定位，加快推进川西北阿坝生态示范区规划建设，既是阿坝州主动服务治蜀兴川大局的职责所在，更是阿坝州主动承接生态文明建设和推进全域经济社会发展战略布局的政治责任。如何在满足游客对旅游环境要求同时兼顾生态环境保护大任，是阿坝州提升旅游环境"精美度"的难点。

"生态＋治理"坚守文旅环境底色。近年来，阿坝州始终把生态保护和治理放在压倒性位置，坚持山水林田湖草沙冰系统治理，认真落实河（湖）长制、林（草）长制，着力推进草原、森林、湿地、雪山冰川、野生动物、植物、蓝天"七大保护"，全力提升域内生态环境保护，坚决确保出州清水向东流；深入实施草原"两化三害"治理、长江黄河上游干支流流域治理、地灾治理、污染治理、增草增林增绿治理、森林草原防灭火治理、全域环境综合治理"七大治理"，聚焦"增加林草覆盖率、森林蓄积量、水源涵养量，减少水土流失面积、草场过载率、出境断面水质"主要任务，全力抓好生态治理，不断巩固发展绿色本底；深入开展全域环境综合治理，稳步推进"厕所革命"、垃圾处理、污水治理"三大革命"，着力做好蓝天、碧水、净土的保卫战和固废歼灭战，全方位提升人民群众对美好环境的感知度。从绿原无垠、牛羊穿梭草间，到土壤板结硬化、风沙蔓延，再从一个个国家级、省级治沙项目持续落地，到群众自觉清除垃圾、保护草地，阿坝州逐步实现了沙洲变绿洲、黄土变绿土。

"三微＋旅游"增添文旅环境颜料。多年来，阿坝州坚持做好"微景观、微田园、微环境"三篇文章。抓好"微景观"建设，坚持"抓大不放小"原则，按照"精致、精美、精细"的"三精"要求，以草地生态观光、休闲观光农业以及藏羌文化、红色文化旅游等项目为发力点，坚守因地制宜理念，着力打造一些微景观、小景点，不断丰富和完善全域旅游内涵。抓好"微田园"建设，因地制宜发展"小菜园""小果园""小圈舍"，精心耕作、规范管理"微田园"，将村寨民居、绿色长廊、雪原草地、高山峡谷等众多独具魅力的自然风光完美呈现出来，在满足农民群众开展种养副业需求的同时，又能让游客深切感受鸡鸣犬吠、瓜果菜香的田园风光，充分寄乡情、感乡愁。

"三态＋旅游"描绘文旅环境画卷。多年来，阿坝州始终突出"生态、业态、文态"三大主题。着眼保护生态，统筹推进岷江上游水生态治理，加快建设九环线"千里绿色走廊"，大力抓好水土流失治理、地质灾害防治、生物多样性保护等工作，努力保护好长江黄河上游重要水源涵养地和川西北生物基因库[10]。着眼提升业态，大力提升人文环境、改善经营环境、完善市容环境、优化交通环境、协调景观环境，打造出备受市场追捧的阿坝州全域旅游品牌。着眼培育文态，依托独具魅力的藏羌文化、积淀丰厚的历史文化、波澜壮阔的红色文化、多姿多彩的生态文化和多元包容的宗教文化，深度挖掘文化资源内涵，着力提升文化创意水平，把丰厚文化资源的价值展现在游客面前，全面推动文化与旅游深度融合、互动发展[11]。

五、全面提升文旅服务的"精心度"

"快进＋慢游"完善公共服务设施。有效满足游客出行需求，阿坝州聚焦"快进慢游"，通过规范升级传统标识完善旅游景区基础设施，打通旅游服务的"最后1千米"，以精心的服务让游客的旅游体验更精致。比如，规范完善旅游引导标识系统，加快以国省干线沿线、游客景区服务中心为主体的公共游憩服务设施建设，推动景区旅游服务提档升级。旅游服务综合体是集旅游集散项目服务中心、特色风情酒店、公寓、商业区于一体的项目，能为游客提供旅游咨询、集散换乘、住宿、餐饮、旅游企业办公、旅游形象展示等服务。游客服务中心坚持做到以旅游环线每100千米左右和用地条件等因素作为设置标准，功能包括餐饮、娱乐、休闲、购物、医疗救助、事故抢险、厕所、停车及汽车维修等，为游客提供了精心的服务。

"中心＋站点"构建咨询服务体系。完善集散咨询服务体系，合理布局全域旅游集散中心，因地制宜在商业街区、景区场馆、交通枢纽等游客集聚区建设以咨询服务为重、生活用品供给为辅的游客中心，最大限度地满足游客的服务需求，尽心为游客提供以下几项服务。一是咨询，为旅游者供给当地的旅游咨询；二是票务，可以代订各大景点门票、酒店、机票、船票、租车等业务；三是团游，旅游服务中心为团队精心规划特征线路及其相关配套效劳，详细包含景点门票、酒店预订、专业导游、车辆接送等；四是地接，旅游服务中心以其专业、专心的精神为同行策划当地及其周边城市的旅游线路，以优惠的价格供给最专业、优质的旅游服务；五是住行，游客在旅游服务中心搭乘旅游直通巴前往旅游景区，或可经过旅游集散中心供给的景点、酒店预订等一站式服务，自在享用假日；六是专题旅游，旅游服务中心为客人提供个性化规划，根据单位要求，以特定的目的、行程设置、活动内容为其量身订制。

"科技＋智慧"提升旅游服务效率。加强通信网络建设，旅游道路沿线、旅游景区、旅游集镇实现移动通信无盲区，在重点旅游景区加快5G网络建设[12]。基于此，重在以下方面发力，主要提供以下服务：一是为游客提供旅游信息查询、旅游产品预订、特产购买、行程分享、景区内语音导游导览、投诉受理等多种功能；二是智能分析游客，对首次使用和多次使用的用户推荐不同优惠活动；三是实现游客出游前、出游中、出游后全过程覆盖，满足游客全方位需求；四是实现旅游场景的可视化、AI技术的智能化，提高游客用户体验等；五是完成游客行为智能分析，可实现游客到访分析、出访分析、游客画像、游客停留、历史数据分析等。

六、系统提升文旅运营的"精细度"

阿坝州紧紧围绕"食、住、行、游、购、娱"等旅游要素，加大宣传推广力度，创新经营管理模式，增强旅游安全监管，加强环境卫生整治，规范旅游市场秩序，持续发力擦亮景区品牌，不断提升景区精细化管理水平和旅游服务质量，进一步提高游客满意度。特别是加强沟通协调配合，加强景区监管执法，加大对私自售卖、强买强卖等违法行为的打击力度，坚持"疏堵结合"，坚决杜绝扰乱市场秩序、损害游客形象的违法违规行为。多年来，阿坝州一直探索景区"所有权、使用权、经营权"的"三权分置"，发挥政府、国企、民企各自优势，建立了"有效＋有为"的旅游运营管理机制，发挥市场主体的主观能动性，探索景区、乡村连锁化运营，组建"旅游运营智库"，积极主动把市场营销摆在突出位置，创新工作理念和手段，开展精准营销、立体营销、有效营销，让更多的游客"多游1小时、多住一晚上、回头再来游"，游客"越游越多"、市场"越游越旺"、体验"越游越好"。

"旅游＋产业"扩大辐射效应。近年来，九寨沟县立足自身丰富的生态旅游资源，将发展旅游作为乡村振兴主抓手，通过旅游产业带动农业、文化、体育、教育等多种业态深度融合发展，形成了较为完整的大旅游产业链条，走出了一条以全域旅游带动乡村振兴的新路子。按照"村有支柱产业、户有致富项目、人有一技之长"要求，以小额贴息贷款、产业发展基金为保障，以九寨沟旅游市场为支撑，积极发展刀党、羌活、藏香猪、九寨中蜂、脆红李等优势中药材和特色种养殖业，实现120个行政村集体经济全覆盖，彻底消灭"空壳村"[13]。充分借助九寨沟现有涉旅企业数量较多优势，积极推行"订单式"培训增强景区周边居民职业技能，主动规划和引导人民群众参与并享受文旅发展带来经济效益和就业机会；全方位、多角度挖掘，利用琵琶、侪舞、白马等优秀民族民俗文化，充分调动农民发展具有民族风情的农家乐、特色农场和特优农产品采摘垂钓项目，借助文化资源的产业属性和农村现有绿色产业资源，助力群众增收为乡村振兴添动能。

"旅游＋产品"提升管理水平。黑水县依托"冰川、彩林"两大核心旅游资源，抢抓乡村振兴机遇，坚持以文化为支撑，厚植特色文化底蕴，实现民族文化、民俗文化、高原文化、红色文化与乡村旅游彼此融合、共促发展；坚持以产业为支撑，构建"旅游 +""+ 旅游"模式，实现生态农业、特色美食与乡村旅游融合发展；坚持以产品为支撑，丰富旅游业态，巧做生态加法，筑牢生态保护屏障。同时，创新产权量化增收机制和稳定就业增收机制，夯实旅游经济发展保障；创新"支部 + 合作社 + 农户""支部 + 公司 + 农户"经营模式，提升农牧民群众旅游发展动力。近几年，年均接待游客 140 万人次，培育民宿达标户 261 户，带动直接就业人数超过 500 人，间接就业 2000 余人，辐射 30 余个经济欠发达村，实现人均就业增收 3600 元左右，为村民打开了旅游产业致富之路。

"旅游 + 非遗"增强融合效应。壤塘县通过成立"壤巴拉"非物质文化遗产协会，采取"传习所（基地）+ 公司 + 农户"的模式，不断吸收富余劳动力加入传习所，将传习所制作的非物质文化遗产产品商品化，激发农牧民群众继承、发扬非遗文化热情的同时，积极助力群众增收致富；成立壤塘县藏戏团，招聘演员 40 余名，还将藏戏团成员"五险"补助、工作经费等纳入财政预算，保证了藏戏发展需要。成立后的藏戏团，每年先后深入乡村巡演 30 余场，观众达到数万人次，成为壤塘县名副其实的文化"龙头"品牌。通过宣传，不断提高"非遗"文化产品民众知晓率和市场占有率。壤塘县在央视网、青海电视台、四川康巴卫视、土豆网等电视网络媒体大力宣传壤塘非遗文化及产品，让壤塘文化走向市场。

| 第二节 |

生态保护和经济发展协同推进

阿坝州的生态环境不仅在四川具有重要地位，在长江上游、整个西部、中国全域乃至整个亚洲也具有重要地位。阿坝是黄河上游的重要水源地，是长江上游四川境内主要支流岷江、嘉陵江、涪江的发源地，三江源的核心区域之一。2021 年年末，全州林地面积已达6534.1 万亩，常年有效管护天然林 5580 万亩，森林面积 3296.7 万亩，森林覆盖率 26.48%，森林蓄积 4.6 亿立方米，可利用草地面积 5784 万亩，草原综合植被盖度 85.5%[14]。阿坝的生态质量对四川、长江上游影响极大，是三江源头、中华水塔（甚至亚洲水塔）核心区、中国长江上游生态屏障，对全国、亚洲乃至全世界的生态战略地位，这在中国西部的大部分民族地区具有生态价值中的典型性。诚然，阿坝州拥有巨大的生态财富，但由于过度放牧、水电矿产等资源开发的生态破坏欠账等多种原因，阿坝湿地面积萎缩、草场退化、生态植被损毁严重、水土流失、自然灾害频繁、生态功能脆弱的问题还比较突出。协调推进生态保护与经济发展成为新时期阿坝州的挑战，其中又以民生改善、社会稳定、民族和谐、生态保护四大问题最为紧要。

比如，在阿坝州文化与生态旅游开发区中，大部分区域在国家主体功能区划中属限制开发区，保护与发展的矛盾依然是区域发展中需要重点关切的一大挑战；受限于高原高寒等地理气候，以及发达水平的制约，全州基础和服务设施相对于国际一流标准依然较为薄弱，很多地区可进入性依然很差；社会经济基础有待提升，龙头产业对其他产业的带动优势尚未完全激发，产业带动力依然较为初级；发展资金、人才、人力资源相对缺乏，要素制约因素较为突出；高原气候和地震、泥石流等地质灾害给区域发展造成障碍。文化旅游、农业、畜牧业等产业发展都面临调整产业结构的艰巨任务，特别是在周边西藏、青海、云南藏区发展迅速的宏观背景下，如何形成对外联动机制，避免区域间的相互恶性竞争，并形成符合自身发展实际的发展路径更为重要。

一、明确绿色与融合的区域发展战略

一是正确定位区域发展思路。曾经一段时间，阿坝州对于如何解决四大问题的认识是孤立、片面的。把稳定作为头等要务，一切事务服务于稳定之大局，忽略发展的方式和质量，对生态保护重视不够，这种单一关注模式而忽视整体性发展优化的发展模式，导致的结果是民生改善乏力、维稳代价过高、民族隔阂未消、生态退化逐显。阿坝州委、州政府进行了认真反思和总结，认为出现问题的原因在于没有认真领会中央和省级的相关精神与政策。中央一直强调发展是解决一切问题的基础，绿色发展与融合发展是国家和省上倡导的发展理念与方式。通过对中央和省级的精神与政策的深入分析，阿坝州委、州政府认识到了各个问题之间相互影响并相互促进，民生改善是核心，民生改善催生生态保护需求，构筑社会稳定基础，民生改善过程中增进民族和谐，民族和谐促进社会稳定，而民生改善的根本途径是发展，改革是发展的动力，发展推动改革；稳定是发展的前提，发展是稳定的保障；发展提供了保护生态的资本，生态保护优化了发展的宏观环境；在发展中开展生态保护是良性循环，杜绝发展的保护不可持续。阿坝州位于国家重点生态功能区，还是长江、黄河流域重要的生态安全屏障，也是长江主要支流岷江、嘉陵江、涪江的发源地，生态环境保护意义重大，同时，其资源禀赋具有三产融合发展的优越条件。基于以上情况，州委、州政府意识到并将实践落实到必须坚持绿色发展，走生态经济之路，坚持农旅融合、文旅融合、商旅结合、三产融合、区域整合。

二是清晰明确土地资源保障。阿坝州的生态农牧、水电和文化旅游资源具有比较优势，但是过去较长时期并没有得到合理开发与利用，使得经济发展长期滞后。20世纪90年代初，阿坝州基本上呈现的是"粗放农牧、五小工业、木头财政"的结构特征，80%的地方财政依靠砍木头维持。过度砍伐使阿坝陷入了"贫困—砍伐—森林锐减、草原沙化—贫困—砍伐"的恶性循环怪圈，经济发展难以为继，群众的生活长期得不到实质性的改善[15]。必须改变发展思路，释放资源活力。在1994年3月召开的阿坝州委第六次党代会上，州委、州政府在报告中首次提出了阿坝州要坚持"一体两翼"的经济发展战略。"一体两翼"战略充分考虑了阿坝州的资源禀赋情况，强调了以水电为龙头带动工业发展，以旅游业为龙头带动服务业发展的重要性。随着国家主体功能区的确定、对生态建设的重视、川西北生态经济示范区的确立，以及入选国家级生态保护与建设示范区，历届州委、州政府领导始终坚持并根据中央和省委、省政府提出的新要求不断丰富和完善这一发展战略，对"一体两翼"经济发展战略的优化呈现出绿色与融合导向，2002年9月，全州经济工作会议提出了"建设绿色经济区"，在此基础上提出了"绿色立州"工作思路。2007年1月，州委第九次党代会形成了"生态立州"发展思路和"生态阿坝"发展目标。自2012年以来，全州进一步丰富了"一体两翼"经济发展战略，提出了要以生态为核心，大力发展生态农业、现代林业和现代畜牧业的新目标新方式新要求；以绿色为导向，大力推进工业新型化进程；以"二次创业"为契机，加快全域旅游建设，并提出了坚持资源开发服从于生态建设的要求[16]。"十三五"时期，州委、州政府提出并坚定实施"一州两区三家园"战略新目标，加快构建"一屏四带、全域生态"发展新格局、"三地共建、五业同优"产业新体系、"四向通道、全域拓展"开放新态势，推动稳州兴州事业取得全方位、开创性历史成就，发生深层次、根本性历史变革[17]。"十四五"时期，州委、州政府明确要求全州要继续深化拓展"一屏四带""三地共建""四向通道"的战略部署，奋力构建"全域生态""五业同优""全域拓展"的战略布局，努力实现经济行稳致远、社会安定和谐，全面彰显生态之美、发展之美、人文之美、和谐之美，为全面建设社会主义现代化阿坝开好局、起好步。绿色和融合特点正是过去和"十四五"时期阿坝州遵循的基本发展方式，为阿坝州经济发展转方式、调结构指明了基本方向。

三是精准明确文化生态旅游业为主导产业。阿坝州具有发展文化生态旅游得天独厚的条件：境内生态物产丰富多样，具有发展林下产业、生产反季节蔬菜和生态农牧产品的独特条件；全域文旅资源独具魅力，拥有高品位、高密度、垄断性的世界级旅游资源，是全国世界自然遗产地最集中的地区，境内奇山异水冠绝天下、民族文化底蕴深厚、民族风情多姿多彩、红色文化光辉璀璨，被世界旅游专家誉为世界最佳生态旅游和民族文化旅游目的地。[18] 文化生态旅游业的发展需要良好的生态环境作为支撑，对产业提出了绿色发展的要求，生态农牧业和生态加工业作为绿色产业，既可以为文化生态旅游业提供配套产品，满足游客生活需要，其本身又是一道亮丽的风景，可以提供农业观光体验游，形成以旅带农，以旅带工，以农促工，以工兴农，实现农、工、旅相互融合发展。近年来，阿坝州各级政府对文化生态旅游业发展的认识逐步明朗，阿坝州各地也以发展文化生态旅游业为突破口，逐步调整产业结构，坚持绿色发展，试行三产融合，提升整体发展质量。

二、坚持政府主导推动文化生态旅游发展

"政府主导"一般是相对落后国家为追赶先进国家借助政府力量而提出的战略思想和发展模式。对于区域发展来说，政府主导则是相对落后地区追赶发达地区借助政府力量实现自身快速发展、弯道超车而提出的战略思想和发展模式。根据罗斯托的经济发展阶段理论，后发展地区在起飞阶段实行"赶超战略"，出于战略考虑，往往需要采用政府主导的"部门不平衡发展战略"。结合阿坝州的旅游现状判断，近10多年来，阿坝州旅游产业正处在起飞阶段，实行政府主导视角下的生态旅游发展模式具有现实必要性。从现实来看，文化生态旅游资源的富集仅是发展文化生态旅游业的必要条件，要实现文化生态旅游业的充分发展，还必须具有宏观的发展战略、良好的交通条件、优越的安全环境、规范的旅游市场、有效的激励措施等，以上目标离不开政府的作用，阿坝州各级政府在这方面做出了大量的努力，取得了明显成效。

一是高起点编制旅游发展规划。州委、州政府始终将文化生态旅游产业发展作为阿坝经济社会发展的重点，确立加快文化生态旅游产业先导发展的战略思想。坚持规划先行原则，注重规划的系统性、全面性、超前性和权威性。把握旅游业发展最新趋势，注重"引导、完善、创新"，聘请国内外专业团队，高起点、高质量规划阿坝州文化生态旅游业发展，全州和各县都编制了旅游发展规划，九寨沟县、汶川县等地还专门编制了具有针对性的旅游营销方案。坚持多规合一的发展策略，融其他规划于文化生态旅游发展规划之中或以此为基，强化"文化生态旅游发展"的核心地位和引领作用，坚定实施景区景点开发规划与城镇建设、旅游产业发展规划与关联产业发展规划、资源开发规划与资源保护规划、近期目标规划与长远目标规划相统一的发展路径，全州旅游业发展实现了统筹安排，整体布局，规划水平逐步向国际标准迈进。

二是围绕旅游发展完善交通与公共服务设施。交通与公共服务设施是旅游产业发展的先决条件，阿坝州各级政府坚持交通超前发展的思路，根据文化生态旅游发展的需要整体谋划区域内交通基础设施的建设，在交通建设中融入各部门的建议意见，形成规划在前、部门联动的发展格局。同时，根据旅游发展需要，积极主动布局主要公共服务设施，实现公共服务设施满足旅游和满足百姓生活需求的双重功能。在中央和省的大力支持下，阿坝州加大投放力度，建成了"陆空一体"的立体交通网络和较为完善的旅游公共服务设施，大大提高了景区的可进入性和服务能力。

三是为文化生态旅游发展创造良好的外部环境。通过出台促进文化生态旅游业发展的扶持政策，刺激生产要素和资源向文化生态旅游业聚集；通过不断优化服务、营造特色文化、保障旅游安全等举措提升旅游软环境；通过加强旅游市场管理，开展专项整治工作等规范旅游市场；通过搭建各种平台，为文化生态旅游发展提供智力、营销、融资等有效帮助和基础支持。

三、文旅产业联动多产业协同发展

一是推动特色农牧业围绕文化生态旅游业进行产业调整。文化生态旅游业的发展催生推动了农业结构的调整，以农旅融合为指引，阿坝州的农业开始向高科技农业和休闲农业方向转化，根据具体土地情况和前期基础，各县尝试集中发展几大主要农产品，建立有机农业示范区、生态果园或者庄园经济，打造休闲观光农业，满足旅游市场消费和游客休闲体验活动；加强既有林下产业和畜牧业主要产品，特别是野生菌类和藏香猪等特色产品的生产，满足都市游客的新消费需求。

案例链接

四川：小金县"共享农庄"走出农文旅融合发展新路 [19]

四川省阿坝州小金县按照"党政搭台、村委组织、农户参与、市场运作、共建共享"思路发展"共享农庄"，示范引领、以点带面，促进农旅深度融合，走出了一条农文旅融合的"小金路径"。

助农致富。该农庄由核心区和"非标"民宿区两部分组成，集游览、餐饮、农庄、文创等诸多产业要素于一身，初步估计年均客流量可达 50000 人次以上。从过往五年的实际收益看，该农庄的营业总额已接近 900 万元，其中村集体与农户实现分红收益近 300 万元。"共享农庄"的发展模式带动周边农副产品及相关衍生品的市场销路更为广阔市场价值更高，现已实现全镇近 1100 户群众就近就业，预计仅普通农户年均额外收入可达 1.2 万元，参与"非标"民宿发展项目的农户年均增收更可逼近 5 万元，实现农民群众增收的同时亦为乡村振兴发展提供源源不断的原始动力。

产业优化。将当地苹果资源优势转化为产业优势，辐射带动沃日及周边乡镇提质苹果 1.2 万亩，改造低效老果园 3600 亩，建成标准化示范园 500 亩，把"小农庄"做成"大产业"。产业优势逐渐转为旅游优势，以"共享农庄"为载体，通过打造观光步行道、共享厨房、微景观、3D文化墙、小木屋等，提升果园农文旅融合内涵品质，吸引游客在园中观光赏景、游憩休闲、康养度假，体验农事农活、感受生态农趣、传承农耕文化。

示范引领。"共享农庄"建设与运营带动农户改造闲置房屋达到旅游接待条件，发展民宿接待，变农房为客房，发展第三产业，有效解决了村级自治组织动员能力弱、村集体经济规模小等问题。到 2022 年，木栏村"旅游苹果"产值预计达到 2000 万元，逐步构建起"生态美环境好、生产美产业好、生活美家园好"农旅融合发展的"小金样板"。

农旅融合。在田园产业体和旅游综合体基础上,融入红色文化、嘉绒文化、土司文化,促进农文旅融合发展。于2022年实施的二期,规划面积500亩,新建标准化主题民宿50个,带动100户"非标"民宿改造,新发展特色餐饮30户,培养旅游服务农村电商等人才300名以上,形成2000人/天的接待能力。同时,放大"共享农庄"效应,培育"酿酒葡萄共享农庄""高山玫瑰共享农庄""户外运动共享营地"等农旅新业态,带动全域旅游发展。

二是绿色工业围绕文化生态旅游业进行产业调整。工业在阿坝州产业结构中占有重要地位,但目前其工业结构比较单一,基础仍然薄弱,抗风险能力偏低;以工旅结合、融合发展为指引,文化生态旅游业的发展对绿色工业发展起了促进作用,进一步加速了工业结构的调整;对推进大中型水电站建设,开展水库观光旅游起了推进作用;刺激了生态农产品加工业的发展,以满足游客食材和购买所需;刺激对民族文化的深度挖掘,开发出与当地民族文化、历史文化相符合的特色的工艺文化产品。

三是现代服务业围绕文化生态旅游业进行产业调整。以服务旅游为指引,在县城和主要乡镇建设相关的康养基础设施,针对不同海拔,进行适合不同人群和不同季节的康养产业的构建,打造康养基地;大力发展民居接待,老百姓全程参与式旅游并融入旅游,从而增收致富,提升整体素质;建立冷链物流基地和物资配送中心,构建现代物流体系;利用丰富的文化资源,组建文化演艺团队,筹拍电影电视。

案例链接

激发康养之城新活力——马尔康市全域旅游发展侧记 [20]

近年来,马尔康市以更高的站位、更宽的视野,牢固树立新发展理念,以全域旅游示范区创建为抓手,加快推进旅游供给侧结构性改革,大力实施旅游第三次创业,立足自然资源、依托民俗文化、因地制宜谋发展,深入推进文化旅游产业结构优化,推动文化旅游产品向生态观光、休闲度假、康养研学、户外运动、文化体验转变,不断探索彰显"醉美马尔康"魅力的全域旅游发展道路。

立足自然资源构建全域旅游发展新格局

马尔康特殊的区位、宜人的气候和优良的生态,造就了丰富且独具特色的自然风光,拥有植物景观、高山峡谷、高原草甸、温泉湖泊以及境内层峦叠嶂的四季峡谷景色等自然资源,全市林草综合覆盖率达96%以上,常年空气质量达到国家一级标准,2017年,荣登"全国百家深呼吸小城"榜单,为建设"夏秋可避暑观光、冬春可沐阳养生"的康养之城发展规划,实现"一带、两环、八景区、七通道"全域旅游发展新格局提供了天然优势。

卓克基土司官寨、松岗柯盘天街、昌列山、大藏、梭磨河高山峡谷、雪马山、草登宝岩温泉等丰富的旅游资源为马尔康市创建全域旅游示范区,实现"全域、全时、多元"旅游产品,为解决旅游景点零散，点、线、面结合不够，可供游客选择的线路产品少等问题奠定了基础。近年来，马尔康市通过精心规划，重点推出了卓克基—昌列山—松岗 1 日游以及松岗—脚木足—草登—沙尔宗—大藏—大郎足沟和卓克基—昌列山 3 日游等旅游线路，进一步提升旅游集群效益，让过境游客留下来、住下来，实现留得住游客的同时，让本地市民在假期也有游玩的好去处。

在构建全域旅游网点新格局进程中，雪马山和莫斯都生态文化旅游景区的打造成为马尔康未来旅游发展的重点和亮点。雪马山位于马尔康市卓克基境内，最高海拔 4886 米，因山上有远古遗留的冰川，形状像仰面躺着的一匹雪白的骏马而得名，拥有被誉为"最美的高山湖泊群"的麦朵措。雪马山山势峻峭、奇石林立，自规划开发工作启动以来，雪马山景区被定位为"山地户外运动公园"，将建设成阿坝州乃至三州地区首个国际山地运动公园。

位于马尔康市松岗镇莫斯都村的莫斯都岩画遗址分布在莫脚沟内约 3 平方千米范围内，是目前大渡河上游地区已发现最集中的岩画遗址，也是迄今为止四川境内发现的首例北方系古岩画，是现已公布的北方系古岩画的最南缘及研究古人类在川西北高原大渡河上游地区活动不可多得的实物资料。加快莫斯都生态文化旅游区建设，对建成松岗乡村民宿旅游产业带，吸引游客、带动周边群众增收起着综合效应作用。2019 年下半年，马尔康总投资 7900 万元的松岗至莫斯都岩画景区公路项目开工建设，争取用 5 年时间把莫斯都沟创建成为省级旅游生态示范区和旅游度假区，该项目也是马尔康市"十四五"期间的重大文化旅游建设项目。

依托民俗文化打造文化旅游亮丽名片

马尔康地处嘉绒文化腹心地，拥有最完整的嘉绒藏族生活习俗，加之嘉绒藏族与汉、羌、回等民族长期繁衍生息，让积淀多年的嘉绒文化在历史变迁和文化交流中得到升华，孕育出了绚丽多彩的民俗文化，无论是碉楼建筑、历史遗迹，还是节庆活动等都具有浓厚的文化底蕴。

卓克基土司官寨和松岗柯盘天街是原嘉绒藏族十八土司之原卓克基土司、原松岗土司的住宅地，两个景点在很大程度上保留了原卓克基土司、原松岗土司时期的建筑原貌，直观地向游客展现土司地区的风土人情与文化习俗。曾经，这两个景点仅是纯观光旅游地，旅游产品形式单一，在全域旅游的推进下，马尔康主动挖掘周边特色、注重提升景区服务品质，使得卓克基和松岗景点成为集食、住、行、游、购、娱为一体的 4A 级旅游景区。

红军长征时期，作为北上抗日的总后方和党中央主要领导带领红军驻停时间最长的地方，马尔康幸运的留存下了他们战斗和工作的足迹，留下了红军树、红军坪、卓克基会议遗址、松岗战壕、卓木碉会议遗址等物质与非物质文化遗产，其中卓克基会议遗址已被纳入百个红色旅游经典景区和全州五大红色旅游经典景区名单。

同时，马尔康的原生态嘉绒锅庄舞与西藏踢踏、巴塘弦子并列为藏区三大舞种，被誉为"中国圈舞的活化石"。2004 年，马尔康举办的第一届"万人锅庄节"入选"吉尼斯世界纪录"。近两年，该市以更高的站位、更宽的视野，坚持马尔康"嘉绒锅庄文化旅游节"系列活动每年一办，并结合"看花节"把锅庄节变为"锅庄季"，着力把"嘉绒锅庄文化旅游节"打造成为嘉绒藏族地区并辐射周边的特色文化旅游品牌。在 2019 年举办的第八届嘉绒锅庄节晚会上，"万人同唱阿拉姜色"被世界纪录认证机构（WRCA）认证为创世界纪录。如今，嘉绒锅庄文化旅游节已成为马尔康对外宣传文化旅游的亮丽名片。

紧扣乡村振兴构建新型绿色低碳乡村

为全方位实现全域旅游转型升级,积极构建"产业围绕旅游转、产品围绕旅游造、结构围绕旅游调"的旅游产业发展生态链,马尔康市坚持规划先行、因地制宜,按照夯实基础、突出特色、提升水平、规范发展思路,定位发展突出集民族性、乡土性、参与性、休闲性、自然性于一体的马尔康市嘉绒藏族乡村旅游特色。近年来,马尔康以G317线为重点,对马尔康、梭磨、松岗等特色小镇,毛木初、西索、松岗、直波等特色村落进行规划建设,着力打造一批民族特色浓郁、宜居宜业宜游的新型绿色低碳乡村。

毛木初村位于马尔康市梭磨乡南部,境内环境优美、自然资源丰富,素有"梭磨大峡谷,必看毛木初"的美誉。毛木初村地处汶马高速与正在开工建设的久马高速马尔康门户地段,是梭磨河森林公园的核心腹地,区位优势显著。自马尔康市实施乡村振兴战略以来,毛木初秉承以农造景、以景带旅、以旅兴农理念做精乡村旅游。目前,该村已有4家特色生态农家乐,在带动消费的同时有效吸纳该村农户就近就业。如今,毛木初"村美民富"的美好愿景正逐步成为现实,成为马尔康在实施乡村振兴战略中的典范之作。

整治城乡环境净化美化亮化旅游环境

作为州府驻地,马尔康是全州政治、文化、金融、信息中心,也是川西北交通、贸易中心。在推动全域旅游发展中,该市把全域旅游环境整治作为重要抓手,围绕2019年制定的《马尔康市全域旅游环境整治三年行动方案》,开展全市范围内旅游主干道及景区连接公路沿线环境综合治理,对旅游交通沿线卫生、游客休闲站、旅游厕所、交通标识和广告牌进行规范化整治,并完成梭磨河沿线绿色走廊建设。

马尔康市在绘就全域旅游新画卷过程中,着力优化旅游发展大环境,对城、镇、村开展全覆盖整治行动,对城市重点实施亮化、美化、绿化、清网、清洁、修缮、加盖、换牌、治乱、铸魂十大工程;对乡村人居环境开展村容村貌、庭院环境、乱堆乱放、乡村道路、生活污水、厕所污粪、垃圾、河道八大治理。同时,全面整治和优化精品旅游村寨、传统古村落、旅游扶贫村环境,为创建"生态旅游文化名城"奠定坚实的基础。

截至目前,马尔康市有精品旅游村寨5个、星级农家乐16家、星级乡村酒店12家、民宿达标户24户,旅游扶贫示范村6个。

在全域旅游理念的推动下,马尔康市发生了巨大变化,产业支撑越发有力,旅游业快速发展壮大,城乡面貌越发精致,城区成了景区、乡村成了休闲庄园,越来越多的群众吃上了旅游饭、走上了致富路,一条生态优、文旅兴、城乡美、百姓富的发展道路正徐徐展开。

四、做强生态环境保护底子

一是坚持生态环境保护观念的宣传和教育。生态环境保护与经济协调发展,重在全民教育,强化生态保护意识并将其转化为全民的日常行为。这一过程不仅仅实施为简单的生态保护意识灌输，更应将发力点落实到生态保护教育、生态道德培育和生态理念认同，使得爱护自然、保护环境、关爱动植物成为全民意识，进而将生态善恶观、生态保护义务转化为旅游者实际行动。

阿坝州各县政府一直致力于加强生态旅游的宣传工作，在提高域内旅游资源知名度的同时将生态保护理念贯穿其中，集提升市场效益和社会效益于一体，使更多的人初识、认识、了解阿坝州文旅资源的同时，也将生态保护对自然美景保持的重要性广为传播，让更多的人意识到这不仅关乎一人一地，而是与大众紧密相连。

不断加大旅游资源和生态保护工作的宣传力度，借助各种宣传手段和途径，提高全民的环保意识，使人们认识到，旅游资源的破坏不仅会对旅游业的发展产生影响，而且会危及个人利益，从而让每一个人都能成为环境保护的主体，树立全民旅游资源、生态环境保护意识，自发采取措施保护生态旅游环境。另外，各级政府加强了环境资源保护法制教育和社会公德教育，制定相关规章制度，杜绝各种破坏、污染旅游资源环境的现象。

二是致力于全域生态环境的优化。对于整个阿坝州地区，生态大环境的优化是全域旅游的基础。一方面，各级政府一直致力于整个区域大环境的维护和改善，将湿地修复、防沙治沙、人工种草、退牧还草、退耕还林和天然林保护工程作为一项长期发展的基本工作。充分发挥生态保护和文旅发展互生互进作用，坚持做到旅游产业发展和生态环境建设齐头并进。另一方面，持续提升城乡环境卫生综合整治力度和成效，进一步实施城乡卫生创建活动，全力打造干净、舒适、健康的城乡环境。加强景区景点沿线的美化和绿化建设，加强沿线地质灾害的调查和治理工作，改善景区景点沿线景观结构。强化景区内的保护措施。在对冰川、瀑布、湿地、珍稀林木、野生动植物、高原湖泊及其他资源进行系统、深入调查的基础上，确定保护等级，落实防火、防病虫害及其他保护措施；设立解说牌提示牌，使游客在游览的同时获得知识，增强责任心。

三是开发中贯穿可持续发展的理念。在全域旅游的开发中，严格按照生态旅游的开发原则，严格秉承可持续的发展理念。严格执行分区开发。在原生态自然景区内，将核心区限定为绝对保护区，坚持"沟内游、沟外住"的原则，切实保护好景点的原貌、风格和环境。在生态旅游区内选择适宜的旅游方式，限制开发利用的规模，避免超过承载力的过度旅游活动，严防开发过程中出现环境破坏或间接引发自然灾害等不良事故。实施严格的环境管理和监控。建立有效的管理机构与体制；加强生态旅游管理人员的技术培训，不断提高开发保护中的综合防治、管理水平；同时要动员和鼓励当地居民积极参与资源保护工作；加强生态旅游区的立法工作，使旅游管理有法可依、有章可循。加大旅游资源保护力度。对重点景区（点）做到科学规划，注重对旅游资源的修缮、恢复、重建。根据旅游资源适度有偿使用的原则，对已形成的景区（点）进行深度开发，邀请专业人才规划和实施旅游资源及环境保护的具体细节；把暂无力开发的资源先保护起来，变消耗性消极保护为开发性积极保护，使保护与开发步入良性循环的轨道。

四是着手打造国家级生态旅游经济示范区。国家生态旅游示范区是生态旅游区中管理规范、具有示范效应的典型，具有明确区域范围，同时也是全国生态示范区的类型或组成部分之一[21]。川、甘、青三省结合部国家级生态旅游示范区，是由中央和国务院牵头、三省四州党委政府共同参与、各县党委政府和人民群众凝心聚力的专门协调机构，统筹川、甘、青三省结合部的经济社会发展事务，突破行政分割，统一调动资源，加强沟通合作，促进基于区域内各自资源禀赋优势的分工协作和各级党委政府的共同配合，以生态保护和建设为重点，以提高区内人民生活水平和质量为根本目标，不断提高区内自我发展能力，实现区内经济社会各项事业跨越发展和长治久安，共同打造川甘青三省接合部国家级生态旅游经济示范区。

| 第三节 |
景区辐射带动区域发展

一、精品景区建设推动文旅全面融合

一是打造精品，呈现世界级旅游资源。"天府三九大"是四川向世界亮出的三张文旅名片，阿坝一州拥有其二——瑰丽自然风光的九寨沟和国之瑰宝大熊猫。2017年"8·8"九寨沟地震，景区遭受损毁。震后，在党中央、国务院和四川省委、省政府的坚强领导下，经过恢复重建，九寨沟景区内的基础配套设施更加完善，旅游服务能力显著提升，"一核（九寨沟）多极"全域旅游高质量发展新格局基本形成。截至2022年6月，阿坝州共有A级旅游景区55家，其中5A级景区3家，4A级景区26家，3A级景区24家，2A级景区2家，建成了一批高质量旅游景区。在打造精品景区的同时，阿坝州还着重推进文旅融合，依托红色文化资源富集优势，阿坝深度挖掘红色文化内涵，不断提升两河口会议纪念馆、巴西会议纪念馆等红色场馆陈列展览水平，保护利用达维会师桥、抚边红军驻地旧址、马岭山红军阻击战场遗址等重点项目。依托长征主题纪念馆、遗址遗迹和红色景区，着力培育红色旅游经典景区，深度打造"重走长征路"红色旅游线路，建设G317藏羌文化走廊。文旅融合的深度发展亦为举办更为专业化、规模化的文体活动奠定了坚实的基础，阿坝州近年已培育出"雅克音乐季""国际熊猫节"（见图4-3）等品牌活动。

图 4-3　阿坝国际熊猫节（王庆九摄）

目前，阿坝州拥有享有世界自然遗产、世界人与生物圈保护区和"绿色环球 21"三项国际桂冠的九寨沟—黄龙生态旅游区，列入《世界自然遗产名录》的卧龙—四姑娘山—夹金山脉大熊猫栖息地，世界上最大的高原泥炭湿地若尔盖湿地，全国第二大草原阿坝黄河大草原，包含了嘉绒文化、安多文化、康巴文化等民族文化瑰宝的藏羌走廊文化，以"雪山草地"长征精神为代表的红色文化，以"汶川奇迹"为代表的灾后重建经验、富集的自然资源和文化资源都是阿坝州发展国际旅游的特色优势。

二是问道世界，打造与国际接轨的旅游服务。打造国际旅游目的地，需要用国际的战略眼光审视旅游设施和服务，做到高标准规划、高水平建设，使旅游的公共服务设施也成为一种广为传播的品牌。近年，阿坝州从各方面补短板、强弱项，意在实现旅游服务与国际接轨。第一，补齐交通短板，打通旅游"任督二脉"。阿坝州地处中国西南腹地，交通曾是旅游发展的主要瓶颈。近年来，阿坝州全力推进成兰铁路、汶马高速、九绵高速、马久高速等项目建设，加速推进成西铁路开工建设，积极争取汶川—川主寺—郎木寺高速公路项目建设，积极构建"四向通道、全域拓展、无缝连接"的现代化旅游综合交通运输体系。加快推进道路景观化建设，着力建好九寨黄龙自然遗产和藏羌文化景观大道、中国大熊猫自然生态景观大道、G213 川主寺—郎木寺湿地生态河曲马景观大道等 8 条景观大道。第二，完善配套服务，增进游客现实感受。做好"国际范"除了要提供旅游精品，还要做好"软文章"。近年来，阿坝州规范完善旅游引导标识系统，推进国省干线、旅游沿线旅游服务综合体、游客服务中心、高压氧舱等公共游憩服务设施建设。完善集散咨询服务体系，合理布局全域旅游集散中心，因地制宜在商业街区、交通枢纽、景区、场馆等游客集聚区设立旅游咨询服务中心。加强通信网络建设，旅游道路沿线、旅游景区、旅游集镇实现移动通信无盲区，在重点旅游景区加快 5G 网络建设。第三，推进"厕所革命"，展现雪域人文情怀。大处着眼，小处着手，于细节之中呈现"国际范"。阿坝州按照新三年行动计划，推进全域生态旅游厕所建设，4A 级及以上景区、重点交通服务区厕所设置第三卫生间，推出一批"生态化、景观化、旅游化、人性化"智能旅游厕所综合体，做到主要旅游景区、旅游线路以及客运车站等场所厕所数量充足、干净卫生、使用免费、管理有效，鼓励临街临景单位、道班及服务场所免费对外开放厕所。

三是数字赋能,吸引全球游客目光。打造国际旅游目的地,构建"国际范"的文旅场景和业态,就是以世界级旅游资源吸引全球游客的目光,身处内陆的阿坝州首选互联网"借道出海"。通过"互联网+数据分析",阿坝州加强旅游数据收集、整理和分析,建立有效的数据管理系统,实现全网实名预约订票,有效掌握各大景区客流数据,实现游客精准画像,提高景区预警应急管理能力。通过"互联网+智慧景区",九寨沟、黄龙、四姑娘山、达古冰川等重点景区实施智慧景区 O2O 一体化物联网建设,实现在线电子商务和景区门禁票务系统的无缝对接,游客可通过二维码、二代身份证、人脸识别方式进入景区,提高景区管理水平和工作效率。通过"互联网+全域咨询",建立起阿坝旅游咨询服务中心,通过微信端、PC 端和 400 免费电话等全方位、全时段提供阿坝旅游咨询和服务。在 PC 端和微信端,客户只需在客户端输入旅行目的地,便可获得景区、交通、住宿、餐饮、购物等详细资讯及对比信息。通过"互联网+文旅龙头",建立并运营阿坝旅游网等,构架起全州旅游网络营销、全州旅游电子商务、全州智慧旅游服务三大服务平台,交易额突破 108 亿元。全州 85% 以上景区实现信息联网,85% 的酒店旅馆、70% 的农(牧)家乐及购物点入驻平台。

二、景区带动传统文化对外交流传播

作为互为"伴侣"的两大主体,文化和旅游在彼此共生发展过程中相互促进、彼此融合。人们在旅游过程中时刻都在触摸文化脉搏、感知文化神韵、汲取文化营养。通过一批核心景区发展带动,进入阿坝,游客直观看见的是藏羌建筑、服饰和壮美的自然山水,对藏羌同胞的生活、居住环境有了初步的印象;走进藏羌村寨,通过观看博物馆,观看并参与嘉绒锅庄,品尝藏羌美食,游客对藏羌同胞的生活有了进一步的了解;通过行走于乡村、居住在民居、和藏羌百姓交谈,加深了对藏羌传统文化的了解。与此同时,为了与游客"交朋友",藏羌同胞也会尽力展现民族优秀传统文化。在这个过程中,传统文化随着旅游业的逐步发展得到交流与传播,形成正态效应。

三、景区发展带动文化遗迹和非遗保护

作为重要的文化旅游资源,文化遗迹本身就是景点,非遗本身就是体验旅游的重要内容。通过旅游开发和旅游活动,阿坝州对各类文化文物资源进行梳理和修整,修缮了各类宗教、历史文化遗迹,红色文化遗址,对古城、古镇、古村落进行了整体打造,创建了非遗文化传习所,组建了专门的表演团队展示藏戏、羌年、锅庄等非物质文化活动。让文化物资和非物质文化资源多年沉睡的价值展现在游客面前,促进了文化遗迹和非遗保护和可持续利用。

四、景区发展带动宗教寺庙改革开放

虽然国家在政府机关设有民宗局，在宗教寺庙成立了寺管会等加强对宗教寺庙的管理，但是由于宗教信仰的差异等原因，宗教寺庙与政府之间的合作或多或少存在一定隔阂，而推动文化生态旅游业的发展使得这种隔阂逐步减少并促进了宗教寺庙的改革开放。不同教派之间在信徒的争取、声名的传播等多方面存在一定的竞争关系；与此同时，寺庙需要弘扬佛法，需要更多的人了解宣传它，也需要更多的布施。游人与寺庙之间不存在利益竞争关系，却能很好地满足寺庙的上述所需，所以，只要不影响宗教活动场所的自身功能，不影响教职人员清修、信徒朝拜，寺庙对游客基本上持欢迎态度。游人带来了不同的思维、不同的知识，僧侣通过与游人交流接触，增进了对外面世界和不同文化的了解，打开了眼界，关注并反思现实，有助于其逐步由封闭走向开放，甚至有了去外面考察、学习和参观的想法并付诸行动。这种方式有助于其打开思维与眼界，在管理经营的理念上，寺庙本身的装饰、陈设等方面也逐步呈现出现代化特征，以满足游人更多的需要。随着市场化、商业化意识走进寺院，寺庙在旅游开发等方面对政府有了更多的依赖，与政府关系也逐步融洽。旅游业潜移默化地引领宗教寺庙改革开放，与现代化相适应，与社会主义社会相适应。

五、景区发展带动文化创新

作为一种具有市场行为的人之行为，旅游不仅在保护、传承和弘扬传统文化、民族文化的过程中发挥关键作用，在新文化塑造和发展中也有不可忽视的作用[22]。为了促进文化生态旅游业的发展，阿坝州对传统文化进行了充分挖掘和展示，打造了多台文艺演出、拍摄了多部电影电视剧、组织了众多的旅游节庆会、创办了非遗传习和体验园，形成了文化保护、开发、传承、弘扬的良性循环。在此过程中，为了增加可视性和游娱性，现代因素被注入传统文化中，使传统文化展示出了现代生命力。文化由概念性的虚空直接转化为感官、体验性的实在，并带来丰厚的经济效益，文化产业得以形成，文化事业功能隐于其中。

| 第四节 |

新型人才推动文旅高质量发展

"人才是实现民族振兴、赢得国际竞争主动的战略资源。"党的十九大对人才工作进行了新定位、提出了新要求、明确了新任务，为我们做好新时代的人才工作提供了根本遵循。在文化、旅游融合发展的时代背景下，"大九寨"区域文旅发展，需要加强高质量产业人才队伍建设，并通过行之有效的人才培养及扶持计划，扩大文化和旅游人才总量、提高质量、盘活存量，培养和储备一支高素质、专业化的复合型文化旅游人才队伍，进一步推动文化和旅游融合发展。2021 年，在由乐山市人民政府、四川省人力资源和社会保障厅、中国劳动全国理事会共同主办的中国文化旅游人才暨人力资源产业发展峰会上发布的《2021 大峨眉旅游人才发展白皮书》显示，我国目前旅游人才队伍中以技能型人才为主，如导游、酒店服务员等一线工作人员，而规划策划咨询、设计开发创意、投融资等专业技术及复合型人才比例过小，尤其缺乏高素质、实战型、创新型的复合人才[23]。对于"大九寨"旅游发展来说，文旅融合、夜游经济、旅游演艺、文化会展等新兴产业及业态人才更加紧缺。近年来，阿坝州文化体育和旅游局深入贯彻省、州关于人才工作的重要决策部署，大力推进人才队伍建设，为全面推动"一州两区三家园"建设提供了文体旅人才支撑。

一、创新"一课两谈三促"工作法，提升机关干部素质

自 2019 年机构改革以来，阿坝藏族羌族自治州文化体育和旅游局聚焦"大融合"，聚力"大比武"，创新推出"一课两谈三促"工作法："一课"即科长授课；"两谈"即谈业务、谈发展；"三促"即促融合、促创建、促提升。在全局上下营造了"比、学、赶、超"的良好氛围，探索了一条强化干部队伍建设和促进文体旅深度融合的有效途径[24]。

一是"科长授课"找差距，补短板，促提升。紧扣文体旅工作重点，立足个人专长，紧紧围绕"传统文化弘扬、新媒体作用发挥、旅游宣传营销、户外冰雪运动"等主题，着力营造所有科长全员参与、人人授课、真诚分享的良好氛围，达到了以课找差距、以课补短板、以课促提升的目的。截至 2022 年，全州共开展科长授课专题讲座 16 场。

二是"互学互评"谈业务，强素质，促融合。聚焦培养能力强、业务精、素质高的复

合型人才，着力打造一支能干事、会干事、有担当的实战型队伍。采取所有科长互谈职责、互评业务、互相点评、互学互鉴的方式，相互交流，凝聚共识，促进全体干部情合、心合。截至 2022 年，共开展科室互学互评主题活动 30 余场。

三是"结对联系"谈发展，出点子，促创建。紧扣州委"一州两区三家园"战略目标，紧盯国家全域旅游示范区创建任务，创新推出所有分管领导包片、所有科长"一对一"联系 13 县（市）及"四大"景区管理局机制，为联系县（市）、景区全域旅游创建出点子、谋思路、破困境，构建"共谋全域旅游提升、共促全域旅游发展"的良好局面。

二、依托人才基地，加强行业人才培训

按照"民族地区旅游人才培养引进五年行动"相关要求，积极组织开展九寨沟、黄龙、四姑娘山人才基地建设项目，截至 2022 年 6 月，三个基地共培训三州深度贫困县旅游领军人才和从业人员 1000 余人。

一是培训目标明确。结合阿坝州实际，为行业人才提供共享交流的机会，让大家准确认清当前文体旅融合工作的趋势和存在的难点，为四川民族地区文化体育和旅游创新发展提供新的思路想法，打造和培养一批"用得上、留得下、靠得住"的本地人才力量，把所学的理论知识充分运用到实践中，带到实际工作中去，切实助力全州文化体育和旅游事业的发展。

二是培训内容丰富。每次培训均由承办单位邀请省内多领域专家学者和资深培训师，围绕党史学习、乡村振兴、文旅消费、社区生态旅游、大熊猫国家公园、景区应急资源统筹和应急事件处置等主题及培训讲师的综合素养、语言表达、授课技巧和能力提升等方面内容，为参训学员们进行培训授课和实操演练。培训采用课堂授课、交流座谈、考察调研并结合在线直播等多样化培训模式开展。

三是培训范围延伸。在 2019~2020 年的探索后，自 2021 年开始人才培养开发示范基地首次面向全省民族地区举办的人才专题培训，除阿坝州各县（市）文化和旅游相关部门及九寨沟、黄龙、四姑娘山、达古冰川等景区，大九旅集团、阿坝文旅公司等单位外，基地还积极邀请甘孜州、凉山州文旅单位代表参加培训。人才培训活动的开展为四川民族地区文化和旅游人才培养和队伍建设夯实了基础，推动全省文化和旅游经济加快恢复振兴、实现高质量发展。

三、依托"三区计划"人才支持项目，深化基层人才培育

按照服务基层、服务群众、谋求实效的原则，通过国家文化和旅游部"三区计划"人才支持项目，选派优秀的文化工作者开展长期服务和培养文旅工作者服务支持艰苦边远地区和基层一线，先后共争取中央投入专项资金 2100 余万元。

"自主招募"护文化。2019 年至今通过自主招募的 271 名文旅工作者，在各自岗位上充分发挥各自专业特长，深入各乡镇，从舞蹈编排的基本功入手，共计开展群众文化培训 80 余期，逐步提高了群众文化活动整体水平。挖掘整理并完成《理县米亚罗原生态锅庄》专辑，《博巴森根》等舞蹈音乐，《央儒节音乐》《理县藏羌山歌》《藏族锅庄音乐 6 首》《羌族锅庄音乐 6 首》等专辑的录制。扎根乡镇，提高文化站服务、管理水平，推动乡镇文化站工作专业人才队伍建设，缓解了基层一线文化系统人力不足的情况，进而增强基层公共文化服务实效。

"文旅资源发掘"促文化。支持九寨沟、茂县等地开展文旅资源发掘人才支持项目，将乡村振兴作为突破口，促进乡村振兴与文旅产业培育、对外文旅交流、文旅产业等相融合，带动当地居民生活水平的提升，达到建设美丽乡村的目的。文旅资源发掘人才支持项目对象胥荣贤同志通过整合藏羌文化资源，突出"文化生活化、文化科技化"的特点和亮点，以藏羌古建筑等文化为背景依托，研发了展现藏羌历史印记的文创产品，使古建筑文物创意成果转化为非遗文创产品、旅游纪念品，成了带得走的民族文化，并多次参加各级展览、推广活动。

四、依托"阿坝英才计划"，推动领军人才培养

一是加强本土创新人才培养。围绕持续巩固拓展脱贫攻坚成果同乡村振兴有效衔接，鼓励本土人才创新创造，注重培养青年人才，积极组织开展阿坝非遗传承人、阿坝名导游、阿坝体育精英人才申报评审工作，2021 年共产生领军人才 25 人，进一步激发了行业人才的示范效应。

二是大力培养非遗传承人。作为国家级非物质文化遗产——羌绣的传承人，李兴秀一直致力于羌绣的教学和传承，现有徒弟为 45 人，学员多达 2 万人以上。她的弟子不仅都能绘画、会裁剪、打样与绣制，绣出的作品也达到了光、平、顺、细、齐、洁的标准。其中更是不乏佼佼者，如仁康琴、李荟、张和琼等学徒成了州级非遗技艺传承人，潘云兰、杨德凤、罗发美等人则成为县级传承人。目前，李兴秀和其他手艺人共同完成的代表作之一《羌山百美图》，在四川非物质文化遗产保护中心进行展览。她将羌绣绣法系统的分类，并参与编写初级、中级、高级（羌绣）（羌族剪纸）（羌族服装定制）职业技能培训教材书。为羌绣传承文化和促进羌绣文化产业的快速发展做出了突出贡献。

五、依托政策支撑，激发专技人才活力

按照四川省人社厅关于"定向评价、定向使用"职称评审制度的要求，自 2019 年开始开展"双定向"职称评审工作，在一定程度上激发了阿坝州专业技术人才尤其是基层专业技术人员干事创业激情，为阿坝州文化体育和旅游事业发展提供有力的人才支撑。

一是实施分层分类评审。按照人社厅的实施方案，定向评价标准条件在坚持德才兼备、

以德为先的前提下，突出评价专业技术人才业绩水平和实际贡献，进行分层分类评价，避免"一把尺子量到底"，实施定向评价倾斜政策。

二是创新职称评审方式。目前采用以同行专家评价为基础的业内评审机制，以召开评审会议为评审主要形式，同时在评审过程中引入竞争机制，实行差额评价、优中选优。为避免"本单位专家评本单位人员"，在采取专业交叉评审的前提下，采用量化评分的方式开展评价，方式创新、形式多样，使职称评审更具合理性。

三是强化监督管理。按照州人社局的要求，在职称申报推荐中，要求各推荐单位对其进行公示，公示内容包括被推荐人的基本情况、职业道德、学识水平、业绩贡献等诸多方面；材料上报前，所在单位要对申报材料的真实性、有效性做出承诺；在评审的过程中，指派监督员对评审全过程进行监督管理；评审结束后，及时在门户网站上公开评审结果，接受群众监督。职称的申报、推荐、评审的各个环节的公开化、透明化有助于构建自律的综合监管体系，提升职称推荐评审的公信力。

| 第五节 |

巩固脱贫攻坚成果与共同富裕有效衔接

文旅发展作为"大九寨"脱贫攻坚的重要抓手，为全州脱贫做出了积极贡献。在州委十一届五次全会提出建设"一州两区三家园"战略目标基础上，州委、州政府又精准把握巩固拓展脱贫攻坚成果同乡村振兴有效衔接这一主题，出台了《阿坝州"三家园"工程建设实施方案》，充分依托五年过渡期机遇，以建设一批生态美丽、和谐幸福、富裕小康的"三家园"乡村为抓手，防返贫、强帮扶，夯实脱贫基础，提升脱贫成效，坚守不出现规模性返贫之底线；兴产业、促就业，措施实打实，坚持稳中求进，全面推进乡村振兴实现良好开局，深入推进共同富裕。

一、依靠人民群众推动有效衔接

阿坝州各级各部门紧紧围绕"产业兴旺、生态宜居、乡风文明、治理有效、生活富裕"总目标，加快实现农牧区产业提质增效、环境宜人宜商、民众生活富足。聚焦产业兴旺，大力发展富民产业，始终把产业发展摆在突出位置，切实解决农牧民收入偏低、城乡发展不协调等问题，筑牢乡村振兴的物质基础。聚焦生态宜居，紧扣川西北阿坝生态示范区定位，扎实抓好生态重在保护、要在治理、强在高质量发展等工作，厚植生态底色，突出宜居特色，彰显乡村本色，让优美生态成为阿坝的亮丽名片。聚焦乡风文明，加强农牧区精神文明建设，弘扬优秀传统文化，深入挖掘开发红色文化，大力实施文化惠民工程，培育乡村新风正气。[25] 聚焦治理有效，持续深化基层组织治理，纵深推进基层社会治理，扎实抓好乡村两项改革"后半篇"文章，奋力实现乡村基层治理体系和治理能力现代化的阶段性目标。瞄准人民生活富裕目标，树立以人民为中心的发展思想，加大支农惠农富农力度，完善利益联结机制，拓宽增收渠道，让农牧民群众持续增收、稳定增收。

基于旅游业门槛相对较低，但辐射带动作用明显、百姓参与度较高这一视角，文化生态旅游业本身就是富民产业。阿坝州的旅游景区大多属于重点生态功能区，旅游开发过程中在景区实施天保工程，从而把景区居民从农牧业中解放出来，投入到旅游服务行业中去。政府支持鼓励这些农牧民发展以"藏家乐""农家乐""牧家乐"为主要形式的乡村旅游，乡村旅游配合景区旅游，促进了农牧民增收。随着旅游业的发展，相关人力、物力、财力被带动起来，更多的农牧民投入了旅游服务。截至2021年，全州发展休闲农业园200多个、农家乐和牧家乐2000多家，加工农产品产值达13亿余元，休闲农业收入达10亿元以上，旅游从业人员达6.6万人。

根据国家统计局阿坝调查队的《阿坝州全域旅游发展现状及实现路径研究》，旅游发展为当地经济社会带来了一系列影响，当地居民认为，总体发展情况较好，其中变化最大、评价排在前几名的指标依次是居民收入增长情况、与游客友好程度、城乡环境改变、经济发展和社会受益面均扩大（见表4-1）。

表4-1 旅游发展带来变化居民感知情况[26]

指标	评价指数（I）	排序
收入增长情况	4.245	1
与游客友好程度	4.209	2
城乡环境改变	4.175	3
经济发展变化	4.139	4
社会受益面	4.124	5
基础设施建设	3.977	6
城乡差异缩小情况	3.171	7

二、紧扣产业发展巩固脱贫攻坚成果衔接乡村振兴

全州各级各部门准确把握 5 年过渡期的重点任务，全面落实"四个不摘"要求，抓住巩固拓展脱贫攻坚成果这项重点工作不松劲，确保脱贫基础更加稳固、脱贫成效更可持续，坚守住出现各类返贫致贫底线。建立了监测帮扶机制，动态监测、精准帮扶，全面构建立体式、多元化的全覆盖防返贫监测和帮扶体系。防范返贫致贫风险，坚决防止因监测帮扶不到位、工作落实不到位导致的"漏测失帮"，以零容忍态度严防扶贫造假等颠覆性问题。增强自我发展能力，大力发展扶贫产业，培育农牧区集体经济，促进稳岗就业，实现稳定增收。用活用好帮扶力量，抓好产业合作、劳务协作、人才交流、共建园区等重点工作，着力构建全方位、多层次、宽领域的合作机制。

重点坚持连片推进，以县域为主体单元，以中心镇、特色镇、中心村为依托，多规合一、多村合一，先规划后建设，集中连片推进；坚持多元投入，整合涉农部门、对口支援、万企兴万村等资源，形成多元资金投入体系，集中力量办大事；坚持分类实施，因地制宜、因村施策，依托乡村现有产业优势、人文资源、生态景观，集中建设一批重点乡村、特色乡村；坚持统筹兼顾和底线思维，严守环境保护红线、资源利用上线，实施生态环境准入清单，统筹抓好产业发展、基础设施、环境整治、民风淳化、历史遗存与文化保护开发等建设项目。

三、加强党的领导为衔接工作提供政治和组织保障

推动衔接工作，重点是加强党的领导，为乡村振兴提供坚强的政治和组织保障。阿坝州各级党委（党组）要切实把实施乡村振兴战略摆在优先位置，健全党委统一领导、政府负责、党委农村工作部门统筹协调的农村工作领导体制，真正把党对乡村振兴的集中统一领导落到实处[27]。以乡村产业发展为着力点，按照乡村"强、中、弱"综合实力分类，积极打造乡村振兴示范点，探索形成一揽子符合实际、可复制可推广的乡村振兴阿坝做法。坚持综合督查和专项督查相结合，采取"四不两直"方式，常态深入一线明察暗访，既督任务、督进度、督成效，又查认识、查责任、查作风，确保将责任压实到最小单元，各项工作终端见效。

在促进文化生态旅游业发展过程中，各级党组织和干部齐心协力，心往一处想、劲往一处使，想群众之所想、急群众之所急，完成了大批重点项目的建设，改善了全州整体发展环境，特别是精品旅游村寨地建设，更是改善了群众的生产条件，提升了群众的生活质量，美化了群众的居住环境。党组织和有关干部充分考虑了群众致富的产业发展问题，让群众真正感受到了党的好政策、看到了党的好干部，使党群干群关系不断改善，基层党组织的凝聚力进一步增强。基层积极参与旅游、发展旅游，除了改善自身经济条件，还有助

于参与者主动维护旅游发展所需的相关条件：遵守规则、尊重他人、维护和平环境等，增强了与人交往的能力，强化互利共赢意识，一定程度上促进了社会的和谐稳定。

四、做好"四大机制"提供运行保障

全州建立了"州级主导、县级主体、乡村实施"工作体系，由州委、州政府统一领导，州委农村工作领导小组负责牵头组织，层层设立"三家园"工程建设专题小组负责具体统筹推动。2022年春节后，州委、州政府主要领导马不停蹄，带队密集考察多个乡村振兴点位：奔赴雅安汉源、名山、宝兴等区县，实地考察乡村产业发展等方面的经验做法；前往小金县达维镇夹金村、两河口镇大板村、四姑娘山镇双桥村等地，实地调研巩固拓展脱贫攻坚成果、乡村振兴情况……力争探索一批可复制可借鉴的经验。同时，全州根据年度建设任务和规模，由县级政府主导，调动各方资源，建立财政衔接资金、涉农整合资金、协作帮扶资金、社会投资资金、群众投入资金、金融支持资金的"六合一"资金整合投入机制，做好"盘活"和"撬动"文章，确保项目落地落实有保障。全州建立"一月一调度、一季一督查、半年一总结、全年一考核"的工作推动机制，由县（市）党委政府抓落实，乡村具体实施，组织农牧民群众自己动手建设新家园。为充分调动广大干部的积极性，阿坝州将"三家园"工程建设完成情况纳入县（市）党政领导班子推进巩固拓展脱贫攻坚成果同乡村振兴有效衔接的实际考核，并将考核结果作为评奖评优、问责追责的重要依据，实现了干部从"要我做"到"我要做"，"要完成"到"要完美"的转变。

参考文献

［1］罗振华. 阿坝藏族羌族自治州政府工作报告［EB/OL］. Http://WWW.bathhouse.gov.c/bathhouse/c101939/202205/7cbb6312aa3045049c38d02e313c908d.HTML，2022–05–09.

［2］四川省文化和旅游厅规划指导处. 大九寨文旅品牌简介及联盟建设情况［EB/OL］. Http://alt.SC.gov.c/scowl/DJ/2021/12/24/12b6c19cf0e94237950884d798b91310.HTML，2021–12–24.

［3］金台资讯. 文旅融合，倾力打造民族地区全域旅游发展典范［EB/OL］. Http://baijiahao.Baidu.com/s?id=1710227216734057096&Afr=spider&for=PC，2021–09–07.

［4］秦洪卫. 习近平关于城市发展重要论述的逻辑体系及时代价值［J］. 中共成都市委党校学报，2022（2）：31–40+109.

［5］金跃华. 平湖市"点、线、面"三位一体发展推动旅游业"微改造、精提升"［J］. 文化月刊，2021（10）：32–33.

［6］张璐. 文化旅游产业市场营销策略研究［D］. 北京：北京邮电大学，2020.

［7］强成江. 推动张掖文旅融合发展新境界的思考［N］. 张掖日报，2020–12–10（04）.

［8］人民邮电报. 四川电信5G+VR直播冰雪节盛况［EB/OL］. https://www.cnii.com.cn/gxxww/xxtx/202001/t20200107_146627.html，2020–01–17.

［9］苏玮. 生态环境与城镇化的有机融合——恩施州生态城镇化发展之路［J］. 中华建设，2014（12）：86-87.

［10］苟景铭. 大力推动川西北阿坝生态"重在保护　要在治理　高质量发展"的探析［J］. 国家林业和草原局管理干部学院学报，2020，19（4）：3-9+25..

［11］刘作明. "三态"融合"三微"联动　全力推动阿坝全域旅游发展扬帆启航［J］. 四川党的建设（城市版），2016（10）：52-53..

［12］徐登林. 阿坝加速构建"快进慢游"旅游体系［N］. 四川日报，2021-09-26（008）.

［13］龚学文. 九寨沟县旅游扶贫实践与启示［J］. 当代县域经济，2020（5）：58-59.DOI：10.16625/j.cnki.51-1752/f.2020.05.015.

［14］阿坝州统计局. 阿坝藏族羌族自治州2021年国民经济和社会发展统计公报［EB/OL］. Http://WWW.bathhouse.gov.c/bathhouse/c107044/202204/3f4974a47fd94aaca68bcc5ccfba98cb.HTML，2022-04-01.

［15］张微微，李静. 资源型城市的突围之道［J］. 四川党的建设（城市版），2014（1）：42-44.

［16］董勇. 试论长征精神在雪山草地的辩证发展［EB/OL］. Http://WWW.kink.com.c/Article/CJFDTotal-ABKJ201502007.HTML，2015-09-15.

［17］刘坪. 净土阿坝共植团结树　雪山草地绽放幸福花［J］. 中国民族，2022（7）：40-43.

［18］杨克宁. 在中外散文诗学会"金川梨花美"笔会上的讲话［EB/OL］. Http://shuteye.Baidu.com/tercentenary/paper/show?paper=f50b78861e55a1280ec8b2f3fa5835c9，2012-04-15.

［19］四川省文化和旅游厅. 四川：小金县"共享农庄"走出农文旅融合发展新路［EB/OL］. Http://WWW.MC.gov.c/whiz/qgwhxxlb/sc/202006/t20200616_854482.htm，2020-06-16.

［20］向莉，激发康养之城新活力——马尔康市全域旅游发展侧记［EB/OL］. http://www.abadaily.com/abrbs/abrb/202011/30/c129193.html，2020-11-30.

［21］GB/T26362-2010，国家生态旅游示范区建设与运营规范［S］.

［22］邵琪伟. 推动旅游产业与文化产业相互促进共同发展［J］. 行政管理改革，2013（7）：46-50.

［23］王国红. 旅游业转型升级背景下院校人才培养方案的思考［J］. 旅游纵览，2022（5）：54-56+62.

［24］阿坝州文化体育和旅游局. 多点发力创新举措大力推进文化体育和旅游人才队伍建设［EB/OL］. http://wtlj.abazhou.gov.cn/abzwhtylyj/c100002/202206/75b36a8a991846ac9327f383433eb88f.shtml，2022-06-29.

［25］高文洁. 汶上县文化产业发展现状分析和对策研究［J］. 文化产业，2021（36）：106-108.

［26］万国，唐伟等. 阿坝州全域旅游发展现状及实现路径研究，［EB/OL］http://www.abzsk.cn/html/news/readnews_260.html，2021-01-25.

［27］李德，闫昕潮. 以农村党组织为核心实施乡村振兴战略［J］. 毛泽东邓小平理论研究，2018（6）：28-33+107.

第五章 | CHAPTER FIVE

"大九寨"文化生态旅游发展的经验

| 第一节 |

"大九寨"模式的作用和成效

　　"大九寨"模式在阿坝州经济社会十余年的发展中取得了显著的成效，全州生态旅游正步入加速建设国际旅游目的地的历史新阶段。州委、州政府明确提出了建设全域旅游的总体要求，围绕加快旅游产业发展，确立了"拓景扩容""建设全域、全时、多元景区"的工作目标，形成了生态观光游、民俗风情游、乡村度假游、灾后重建游、红色文化游等多元化发展的新格局，生态旅游业正呈现出单极带动向多极支撑、以点带面全域辐射发展的良好态势，为阿坝州生态旅游"大九寨"模式顶级发展增添更大的活力，必将为阿坝州推进经济社会全面协调可持续发展和全面建成小康社会做出积极的贡献。

一、"大九寨"模式使阿坝州旅游经济保持良好发展势头

　　近年来，在省委、省政府及有关部门的大力支持和帮助下，阿坝州牢牢抓住西部大开发、灾后恢复重建、中央和四川省支持民族地区跨越发展等历史机遇，依托资源禀赋，突出特色优势，强力推进旅游发展。从 2016~2021 年的旅游经济各指标统计来看，全州共接待海内外游客 1.57 亿人次，实现旅游收入 1246 亿元（见表 5-1）。旅游经济增速明显高于全州经济增速，生态旅游业对相关产业发展的带动能力明显增强，对 GDP 的贡献作用巨大。

表 5-1　阿坝州 2016~2021 年旅游发展主要指标

年份 （年）	旅游接待人数 （万人次）	旅游接待人数 增速（%）	旅游收入 （亿元）	旅游收入增速 （%）
2016	3761.5	16.4	318.4	11.7
2017	2909.6	−22.6	235.7	−26.0
2018	2369.5	−18.6	166.7	−29.3
2019	3157.1	33.2	227.6	36.5
2020	3496.0	29.4	297.4	10.7
2021	4058.71	16.1	342.95	9.3

注：根据阿坝州历年统计公报整理。

从区域内部来看，2021 年，阿坝州共接待海内外游客 4058.71 万人次，实现旅游收入342.95 亿元，同比分别增长 12.62% 和 13.88%，"大九寨"核心地区实现旅游收入合计 161.39亿元，占全州旅游收入的 47.1%（见表 5-2）。尤其是九寨沟县和松潘县，两县依托九寨沟景区和黄龙景区两大世界遗产，旅游收入占全州指标超过 28%，接待游客人数总和占全州指标超过 23%。

表 5-2 2021 年"大九寨"核心区旅游经济表现

行政单元	旅游接待人数		旅游收入	
	绝对值（万人次）	同比增长（%）	绝对值（亿元）	同比增长（%）
九寨沟县	365.55	17.5	57.49	23.6
松潘县	572.8	15	49.4	22
若尔盖县	328	19	22.9	17
红原县	204	18.2	16	17.5
黑水县	195	10.6	15.6	11.5
合计	1665.35	17.425	161.39	20.025

注：根据各地政府工作报告和国民经济与社会发展统计公报整理。

二、"大九寨"模式使阿坝州旅游基础设施建设呈现新面貌

在党中央、国务院和四川省委、省政府的大力支持下，"大九寨"地区坚持以政府为主导，加强旅游基础设施建设。近年来，阿坝州紧紧围绕经济社会协调发展，全面推进交通、通信、景区等基础及配套设施建设。坚持交通先行，不断完善陆空立体交通网络构建，加快推进绵九高速、汶马高速、川青高速、茂绵路、G317 中国最美景观大道等的打造建设，有序推进成兰铁路、四姑娘山轻轨等铁路项目工程，红原机场复航、九黄机场服务能力提升明显，旅游交通运输形势不断向好，已经基本形成了"陆空一体"的立体交通网络，旅游的可进入性明显增强；扎实推进全州旅游厕所建设与改造工程，被国家旅游局评为"2016 年全国旅游厕所建设先进市州"。加强通信网络覆盖力度，通过增点、扩容、提质，实现全域景区 4G 通信全覆盖；稳步推进九寨鲁能中查沟、永乐温泉谷生态旅游度假区、黄龙复华世界、汶川康养旅游区、松潘七藏沟、理县古尔沟等重点旅游景区项目建设，积极开展 A 级旅游景区创建工作，全州全域旅游基础设施不断提升。

三、"大九寨"模式使阿坝州旅游标准化程度不断提升

在"大九寨"品牌影响下，阿坝州旅游相关部门不断健全完善旅游建设服务标准规范，结合实际制定并发布了《生态旅游示范区建设标准》《乡村酒店、民宿建设管理标准》《登

山户外运动管理标准》《阿坝州熊猫级标杆酒店和熊猫级标杆民宿评定标准》《旅游景区环境清洁质量要求与作业规范》《旅游景区木制游步道建设规范》等地方标准和行业标准。与四川省安全科学技术研究院共同编制完成《四川省景区事故应急救援标准》《四川省景区安全防护设施标准》，并成为四川省内的旅游行业标准；与上海师范大学共同编制的《游客高峰时段旅游景区应对标准（A++标准）》，成为全国山岳型重点旅游景区标准。阿坝州也在2013年成功创建为"四川省旅游标准化示范州"，辖区各县（市）分别有"全国旅游标准化示范单位"和"全省旅游标准化示范单位"等称号，全州旅游规范服务标准全面提升。

四、"大九寨"模式使阿坝州旅游品牌体系不断完善

图 5-1　阿坝州全域旅游宣传图

经过多年实践探索，"大九寨"品牌效应得到了市场检验，使得全州上下牢固树立"品牌是壮大文旅产业的标识"意识，实现旅游品牌全域塑造。明确了"熊猫家园净土阿坝"形象定位，叫响了"大九寨、大熊猫、大草原、大长征、大雪山、大冰川、大彩林、大地震遗址、大禹故里"九大文旅品牌。实施全州一盘棋整合营销战略，深挖九大品牌内涵，出版《中国国家地理——大阿坝》特刊、《阿坝研学之旅》，拍摄制作《阿坝州全域旅游形象宣传片》等。在"十三五"期间，全州以整合营销为统领，打出"组合拳"，提高整体营销水平，确保全域旅游整合营销取得实效。以客源地营销为引擎，积极组织参加国际性和国内知名展会等活动，打造"旅游推介 + 文化走亲 + 媒体宣传 + 游客体验"的立体营销模式和相关方案。以口碑营销为导向，实施"优质旅游"工程，加大旅游市场治理力度，全面开展全媒体、融媒体、自媒体联动宣传，持续扩大"熊猫家园·净土阿坝"影响力（见图5-1）。以节事营销为重点，以文化交流为纽带，全面认知藏羌文化的独特价值，深度寻求差异化的营销定位，叫响做强阿坝州节会赛事品牌，达到以活动聚人气、塑品牌、活市场、促消费的效果。

五、"大九寨"模式带动阿坝州旅游产业布局更加科学

随着"大九寨"模式的成熟和品牌效应的提升，州委、州政府把文化和旅游业作为全州国民经济战略性支柱产业，组建由州四大班子相关领导任组长，发改、财政、交通、农业等部门为成员的文化和旅游产业发展领导小组。推进文旅管理体制改革，完成全州文化和旅游机构合并重组。注重从全州文旅融合发展格局优化上下功夫，切实优化以大熊猫生

态文旅经济园区，山地文化、嘉绒文化、东女文化西南文旅经济带，草原文化、安多文化、长征文化西北文旅经济带，古羌文化、大禹文化、茶马文化东南文旅经济带，自然遗产生态文化、历史文化、民俗文化东北文旅经济带为主题的区域联动、差异发展的文旅融合"一区四带"产业发展新格局，各县（市）主动融入、对标发展的思路理念显著增强。聚焦打造康养胜地、冰雪胜地、持续推动农旅、文旅、交旅等融合，打造藏羌文化走廊、长征国家文化公园、河曲马黄河草原文化生态保护区、嘉绒文化生态保护区等品牌，积极培育冰雪、航空、红色、民宿等产业。全力推进四姑娘山创建国家 5A 级旅游景区、中查沟创建国家级旅游度假区、达古冰川和莲宝叶则创建国家级生态旅游示范区，松潘县、九寨沟县、茂县争创天府旅游名县建设。高水平打造具有影响力的冰雪目的地。充分发挥阿坝州冰雪资源优势，以"体育＋旅游""赛事＋产业"为抓手，着力打造以户外为核心的高端冰雪产品，积极构建全域冰雪差异化发展产业格局。以"三奥雪山"等项目为支撑，打造全国、全省独具影响力的户外运动集聚地和体育旅游目的地。

六、"大九寨"模式促进了阿坝州经济、社会、文化协调发展

生态旅游作为"大九寨"地区主导产业的地位已经确立，生态旅游产业在带动一、二、三产发展中的作用逐渐体现。"十三五"期间，"大九寨"生态旅游发展主打"生态牌""熊猫牌""民族文化牌"，在提高旅游经济效益的同时，充分发挥旅游产业的辐射带动作用以致力于提高农牧民收入，推进富民安康，全面完成牧民定居行动计划、幸福美丽家园建设，新一轮幸福美丽家园巩固提升工程建设正在顺利快速推进。在"十四五"期间，该地区还将继续做强做优文化旅游产业，优化升级金融服务、商业贸易、现代物流、科技信息、休闲康养、特色餐饮六大重点产业，全力打造"1+6"现代服务业发展体系。深化拓展"一屏四带、全域生态"发展布局，立足国土空间规划与要素配置，加强跨区域旅游文化资源和旅游线路整合，提升马尔康嘉绒文化旅游名城旅游综合服务功能，精心打造 G317 最美景观大道、黄河天路国家旅游风景道、"重走长征路"红色旅游廊道"三大走廊"，实施"九环线旅游发展振兴、南环线旅游完善提升、西环线旅游培育壮大"行动，推动西南、西北、东南、东北四大文旅经济带特色发展，依托"九大品牌"建设精品旅游区，建设一批特色文化旅游名镇名村，优化形成"一城三廊四带九区多点支撑"全域旅游发展新格局。巩固九寨沟县国家全域旅游示范区创建成果，支持汶川县、松潘县、马尔康市、理县、红原县、若尔盖县、黑水县、小金县、茂县、金川县创建国家全域旅游示范区建设，壤塘县、阿坝县省级全域旅游示范区建设。到 2025 年，力争全州整体创建为国家全域旅游示范区。

| 第二节 |

"大九寨"文化生态旅游发展的主要举措

一、把生态旅游业作为区域经济发展的支柱产业

阿坝州地处自然环境最复杂的横断山腹心地带，平均海拔在 3500 米以上，山高坡陡、沟壑纵横、耕地资源破碎、土地生产力水平低、可用于城镇建设的土地极为有限。与此同时，阿坝州工业基础薄弱，农业产业化程度较低，第一、第二产业发展受到诸多限制，阿坝州结合国家和省级政府相关政策，抓住了"天然林资源保护工程""西部大开发"战略及灾后重建等历史机遇，把生态旅游业作为区域经济发展的支柱产业，确定了生态旅游发展在阿坝州经济社会发展的重要的地位。

（一）历史机遇

国家、省、州各级政府高度重视民族地区旅游产业发展，特别是鼓励将旅游业作为推动民族地区经济社会发展的支柱产业，制定多项民族地区旅游产业发展优惠政策，为阿坝州生态旅游发展提供了历史机遇。

1998 年，国家实施"天然林资源保护工程"，禁止森林树木砍伐，加强森林资源管护，大力实施封山育林、人工造林，有效地保护了区域生态环境资源，为"大九寨"区域开展旅游提供了丰富的、独特的、优美的旅游资源。

2000 年，国家实施"西部大开发"战略，调整结构，搞好基础设施、生态环境、科技教育等基础建设，建立和完善市场体制，培育特色产业增长点，使区域投资环境得到改善，生态和环境恶化得到初步遏制，经济运行步入良性循环。为"大九寨"区域开展旅游给予了政策支持、营造了开发旅游的市场环境和生态环境。

2008 年，汶川特大地震灾后重建工程，由国家统筹，19 个省市对口援建重灾县。"大九寨"区域大部分为汶川大地震重灾区，在党中央、国务院殷切关怀下，在全球华人的关心下，在对口援建省市的帮助下，区域的城镇农村房屋、公共服务体系、基础设施配套、生态环境保护等得到了高标准、高质量的建设，整体基础设施的改善为"大九寨"区域创造

了过硬的旅游配套设施，保障了旅游发展市场需求，促进了"大九寨"旅游的大发展，同时推动了全州全域旅游的发展。

第五次、第六次西藏工作座谈会，党中央、国务院高度重视涉藏民族地区发展，不断为涉藏民族地区跨越式发展提供政策、智力、财力支持，为"大九寨"区域开展旅游创造了良好的社会氛围，实现了涉藏民族地区资源优势转变为经济优势，推进了旅游业健康持续发展，促进了区域经济高速发展、农牧民脱贫致富奔小康，全面促进了社会安定、团结、和谐。

（二）顺势而为

2007年，阿坝州委、州政府提出全力实施旅游二次创业促进旅游业跨越发展的实施意见。各县按照州委、州政府关于推进旅游二次创业的要求，制定了系列实施意见和实施方案，力推各县旅游业发展，奋力推进国际旅游胜地建设，全力实施旅游二次创业，促进全州旅游业跨越发展。

2009年年底，国务院下发了《关于加快发展旅游业的意见》，将旅游业定位为国民经济的战略性支柱产业和人民群众更加满意的现代服务业，要求各地进一步加强对旅游业发展的重视，为旅游业的发展提供了持久动力。阿坝州政府积极响应，立足于区域资源优势，不断夯实发展基础，将生态旅游作为富民兴州的战略性产业来发展。

"十二五"时期是阿坝州跨越式发展和长治久安、深入推进旅游二次创业和转型升级，加速国际旅游目的地建设步伐的关键五年。州委、州政府审时度势，在国家、省委、省政府及省直有关部门的大力支持和全面扶持下，阿坝州牢牢抓住西部大开发、灾后恢复重建、中央和省支持涉藏民族地区跨越发展等历史机遇，依托资源禀赋，突出特色优势，强力推进旅游发展。目前，阿坝州旅游经济收入为阿坝州经济发展提供了强大的经济动力，通过旅游经济的发展也带动了区域基础设施的改善、民族文化的融合和产业结构的优化，生态旅游已经成为阿坝州发展的重要战略性支柱产业。

"十三五"时期阿坝州旅游系统全面践行新发展理念，深入贯彻落实中央、省委、州委决策部署，凝心聚力、齐心协力助推全域旅游全面发展。主动融入省委"一干多支"发展战略和"一核五带"总体布局，坚持顶层设计，高位引领，全要素全链条推动旅游业发展，形成了行业全员参与、民众踊跃支持、地域全面覆盖的全域旅游发展新格局。在此期间，全州旅游行业积极应对"8·8"九寨沟地震、"6·24"茂县特大山体滑坡、"8·20"汶川强降雨特大山洪泥石流等自然灾害的挑战，接待海内外游客15693万人次，实现旅游收入1245.79亿元，同比分别增长31.21%和21.13%，年均增长率分别为5.59%和3.91%，旅游直接从业人员8万余人，间接带动40余万人就业。全州旅游业迈入了恢复振兴的道路，开启了阿坝州旅游三次创业的新时代，为全州创建国家全域旅游示范区打下了坚实的基础。

二、把生态旅游作为"改善民生、凝聚人心"的出发点与落脚点

由于社会文化的特殊性和社会发育程度的局限性，阿坝州在生态旅游发展中，一直坚持民生工程与民心工程并重战略，以满足人民群众物质、精神双重需求为己任。大力开发和发展生态旅游使得阿坝州的村寨自然资源、人文资源和土地、山林、房屋等资源实现了价值增长，为农村经济发展注入活力，让当地的百姓直接受惠。

全州直接和间接从事旅游行业的群众达到历史最高峰。随着旅游业的发展，越来越多的群众"走出来"开始参与旅游经营，更多的劳动力开始从自给自足、外出打工中解放出来，成为当地旅游的直接参与者和利益分享者。

全州已经建成一批配套完善、环境优美、风格独特的精品旅游村寨，为促进乡村旅游发展、群众持续增收奠定了坚实的基础。通过对比各个县的历史数据，在旅游经济的带动下，各县的经济收入皆呈现出历史最高水平，各县的旅游人均收入均呈现出从小到大、从低到高的上升趋势。

阿坝州生态旅游的发展是要让更多的"实惠"普及更多的地方和群众，让资金和项目进一步向农牧民倾斜、向基层倾斜、向贫困地区倾斜，以实现通过旅游的发展，带动"合民意、惠民生"的实施目标，改善特困人群生活状况，提高旅游扶贫的实效性，增强贫困地区"造血"功能。

在脱贫攻坚期间，全州通过积极发展乡村旅游、生态旅游、文化旅游、休闲度假旅游，让群众吃上"旅游饭"。全州成功创建省级旅游扶贫示范县 3 个、旅游扶贫示范区 4 个、旅游扶贫示范村 158 个，羊茸哈德、安多部落等一批乡村旅游品牌和"嘉绒锅庄文化节""雅克音乐季"等民族特色的文化活动涌现，直接带动 2 万余名贫困群众增收脱贫，实现"开发一个村寨、带活一方经济、致富一方百姓"的旅游扶贫效应。

三、对生态旅游发展进行科学规划和布局

在阿坝州生态旅游的发展过程中，坚持旅游带动、统筹城乡，科学规划城市布局，始终强调区域规划的重要性。全州各区县需根据自身实际情况，坚持规划先行，做好全县及各个景区的旅游规划编制，通过科学编制，提升发展持续力，实现对旅游资源的全面整合。同时，在开发过程中，始终坚持规划先行，正确处理保护与开发的关系，力求做到有效保护、合理开发、充分利用。

近年来，阿坝州先后编制了《阿坝州建设文化强州中长期规划纲要（2020~2025 年）》《阿坝州全域旅游发展规划》《嘉绒文化生态保护区总体规划》《河曲马黄河草原文化生态保护区总体规划》《阿坝州长征国家文化公园规划》《阿坝州促进全域旅游发展的实施意见》

《阿坝州加快推进民宿产业发展的实施意见》，形成了较为完整的旅游发展规划体系。同时，为切实保护旅游资源，结合川西生态保护与建设、天保二期、防沙治沙、湿地保护、自然保护区建设等重点生态工程，对重点景观采取恢复性保护措施，保持了景区的原生态。实践证明，科学的区域规划能强化主体功能定位，优化国土空间开发格局，是践行"绿水青山就是金山银山"战略谋划与前提条件的关键所在。

四、对生态旅游发展与农业、文化产业进行融合

阿坝州充分发挥该区域的生态优势，在优先保护生态环境的前提下，把生态优势转化为经济优势，环境优势转化为生产资源，加快培育文化生态旅游和乡村旅游支柱产业，加强了与农业、文化等部门合作。坚持以政策为引领，以标准为指导，以活动为平台，以培训为支撑，推进了农业与旅游、文化与旅游向更广、更深发展，有效拓展旅游产业链，促进旅游产业又好又快地发展。

阿坝州充分利用特殊的文化特色，深挖内涵，加快发展文化生态旅游业和特色文化产业，坚持"自然为本、特色为根、文化为魂"理念，立足"文化强县"战略和"文旅相融、文旅互动"要求，着力开发融入式、体验式旅游产品，深入挖掘民族民俗文化，发掘有当地特色的旅游节庆，推动文化旅游产业发展由数量规模型向质量效益型转变，由低水平的初级服务向人性化优质服务转变。

阿坝州充分利用田园景观、农业产业、农耕文化等资源要素，积极开发具有休闲性、参与性的休闲农业产品，全力推动优势资源就地转化和特色产业发展提升，"休闲农业与乡村旅游"现已享有盛名，通过多样化、多形式的乡村旅游产品实现"农旅共荣"，满足不同类型游客的消费需求。

在阿坝州各县的共同努力下，已经初步形成了生态观光游、民俗风情游、乡村度假游、灾后重建游、红色文化游等多元化发展的新格局，旅游业正呈现出单极带动向多极支撑、以点带面全域辐射发展的良好态势，为推进全州经济社会全面协调可持续发展做出积极贡献。

近年来，全州上下紧紧围绕创建国家全域旅游示范区，扎实推进"七个融合"，培育文旅新业态，推动文旅产业转型升级。成功推出雅克音乐季、藏谜、九寨千古情、瓮城传奇、遇见斯古拉等一批精品演艺品牌，积极建设中国民宿第一州，涌现出世外罗依、嘎尔庄园等一批网红民宿。创新"体育+文旅"，环四姑娘山超级越野跑、环达古冰川国际自行车赛等赛事入选中国体育旅游精品赛事。智慧文旅建设创新有为，启动"一部手机游阿坝"建设，实现所有4A级及以上景区Wi-Fi免费覆盖和门票全网预约，九寨沟成为全国首个智慧景区。

五、把基础设施建设和特色村镇培育纳入生态旅游发展布局

阿坝州政府在发展旅游业的同时，始终坚持交通优先，时空距离逐步缩短。坚持"畅出口、强骨架、上等级、保安全、破瓶颈"思路，大力推进综合交通建设，加快构建陆空一体的快捷旅游交通新格局。

一是大力拓展空中通道。红原机场建成通航，九黄机场开通了11条城市直飞航线。二是整体提升公路交通。坚持"铁路、高速并举，通乡、通村同建"，加快建设"南连北接、承东启西、内畅外达、便捷快速"的综合交通网络。抓住汶川特大地震灾后恢复重建等机遇，改造、提升了20余条国省干道，映汶高速按期建成通车，九环线等主要旅游通道通行能力明显增强。随着汶马高速全线开工，成兰铁路、黄土梁隧道、雪山梁隧道、茂绵路等重点工程的加快建设，川九路、九寨沟景区公路、红原花海和金川红色旅游公路改造的全面完成，道路难、差的情况将得到根本性改观，旅游的可进入性明显增强。

在旅游发展的过程中，其他的基础服务设施也明显得到提升。近年来，随着农村电网升级改造工程的实施，基本解决了本区域内的城乡家庭用电问题。随着通信技术的迅猛发展，全州已基本实现了通信网络村村通，只有个别偏远的放牧点和高山上的自然村寨，到目前仍未实现通信连接全覆盖。通过增点、扩容、提质，实现了移动通信在国省干道、经济干线的全面覆盖，城区、乡镇、重点景区的无缝覆盖。通信覆盖率和质量双双提高，实现了信息的互联、互通、互享，统筹区域协调全面发展，为发展生态旅游经济提供快捷通信信息支撑。

阿坝州的生态旅游发展一是注重设施改善，服务能力有效提升。随着旅游产业规模逐步壮大，"食、住、行、游、购、娱"的旅游服务体系趋于完善。

阿坝州持续推动生态旅游稳步发展，逐步构建了档次结构合理、区域分布相对均衡、管理手段先进、服务水平达标的星级酒店、精品连锁度假村、汽车旅馆、家庭客栈、生态营地等集旅游综合服务于一体的旅游住宿接待体系和行业发展格局。积极引进了国际知名的度假村酒店管理公司，加快建设了一批中高档星级饭店、精品连锁度假村酒店，发展了一系列休闲度假型、文化主题型酒店。引入了先进管理理念，提高了宾馆饭店的管理、服务水平，创新经营管理模式，引导了旅游饭店积极应用现代信息技术，积极加入国内外专业营销网络。另外，迎合自驾车旅游趋势，结合自驾车线路建设，加快了汽车旅馆、汽车营地露营地等新型住宿业态的建设步伐，丰富了旅游业态（见图5-2）。

六、生态旅游发展与生态文明同步建设

建设生态文明，是关系人民福祉、关乎民族未来的长远大计。阿坝州的地形、地貌、

生态资源决定了旅游发展必定与生态文明建设同步。阿坝州一直致力于坚持生态保护优先，建设川西北生态屏障，把可持续发展提升到绿色发展高度，为后人"乘凉"而"种树"，不给后人留下遗憾，而是留下更多的生态资产，实现了把"绿水青山"变成"金山银山"。以生态建设促进旅游发展，以旅游发展反哺生态建

图 5-2 阿坝州神座村民宿（九寨沟管理局供图）

设，做到旅游产业发展和生态环境建设齐头并进、相互促进。

面对资源约束趋紧、环境污染严重、生态系统退化的严峻形势，阿坝州政府统筹全域，树立尊重自然、顺应自然、保护自然的生态文明理念，把生态文明建设放在突出地位，融入经济建设、政治建设、文化建设、社会建设各方面和全过程，实现民族生态旅游的永续发展。

阿坝州政府一直致力于整个区域大环境的维护和改善，将湿地修复、防沙治沙、人工种草、退牧还草、退耕还林和天然林保护工程作为一项长期发展的基本工作。依托国家重大生态建设项目，阿坝州全面落实草原生态奖补政策，大力实施草原生态保护、湿地修复、沙化治理等生态建设工程，全面完成了黄河九曲第一湾、花湖湿地生态修复工程。严厉打击违法征占用草原、破坏草原等行为，积极推行草原禁牧、休牧、限牧、划区轮牧和草畜平衡制度，形成了以"转人、减畜、增收、增绿"为主的草原生态保护建设思路。在开发旅游资源的同时注意生态环境的保护，创立了绿色发展的新模式。

同时，各级政府加强了环境资源保护法制教育和社会公德教育，制定相关规章制度，杜绝各种破坏、污染旅游资源环境的现象，并适时地开展了对当地群众和旅游从业人员的培训，包括但不局限于以下内容：请旅游院校的教师到村里开展现场培训；组织从事旅游接待的当地群众外出考察，参观学习外地旅游接待的先进经验和做法；请当地旅游服务质量好的农户传授经验，发挥"传、帮、带"的作用；在村内选送一批年轻人到旅游院校参加短训、学习，培养乡村旅游开发建设的后备军。

阿坝州政府一系列的做法在很大程度上调动了群众参与生态文明建设，形成了全民参与、社会协同、惠及全民的良性循环。实践证明，阿坝州今后的发展需要采取综合治理的方法，协调各方、统筹全局，坚持把生态文明建设融入经济建设、政治建设、文化建设、社会建设的各方面与全过程，并把生态文明建设作为一个复杂的系统工程持续推进建设。与此同时，加快建立生态文明制度，健全国土空间开发、资源节约利用、生态环境保护的

体制机制，推动形成人与自然和谐发展现代化建设新格局。

七、把生态旅游发展纳入更大区域协同发展

在阿坝州生态旅游的发展过程中，州委、州政府抓住各种机遇，努力从不同的层面开展区域合作，实施了旅游发展的空间拓展战略，将区域合作作为推动经济发展的良好机遇，持续推进区域旅游与经济发展实现一体化发展。

实践证明，区域合作不仅促进了旅游业各要素的自由流动和合理配置，而且实现各地区经济的协调发展。旅游产业体系的不断完善，打破区域封锁，多元化的区域合作是实现各个区域旅游协同发展和可持续发展的重要路径。

阿坝州各地区旅游经济发展严重不协调，西部地区旅游经济明显落后于东部地区。欲实现旅游经济的振兴发展，追求效益的最大化、持久化，必须加强阿坝州县与县、景区与景区之间的合作。通过县域合作，阿坝州各县实现了互补促进，从整体上提高了阿坝州的旅游吸引力。

阿坝州从"大旅游"的理念出发，树立了地域协作的观念，充分利用所处的地域优势带，进行不同程度和不同形式的区域合作，形成"近程—中程—远程"的地域协作网络，并在每个层面寻求合作的最大化。

在近程方面，阿坝州与周边地理位置接近的地方加强合作，形成有效的互助互动效应。与周边区域合作的重点在于基础设施建设、资源合作与共享、旅游产业协作配套等方面。同时，在吸引客源市场、旅游产品打造等方面加强旅游协作，着力实现从竞争对手转变为合作伙伴。

阿坝州生态旅游的近程合作包括与川、甘、青三省接合部的跨区域旅游合作和省内联动区域的合作。前者的跨区域旅游合作得到了国家层面的支持，是顺应国家扩大内需、西部全面开发开放、中央大力支持涉藏民族地区跨越发展的重大机遇，从国家层面统筹旅游产业发展规划和开发让三省区域协调发展、互惠互利。后者的省内跨区域旅游合作包括与雅安、绵阳、成都的互动，特别是"成阿合作发展"的契机。在"十三五"时期，成都、阿坝两市州在经济、文化、社会发展等领域的交流与合作，促进两地经济社会联动发展和民族团结。

在中程方面，阿坝州创新了与国内其他省市交流合作的新模式，以旅游为先导，开拓与长三角、珠三角、京津冀等城市群在游客接待、宣传推广、地域帮扶等方面的合作，建立更加广泛的合作共赢机制，将区域联合旅游推广扩展至旅游资源整合、产品开发、线路打造、市场推广、环境优化和人才培训等方面。历史中的阿坝州所在区域是丝绸之路、茶马古道"河南道"的重要节点，是川、甘、青结合部要素流动和区域经济中心。如今的阿

坝处于成渝经济区、长江经济带、丝绸之路等国家战略的交汇处。

远程上，阿坝州抢抓"丝绸之路经济带"建设的新机遇，寻求与"丝绸之路经济带"上国家的旅游合作契机，加强与国外欧洲、中亚、南亚、日韩、美洲等地的文化交流、旅游互惠等，通过文化交流、互联互通提升其在海外的知名度和影响力，扩大已有的国际旅游市场。同时，积极加强与国内外旅行社的合作与交流，加强对外宣传，吸引更多的国外游客入州旅游，不断提高入境游游客数量。

区域合作是提高区域旅游综合竞争力的客观要求，按照"区域联合、资源整合、优势互补、共同发展"的原则，阿坝州建立了更加有效的合作共赢机制，拓展合作区域，除深化与周边区域的合作外，将区域旅游合作范围拓展到海内外，将区域联合旅游推广扩展至旅游资源整合、产品开发、线路打造、市场推广、环境优化和人才培训等方面。加强与大成都国际旅游圈、"丝绸之路旅游经济带"、长江旅游经济带、大香格里拉国际旅游圈、大年保玉则生态旅游圈的区域旅游联动，特别是与成都双流机场、绵阳机场、康定机场及亚丁机场的区域联动，着力构建大区域、大旅游的发展格局，共同打造最具世界影响力的中国涉藏民族地区国际旅游目的地。

八、树立景区生态旅游创新管理的典范

"大九寨"作为世界级的旅游目的地，受到全世界的关注。在当今旅游方式日新月异的发展潮流中，区域管理部门打破部门壁垒，加强沟通协调，主动作为，积极商讨，形成了一套成熟的管理体系。

智慧景区。建立完善的旅游信息服务体系，实现资源保护数字化、经营管理智能化、产业整合网络化。建设旅游智慧化工程，推进旅游服务信息化，发展旅游电子商务，多渠道发布旅游信息，构建旅游信息综合服务平台。突出、加快推进旅游网站、旅游呼叫系统、数字阿坝、智能交通、旅游环境监测、规划管理、旅游数据库、电子商务、医疗急救等旅游公共服务重点领域的信息化工程建设。

联合应急。为提高游客高峰时段景区服务质量，九寨沟景区管理局与上海师范大学联合起草了《游客高峰时段旅游景区应对标准（A++ 标准）》，由四川省文化和旅游厅（原四川省旅游局）审核通过，这完善了完善旅游安全预警制度和景区最大承载量发布制度，建立旅游气象、地质灾害、生态环境、游客容量等监测和预报预警系统，全力完善运用好应急救援、公共医疗、卫生检疫防疫等安全救助体系。

"大九寨"文化生态旅游发展的经验总结

生态旅游是旅游经济绿色化的主要途径，生态旅游的发展过程本质上是区域特色旅游体系的培育过程。对于民族地区而言，生态旅游已经成为增加地区经济收入、优化产业结构、提高现代意识、推动区域经济发展和社会进步的重要支柱产业，在促进区域要素合理流动、发挥区域比较优势、提高区域民生水平、促进区域绿色转型等方面发挥着重要作用。

"大九寨"生态旅游走的是一条优势资源转换的发展路径，通过树立全域旅游理念，整合区域内同类型特色旅游资源，形成优势品牌，充分考虑旅游资源的区域差异、时空分布特征、互补性以及邻近地区的交通基础设施建设情况，把邻近地区的特色旅游资源相互整合，形成规模效应。在开发方式上，实施"点—线—面"的开发战略，以特色旅游资源为依托，以完善区域旅游交通网络为手段，实现不同特色旅游景区的资源互补、市场互动、相互涵盖，形成协调发展、区域联动的旅游资源开发利用格局。在经营方式上，跳出旅游看旅游的传统发展逻辑，采取融合发展战略，将生态旅游作为全面建成小康社会的主要抓手，将旅游产业与重大民生工程相结合，通过发展生态旅游实现一、二、三产业的融合发展，促进区域自我发展能力的提升。在实施路径上，全面整合中央和省委、省政府的诸多政策，在灾后重建、生态保护、转移支付、项目支持、扶贫政策等方面综合集成，让政策红利最大限度地发挥其效用。

这种发展模式有效整合了"大九寨"地区的特色优势资源，通过优势资源的科学开发、经营转化为产品优势、产业优势和经济优势，有效破解了民族地区优势资源转换效率低下的现实问题，为我国民族地区绿色发展提供了示范。

一、树立全域旅游发展理念

全域旅游是伴随旅游业从传统的观光旅游向休闲度假转型升级过程，从景区旅游向旅游目的地发展的要求，全新定位的一种区域旅游发展理念。阿坝州拥有高密度、高品位的世界级旅游资源，州委、州政府审时度势，将全域旅游作为全州旅游二次创业的基本理念，推动旅游由风光游、大众游向以文化提升为主的特色旅游转型，着力打造"阿坝全域旅游示范区"新品牌（见图5-3）。全州将旅游业作为经济社会发展的重大战略进行顶层谋划，

图5-3　阿坝州推进国家全域旅游示范区建设（九寨沟管理局供图）

切实提升生态旅游的战略地位，使其真正发挥综合优势，使民族地区的个性、品牌、文化建设都与生态旅游协调发展，实现旅游与区域发展的协调化。

通过发展全域旅游，改变了阿坝州旅游经济空间分布不均衡状况，在继续发挥九寨、黄龙两大世界顶级旅游资源的优势基础上，完善基础设施和旅游服务设施，强化其他资源的整体打造，培育新的旅游经济增长点，形成各具特色的景区体系，优化了旅游经济的空间分布，改变了阿坝州旅游冷热不均状况，促进了区域的协调发展，这一改变是马克思主义整体观和协调观的现实体现。

通过发展全域旅游，阿坝州的基础设施建设进一步完善、城乡环境进一步改善、公共服务水平进一步提高，涌现出一大批"生态乡村""美丽乡村"，成为中外游客青睐的旅游热点地区。以旅兴农、以旅富农，使民族地区农村面貌发生了可喜的变化，一大批农民脱贫致富奔小康。旅游特色村镇、"农家乐""牧家乐"、休闲农庄，以及县城周边农村休闲度假带等各具特色的农业观光和体验性旅游活动，已成为城市居民追捧的旅游产品，阿坝州也因此成为全国全域旅游示范区，为民族地区旅游经济发展树立了标杆。

二、实施优势资源转换战略

阿坝州地域辽阔、资源丰富，旅游发展在全省乃至全国都一直占据着重要地位，最根本的一条原因就是紧紧抓住了国家、全省加快民族地区建设的政策机遇，充分发挥区域旅游资源、生态资源、文化资源优势，以全域旅游为抓手，将经济发展与社会、生态环境建设相协调，大力实施优势资源转化战略，通过市场化的手段，加快资源优势向产业优势、经济优势转换，推进经济结构战略性调整。

在这一转换过程中，最为关键的是资源效率的提升，资源效率的提升意味着经济效率的提升。阿坝州原来是一个以原始农牧经济为主的民族地区，生态资源、光热资源等优势资源利用开发不足，多以就地转化为主，其产品以原始农牧产品为主，经济发展水平较低。但是，作为一个资源富集的民族地区，阿坝州敏锐地洞察到了消费结构升级带来的巨大市场需求。通过大力发展生态旅游，将优势资源的奇特性充分利用起来，形成了以高山峡谷、

现代冰川、高原湖泊、原始森林、少数民族风情为特色的旅游发展格局。在此基础上，着力调整产业结构，实现了从一、二、三产业向三、二、一产业的优化调整，带动了地方经济的快速发展。

更为重要的是，阿坝州实施优势资源转换战略是建立在绿色发展基础上的，经济快速增长的同时并没有对生态环境造成巨大的侵害。阿坝州生态旅游开发更多的是借势民族地区自然生态特征，而不是对自然植被、地形、河流和土壤等做大的改造和变动，在旅游经济发展迅猛的同时也保住了民族地区的青山绿水。例如，理县为发展乡村生态旅游，结合新农村建设，大力开展乡村环境综合整治，实施乡村垃圾集中处理、污水综合治理、卫生改厕、村道硬化等项目建设和村庄绿化美化以及亮化工程，调整农村产业结构，大力发展循环农业和乡镇生态工业，有力地保护了民族地区生态系统和生物多样性，生态环境质量得到明显提升。与此同时，九寨沟县则通过创建国家级生态县、国家级绿色能源示范县等活动，深入实施小流域综合治理、土地整理、天然林保护和退耕还林等生态建设工程，着力夯实可持续发展基础，不断改善和优化全县自然生态环境，成为经济效益、社会效益和生态效益有机统一的生态旅游发展新型典范。

这种转化不仅实现了物质的转换，也实现了人与自然的转化。这是一个生产使用价值的过程，在这个过程中，人的劳动和自然物质相交换、相结合，从而创造出适合人的基本需要的各种各样的产品。产品的消费和使用又意味着对资源进行新的调整和组合，生产出更为人所需要的产品，这样的产品不仅要满足人的基本需求，还要满足人的发展需求和享受需求。

三、坚持旅游资源整合发展

阿坝州旅游资源、生态资源、文化资源、宗教资源富集，同时也享受到诸多国家政策倾斜。阿坝州生态旅游发展的实现路径主要依赖于资源整合，这种整合具有以下几个基本维度。

（一）资源重组

"大九寨"的旅游发展，将阿坝州独特的旅游资源、生态资源、文化资源和宗教资源合理嫁接，沿主要发展轴线配置地震遗址旅游产品群落、藏羌文化旅游产品群落、高山康体养生旅游产品群落、民族文化旅游产品群落等多个主题产品，在保持阿坝州藏羌风貌的前提下做到了一县一品，每个县都有自己的特色旅游产品，在同一个县内部又能够享受到多种产品组合；既保持了整体风格的同质性，又实现了区域内部的差异性。例如，汶川既有独特的地震遗址又有水磨古镇、美人谷等民族文化旅游景区，理县既有古尔沟温泉等独具特色的疗养旅游产品，又有米亚罗等秀美的自然风光。旅游资源配置的广度和深度得到了充分体现。

（二）空间延伸

阿坝州虽然是"大九寨"的核心区，但是真正意义上的"大九寨"是一个跨越行政区划的地理单元，还包括了德阳、成都、绵阳等的部分地区。"大九寨"采取的是区域整合发展战略，在基础设施建设、旅游环线打造、市场营销等方面相互配合，借力发达地区的优势，实现了资源在空间上的重组。

（三）政策组合

作为中国西部典型的民族地区，阿坝州享受国家灾后重建、扶贫开发、生态环境建设、转移支付、产业发展等多方面的照顾政策，这些政策在阿坝州这样的特殊空间内相互叠加，共同发力，在资金、项目等方面打捆使用，积少成多，为旅游发展提供强大的政策输入，推动了旅游经济的发展。

（四）融合发展

经济全球化与区域经济一体化是时代发展的必然趋势，民族地区生态旅游也不能独善其身，开放合作是"大九寨"旅游发展的主旋律。"大九寨"地区作为一个完整的自然经济区，同时却可拆分为不同的行政区域，各行政区域各自为政，每一个区域往往都没有足够的旅游供给能力，这便造成游客满怀期望而来，却带着失望而归。"大九寨"相关州市牢固树立了开发合作意识，扎实进行区域旅游合作，整合各县市旅游资源，充分发挥各自的优势，提高旅游的供给能力。经过多年的开发与建设，目前该区域已基本形成各自的特色与品牌，在国内外具有一定的影响力，区域综合竞争力显著增强。

融合发展是"大九寨"旅游发展的又一动力。现代旅游要想获得持续恒久的发展，必须由传统的观光旅游，转向包括农业、会展、商务、休闲、体育、文化等在内的综合旅游，拓展、抢占更为广阔的市场发展空间。"大九寨"地区以旅游为核心，不断延长产业链，拓展产业层次，实现三次产业融合发展，从单一观光旅游走向综合产业旅游。阿坝州旅游经济的快速发展也带动了文化产业、金融业、房地产业等相关产业的发展。例如，金川县"马奈锅庄"原生态圈舞、黑帐篷原生态藏餐已从山寨走向市场，还带动了本地甜樱桃、金川雪梨、双眼皮白瓜子、野生菌、金川腊肉和土鸡等特色农产品的生产销售，通过发展要素的创新组合，把农村的生产、生活资料转换成具有观光、体验、休闲多维价值的旅游产品（见图5-4），使农民以旅游为主业、种植为副业，使本地特色优势资源有效转化为具有较大市场潜力的产品资源，实现了资源产品化、农村多业化和农业多产化，这无疑是民族地区产业融合发展的一个样板。

图 5-4　九寨沟玫瑰鲜花饼

信息化、智能化是当前生态旅游发展的必然趋势，线上与线下业务融合、App、智能查询、位置服务和个性定制等新手段、新方式方兴未艾。对于民族地区而言，生态旅游正在经历由规模到效益、由数量到质量、由粗放到精细的转变，实现这一转变其根本作用的就是信息化带来的技术创新。由于民族地区工业发展基础薄弱，现代化的生产技术条件很难在民族地区大规模涌现，衡量民族地区的技术水平和层次更多是通过服务业的信息化，尤其是生态旅游的信息化来体现，这既是提高民族地区现代化水平的现实诉求，也是促进民族地区科技进步的要求。以茂县为例，该县始终重视旅游信息化建设，尽力完善茂县旅游官方网站，开通了四川省旅游信息网链接茂县旅游信息网，在网站上重点对外宣传旅游景点景区资源、优惠政策、节庆活动、民俗民风、特色餐饮等信息，提供了展示茂县旅游风采的平台，也为促进茂县旅游发展提供了窗口。开通了"茂县旅游"微信公众平台，向广大微信用户发布旅游资讯，采用了现代科技手段创新旅游营销手段。通过网站积极做好全县旅游接待人数和旅游总收入统计工作，为旅游行业管理提供了便利。这些手段和技术的采用，提高了生态旅游的发展层次，创新了生态旅游的商业模式，也促进区域发展逐步从基础性供给迈向高端化服务，逐步缩小与发达地区的技术差距，是民族地区科技创新的重要体现。

作为横跨一、二、三产业的业态，生态旅游融合生产、生活和生态，紧密结合农业、农产品加工和农村服务业的新型服务业形态，对民族地区居民就业、创业，促进人民群众增收具有不可替代的作用。民族地区居民可以参与接待住宿、特色餐饮，可以生产经营有乡土特色的小商品，或充当服务人员、导游等，极大程度地拓宽农民就业机会，增加农民收入，提升农民素质，缩小城乡贫富差距。阿坝州现约有 70% 的居民从事着与旅游相关的工作，成为当地居民长期受惠的金饭碗。依托本地旅游资源开发生态旅游业，阿坝州在脱贫致富征途上做出的一种实事求是、因地制宜的选择，是与加强农牧业基础及水、电、路建设这些扶贫攻坚的基础措施同时进行的，而且有新的推动力，从而使脱贫致富的路子越走越宽。居民从事旅游业带来了生活质量的提升反过来又调动了居民从业的积极性和主动性，促使他们加快对技能的培养和对知识的学习，增强了旅游发展的内生动力，也必然带来社会风气的良性发展，对于民族地区社会稳定和人力资本积累的作用巨大。

四、着力提升自我发展能力

自我发展能力是当前我国民族地区在全面建成小康社会进程中亟待解决的一个根本问题。它包括加强基础设施建设、培育资源发展优势产业和特色经济、实施绿色发展战略、提高人口素质、整合民族文化、扩大改革开放、开拓市场等内容，发展生态旅游的最终目标就是要实现自我发展能力的提升。

从阿坝州的实践经验看，民族地区的发展不可能完全依靠外部"输血"，更重要的还需依靠自我"造血"。发展生态旅游，能够在有力的政策支持下，不断夯实发展基础，深挖发展潜力，厚植特色优势，对生态旅游进行系统开发，加强重点景区旅游基础设施建设，实施农家乐等特色旅游项目，建设景区附属设施，提升接待水平，促进社会就业和牧民收入，拓宽农牧民增收渠道，这些措施最终的落脚点就是提升民族地区的自我发展能力。

总之，从阿坝州"大九寨"生态旅游发展的模式看，阿坝州已经为我国民族地区加快发展积累了一定的经验，为我国民族地区探索优势资源转换发展路径提供了借鉴。

五、不断完善管理体制机制

全州各县市深入研究国家有关法律法规，开展调研、专题研究，充分借鉴外地先进经验，根据各自的实际情况，强化改革创新，不断地在实践中完善旅游各个要素环节的体制机制。

一是建立"1+3+N"（旅游发展局+旅游巡回法庭、旅游工商分局和旅游警察+旅游市场综合治理领导小组成员单位）旅游综合执法机构[1]。为切实推动全域旅游示范区创建各项工作，结合实际情况，阿坝州在全省率先成立"1+3+N"旅游综合执法机构；在全省率先全面推广完成旅游市场综合治理执法体制改革工作；在全国30个民族自治州率先完成全域县（市）旅游综合执法监管机构设置，成为打击旅游市场乱象和快速调解旅游纠纷的利器，着力破解了旅游市场中欺客宰客、短斤缺两、不正当竞争等扰乱市场秩序的重点、难点问题，为游客营造了全域"放心、舒心、安心"的旅游环境，旅游执法综合体制改革取得了一定实效。

二是建立"4+3"旅游市场综合治理体系。建立"政府统筹、旅游部门综合监管、行业部门直接监管、乡镇属地监管"和"企业主体、行业自律、社会监督"的"4+3"监管体系。一方面督促成员单位自觉遵守和贯彻国家法律法规政策，另一方面利用行规行约规范、制约成员单位经营行为。社会监督就是旅游行业的行风监督员、县电视台等电视网络媒体和广大人民群众对相关部门行政行为、行业协会自律情况及旅游市场经营行为等进行监督。

三是建立健全旅游市场诚信体系。加大依法治旅规范市场工作宣传力度，以在涉旅企业中开展"讲诚信、守法律、提品质"活动为载体，以划分涉旅企业诚信类别为抓手，以建立涉旅企业诚信档案为入口，以与涉旅企业签订诚信经营责任书和诚信经营承诺书为依据，在涉旅企业中开展涉旅企业诚信等级划分工作，根据监管监察、投诉、举报等结果，将涉旅企业分为诚信户、守信户、警示户、失信户四个信用类别（即 A、B、C、D 四类信用类别），并按信用类别进行分类监管。同时，实行涉旅企业诚信激励、惩罚制度和诚信信息发布制度，加快全县旅游行业诚信体系建设。

四是建立健全规范管理模式。对涉旅企业进行细化分类、精准管理，引导广大涉旅企业及从业人员依法经营、诚信经营。一是开放式管理（A 类）：对诚信户建立信任机制，除综合检查、专项检查和被举报（投诉）涉嫌违法经营活动外，免于开业申报检查、日常检查和驻店检查，并给予相应的荣誉称号和奖励。二是激励式管理（B 类）：对守信户建立激励机制，除开业申报检查、综合检查、专项检查和被举报（投诉）涉嫌违法经营活动外，免于日常检查和驻店检查。三是定向式管理（C 类）：对警示户建立预警机制，对其开展除驻店检查外的其余各类检查。四是重点式管理（D 类）：对失信户建立惩戒机制，列为重点监控对象，对其经常性开展各类检查，并派专人进行驻店监管[2]。

五是建立健全规范的执法模式。开业申报检查：涉旅企业开业前向旅游行政主管部门递交开业申请，经相关部门检查合格后，方可对外经营。同时，实行冬季歇业备案制。综合执法检查：旅游行政主管部门针对旅游市场存在问题，组织有关执法部门联合开展旅游市场综合执法检查。联合执法检查原则上遵照文化和旅游部、四川省文化和旅游厅等上级相关部门部署要求和旅游市场具体情况开展，一年不少于两次。行业专项检查：旅游行政主管部门有针对性地组织相关部门对宾馆、旅行社（导游）、购物商店、乡村旅游、藏（农）家乐、饭店、演艺场所、汽车公司进行专项检查。原则上每年各类专项检查根据具体情况组织不少于两次。日常检查：旅游行政主管部门有计划地组织开展旅游市场执法检查。日常检查旅游淡季原则上不少于每周一次，旺季每周不少于三个检查日。重点问题专项检查：结合各县实际，由主管部门牵头，对价格欺诈、诱导消费、虚假宣传、以次充好、不按运行计划表运行等突出问题进行执法检查。驻店检查：对重点企业实行驻店检查，安排专人专门负责对其进行监管。同时也将对旅游投诉频发、旅游服务质量问题集中的领域进行暗访，每年安排不少于 2 次。

五是建立投诉处理制度。建立统一的投诉处理机制，旅游行政管理部门在接到旅游投诉和相关情况反映后，根据各职能部门职责，将投诉案件转交相关部门限期进行处理。重大投诉及时转交分管领导进行审批，并按审批内容进行处理。同时，按每月、每季度、半年、全年时间段及时向相关领导呈报投诉分类统计表及处置情况。

参考文献

［1］阿坝州文化体育和旅游局. 阿坝州纵深推进"1+3+N"旅游市场综合治理体制建设［EB/OL］. http://wtlj.abazhou.gov.cn/abzwhtylyj/c102086/201801/b3c4a2f00ffc43a2bcb00e3df20d7ac2.shtml，2018–01–09.

［2］四川省人民政府. 阿坝州积极探索建立涉旅企业诚信监管体系［EB/OL］. https://www.sc.gov.cn/10462/10464/10465/10595/2016/1/11/10364733.shtml，2016–01–11.

"大九寨"景区带动型文化生态旅游高质量发展模式

| 第一节 |

"大九寨"旅游业结合新发展理念的融合发展模式

一、以旅游业推动区域创新发展

（一）实事求是地解决地区发展问题

"大九寨"区域所在的阿坝州人民生活得到显著提高，基础设施得到快速改善，藏族、羌族、回族、汉族等各民族精诚团结，旅游业发展的成果惠及全州，"九寨沟""黄龙""大熊猫栖息地"三个世界自然遗产享誉世界。通过自身的实践，阿坝州选择了以旅游业作为引领发展的产业之一，依托九寨沟、黄龙这两个世界遗产景区，率先在旅游"九环线"区域带动了经济发展，并以经济发展有效地促进了文化交融和社会稳定。不管在什么地方，只有坚定不移地推动地区经济发展，充分利用好本地区的资源禀赋和国家的支持政策，努力把蛋糕做大，才能为解决医疗、卫生、教育等民生问题奠定坚实的物质基础。

（二）实现政府主导和市场主体协同创新

过去，阿坝州自身基础设施落后，市场发育程度不够，完全依靠产业的自然演进只会使阿坝与经济发达地区差距"马太效应"加剧；阿坝州在资本、技术、市场等竞争优势不明显的条件下，依托文化旅游资源的突出优势，通过政府主导发展，有效地发挥了旅游的产业牵引作用，缩短了工业化和城市化过程，实现文化旅游与社会经济的同步跨越。这表明一些相对落后的民族地区在发展的过程中，既要充分发挥市场的决定性作用，也要更好地发挥政府的作用，扩大社会参与度，加强监管；实现快速发展与可持续发展有机统一，实现短期目标与长期目标、局部目标与全局目标有机统一。特别是在我国西部，许多旅游资源富集的地区大多经济基础较弱，市场发育滞后，政府这个"有形之手"必须充分发挥作用。政府要继续加大投入力度，给予更多引导、鼓励和扶持。要抓住地区发展的突出问题，坚持多予、不取、放活，出台一系列优惠政策和支持措施，把发挥政府作用和市场作用相结合。

二、以文化生态旅游推动区域协调发展

在多年的发展过程中，阿坝州逐渐破解了普遍存在的"资源富集"与"发展滞后"之间的矛盾，逐步消除了"富饶的贫困"状态。矛盾转化的关键就在努力变资源优势为产业优势，变发展潜力为经济实力，特别是把培育和壮大文化旅游产业作为最根本的发展途径，依托独特的资源优势和生态优势，发展了有优势的产业和产品。阿坝州通过自身的发展，证明了将旅游产业作为发展引擎是一条正确且可持续发展的道路。

（一）以文化旅游业带动相关产业融合发展

旅游需求无止境，旅游产业无边界，文化旅游的发展中要充分发挥综合产业优势，推动旅游与其他产业融合发展，延长产业链，共享旅游带来的发展机遇，共同做大文化旅游产业。阿坝州的文化旅游发展，不仅产生了一批享誉世界的旅游景区，还催生了如"九寨沟"牌牦牛肉，松潘县"天堂香谷"薰衣草园，小金县"神沟九寨红"葡萄酒，壤塘县觉囊唐卡等农旅、文旅结合的产品。

发展文化旅游的关键在于利用好对产业和事业的广泛关联性，以产业发展促进区域经济发展、社会稳定建设。要围绕文化旅游产业发展统筹推进基础设施和公共服务体系建设、生态环境建设，推动旅游与手工业、创意产业、医疗康养业等特色产业的结合与协调发展。

（二）以旅游业促进优秀传统文化的保护与传承

做好优秀传统文化的保护与传承，是发展文化旅游的文化基础。作为阿坝州灾后恢复重建项目之一的"羌绣帮扶计划"，采用了"基地＋农户"生产帮扶模式，由阿坝州妇女羌绣就业帮扶中心负责实施，免费向羌族妇女传授羌绣制图、色彩搭配、针法等技能，提高羌族妇女的刺绣水平，在各地建立了多个羌绣帮扶工作站，收购羌绣产品，有效带动了当地妇女就业。羌绣帮扶计划通过将传统文化转化为现代产品，对羌绣文化进行传承和保护，取得了良好的市场效益和社会效益（见图6-1）。

在以旅游业推动优秀传统文化保护与传承的过程中，要分清对优秀传统文化进行保护、创新和发展的关系。保护、创新、发展之间的关系是辩证统一的，保

图6-1 阿坝州羌绣非遗产品（赵川摄）

护是基础和根本，创新是本质和灵魂，发展是保护和创新的最终目的，这是以文化旅游业促进文化传承和保护的基本规律[1]。

（三）以文化推动旅游业的提档升级

阿坝州的旅游发展，走过了一条从单一的观光型旅游产品到多元化的文化旅游产品系列之路；形成了以九寨沟、黄龙为代表的文化旅游产品，以桃坪羌寨为代表的民族文化旅游产品，以红军长征纪念碑园为代表的红色文化旅游产品，以松潘古城为代表的历史文化旅游产品，以汶川地震遗址为代表的科学文化旅游产品的旅游产品体系。总结起来的经验就是，要利用好自身的文化优势，把握好文化旅游区位的"特色资源"；文化旅游市场的"特殊需求"；文化旅游产业发展的"特征趋势"，传承创新文化旅游产品，推动旅游业的提档升级。

三、以文化生态旅游推动区域绿色发展

生态文明建设与转变经济发展方式、发展绿色经济的任务紧密相连。按照国家和四川省《主体功能区规划》相关规定，阿坝州属于限制开发的重点生态功能区，是长江黄河上游重要水源涵养地，是川滇森林及生物多样性保护和青藏高原生态屏障的重要组成部分。根据这个定位，阿坝州经济发展不但离不开生态，而且高度依存于生态。良好的生态环境本身就是生产力、是发展后劲，也是当地的核心竞争力。在发展的过程中，需要通过发展以文化旅游业为代表的循环经济和低碳经济，促进经济发展和人口、资源与环境相协调。

（一）以保护性开发的方式进行文化旅游开发

保护性开发是指以保护为前提，以开发促保护的一种发展方式，旨在帮助民族地区坚定走生产发展、生活富裕、生态良好的可持续发展道路。阿坝州这类民族地区，尽管位于经济不发达地区，却往往拥有良好的生态环境和丰富的文化遗产，这些资源在市场配置的过程中并没有变成现实的收入，造成了"捧着金碗去讨饭"的现象，有人将这一现象称为"绿色贫困"。阿坝州改变"绿色贫困"的启示在于：一方面，要把开发建设与生态保护相结合，以旅游业为引领，做到既要金山银山，又要绿水青山。例如，阿坝州选取了"九寨沟""黄龙""四姑娘山""达古冰川"作为四个重点发展的生态景区，在东北、西南、中部区域分别带动经济社会的全面发展。另一方面，也需要全社会对这些地区为保护生态环境所付出的生存发展成本予以承认，并建立生态补偿机制和生态服务功能支付制度[2]。

（二）以旅游业作为"美丽产业"打造更好生态条件

建设美丽中国，是要使延续五千年悠久历史的中华民族的天更蓝、地更绿、山更青、

水更净，实现经济繁荣、生态良好、人民幸福。这既是生态文明建设的落脚点和归宿，也是社会主义的基本特征和现代化建设的基本目标[3]。例如，阿坝州西北部的草原位于长江黄河的源头，面临着过度放牧、草场退化的问题；近年来，通过推出"花湖""花海""日干乔湿地""月亮湾""万里黄河第一湾"等景区，促进当地牧民或到景区或依托牧场从事旅游业，减少放牧

图 6-2 九寨沟长海生态木栈道（泽柏摄）

对草场的破坏，已经取得了较好的效果。旅游业作为举世公认的无烟产业，是许多欠发达地区最有优势、最富潜力的美丽产业；其资源消耗少、能耗低、参与门槛低、带动效应大，以文化旅游作为产业转型升级的突破点，是从源头上扭转生态环境恶化趋势，为人民创造良好生产生活环境的重要措施；同时也是努力建设美丽中国，实现中华民族永续发展，为全球生态安全做出贡献的重要举措（见图 6-2）。

（三）以品牌创建为抓手让生态保护有章可循

阿坝州在旅游发展的过程中，积极申报世界遗产、风景名胜区、自然保护区、历史文化名城、地质公园等品牌；通过一系列的品牌创建工程，划定了保护范围，明确了保护目标，引入了保护规范，带来了保护资金，创建了旅游品牌；在保护好生态环境的同时，也极大地促进了文化旅游业的迅速发展。

我国许多地区的特点是地形复杂、地域广大，许多干部群众对保护生态的认识不够，对生态资源的调查不足，给生态保护带来了很大的难度。在我国日益重视生态文明建设和生态文化保护的趋势下，各地应该积极争取国家及生态环境、住建、林业、自然资源、文物等相关部委的支持，分门别类做好当地生态文化资源的调查，摸清家底，积极创建各类品牌，以品牌建设作为工作抓手，有的放矢地搞好生态保护；并利用品牌的知名度和影响力发展文化旅游业，做到生态效益和经济效益齐头并进。

四、以生态旅游推动区域开放发展

"国之交在于民相亲，民相亲在于心相通。"阿坝在发展旅游业的过程中，坚持将开放合作作为第一路径，以文化旅游作为增进民间交往，促进民众感情交流的重要载体，在促

进地区开放、促进民族团结中正在扮演着越来越重要的角色。阿坝州九寨沟和松潘等县的旅游发展历程表明，通过发展文化旅游，能显著促进地区的开发合作和民族文化交流，对社会的和谐稳定具有重要作用。通过文化旅游带来的交流所建立的民族友谊是增强民族认同感，构建各族人民共有精神家园的有力武器。

（一）坚持开放合作，实现从"输血型"向"造血型"援助转变

欠发达地区的发展，既需要国家的政策支持，也要特别重视自立自强。"外援"固然重要，实现全面小康的决定性因素从根本上还需要当地人民思想开放、自力更生、科学发展。实现从"输血型"向"造血型"援助转变的关键在于通过发展特色优势产业，将借助外力和激发内力相结合。例如阿坝州的汶川县，在2008年地震后得到广东省援助，发展了以羌藏文化及地震遗址旅游为主的产业体系；在灾后重建基本完成后，汶川县在广东展开了一系列的旅游营销活动，受到了援助省市的热烈响应，建立了良好的合作交流氛围；目前，汶川县每年游客量达到数百万人，文化旅游业发展的内生动力已经基本形成，实现了从"输血"向"造血"的转换。

（二）坚持以文化旅游开发打破封闭，促进开放

目前，一些欠发达地区还存在着比较明显的"文化封闭"现象，这种状况影响当地群众接受现代化观念，从而制约了当地的现代化进程。要通过文化旅游带来的经济文化交流，树立国家认同和文化自信，并进行祖国观、民族观、宗教观、文化观等宣传教育。以旅游作为欠发达地区打破封闭、促进开放的重要抓手，已经得到了阿坝州的实践验证；旅游业不仅是富民的经济产业，还是促进开放的社会事业。旅游扶贫既是经济扶贫，又是精神扶贫，有利于打开贫困地区的封闭状态，能够提升当地居民素质和发展观念。在旅游的交流中，国家意识得到培育、民族认同得到提升，节庆和活动成为民族之间相亲相爱、相互交流的重要平台。

五、以文化生态旅游推动区域共享发展

阿坝州是我国民族地区发展历史巨变的缩影，在阿坝的实践过程中，既立足当前，又着眼长远，从实际出发而不是照抄照搬、盲目攀比内地，以文化旅游的发展方式走出了一条具有地方特色的发展之路。而阿坝州经济社会发展的成就，都是立足于民生改善这第一目标。

（一）改善民生是文化旅游发展的落脚点

由于特殊的自然条件，藏羌彝走廊地区的贫困面积大、贫困程度深。阿坝州一直以来

都把解决困难群众脱贫问题作为改善民生、凝聚人心的突出任务。通过发展文化旅游产业，带动了旅游餐饮、旅游住宿、特色农产品、现代生态农牧业等上下游产业，在帮助群众扶贫脱贫方面取得了显著成绩。阿坝的经验表明，要切实改善民生，就要找准致贫的根本问题，通过找准优势产业，并围绕优势产业带动资金和项目精准扶贫，完善基础设施和公共服务，就能真真切切解决贫困人口的实际问题，通过帮扶提高贫困地区的内部发展动力。

（二）做好"五个结合"发展文化旅游产业

"五个结合"是指将政府作用与市场作用、借助外力与激发内力、对内开放与对外开放、新型城镇化与新农村建设、开发建设与生态保护有效结合起来。阿坝州发展文化旅游业的经验表明：对于民族地区，尤其要抓好特色产业发展、基础设施建设、保护生态环境三项重点，不断提升可持续发展能力。生态和文化是旅游业发展的前提，旅游业的发展又会更好地促进生态和文化的保护；而基础设施是旅游发展的基础，旅游的发展也会助推基础设施的不断完善。发展文化旅游应该因地制宜，依托特色文化资源做大做强旅游业，并延伸发展特色农牧业及其加工业，搞活商贸流通业；利用生态产业的发展助推基础设施和生态环保的改善。

（三）通过"双轮驱动"推动文化旅游目的地软硬件建设

硬件建设和软件建设的"双轮驱动"，指的是既要着力解决制约文化旅游发展的基础设施短缺问题，又要着力加强教育引导，增强当地群众对文化旅游产业发展的理解和参与度，把物质力量和精神力量都汇聚到经济社会发展上来。

阿坝州的发展经验表明，做好"软件"环境建设的重点在于突出就业和教育。阿坝发展文化旅游业的过程，也是阿坝人转化就业方式，提升文化素质的过程；通过文化旅游业的发展，旅游景区、城镇、线路周边的人民从传统的农牧业向旅游业转变；教育水平也通过文化交流、旅游培训等方式得到了进一步的提升。在就业方面，要根据地方特色优势，搞一些门槛低、见效快、效益好的项目，促进经济结构从传统的农牧业向文化旅游业、现代农牧业、现代服务业转变，增加就业岗位，提高人民收入。要重视对劳动者的技能培训，实施更多的帮扶引导，帮助当地的闲置劳动力在不同渠道实现就业。

通过景区发展带动旅游城镇化的"九寨"模式

青藏高原区域的新型城镇化完全不同于发达地区，由于当地工业发展缓慢或停滞，因此是直接以旅游的快速发展推进农村向城镇过渡。根据旅游产业发展的历程，其新型城镇化模式可以归结为"飞地"模式和"全域"模式[4]。而九寨沟口的漳扎镇就属典型的"飞地"模式。

"飞地"模式是旅游经济自主推动城镇化发展模式。根据区域经济发展增长极理论，一个地区经济社会发展首先要形成若干增长极点，进而形成部分增长极核，从而集聚、辐射、带动周边区域经济社会加快发展。所谓"飞地型"城镇化，即在周边经济社会落后地区，城镇稀少、交通不便、工业发展落后，如同嵌入的"孤岛"，被称为"飞地性质"的城镇；但它往往由于拥有一种特殊的极具开发利用价值的自然资源，若被当地开发利用，形成一种具有较强增长极作用的推进型产业及其相关产业，就能促进这一地区城镇或城镇化的发展，从而带动区域的发展及农村剩余劳动力向城镇的转移。九寨沟县就是典型的以旅游为推动的"飞地型"城镇化模式，2001年以前九寨沟县城镇化率长期维持在18%~20%，2001年围绕打造"国际旅游名城"目标，将推进城镇化与旅游发展结合，以九寨沟县城和景区所在地漳扎镇为极核，逐渐形成了周边大录镇、甘海子镇、玉瓦镇、双河子镇等围绕旅游差别化分工的城镇体系，以成都至九寨沟旅游通道为轴线延伸的点轴式旅游城镇空间布局。旅游城镇化带来的集聚效应也形成了旅游产业集群为特征的第三产业为主的产业结构，1984~2021年，九寨沟县产业结构比由31∶50∶18调整到9∶16∶75，常住人口城镇化率达到54.63%[4]。

九寨沟以旅游导向的新型城镇化立足于当地实际，统筹兼顾城镇化与完善产业体系、优化城乡布局、统筹城乡发展，主要表现为人口城镇化、产业城镇化、空间城镇化。

一、围绕旅游目的地体系布局旅游城镇化空间

景区、城镇和通道是旅游目的地体系的三个层面。最开始是核心景区的开发，导致景区内旅游设施聚集，原住民参与旅游从业；然后带动景区所在地区县城、集镇城镇化趋势

加快，围绕旅游业完善基础设施和配套设施，第三产业加快发展，旅游相关从业人员增加；带动旅游通道游客观光休憩项目、服务设施增加，吸引旅游沿线居民从事旅游业。

旅游乡镇则可以是旅游交通节点、游客集散中心、旅游业态聚集区，按照不同区位和资源禀赋，要按照不同区位和资源禀赋，找准定位，因地制宜地发展旅游聚散型、交通枢纽型、旅游商品（农牧产品）加工型乡镇。九寨沟景区所在漳扎镇就是旅游服务型集镇，通过九寨沟景区这一旅游核心吸引物，吸纳了大量的游客和旅游从业者。推动了当地围绕旅游进行土地整合、基础设施建设、文化风貌呈现、就业解决，并有效促进了新型农村社区建设。

在漳扎镇附近，现已围绕景区—城镇—通道构成了纵横相交、点轴结合的旅游城镇体系，随着旅游发展，不断开发的城镇与食、住、行、游、购、娱等旅游要素节点形成了"串珠状＋网络状"的城镇空间格局。政府将资源配置向旅游目的地景区、城镇和旅游通道沿线集中，统筹旅游产业与交通规划建设、城镇建设、新农村建设，把就在九寨沟景区外的漳扎镇及旁边的中查沟、甘海子等作为旅游业发展载体，形成了逐步扩张的旅游城镇体系。

二、以旅游城镇为主导的三产融合发展路径

以旅游为主的生态型经济能推动三次产业联动发展、融合发展、集群发展，推动区域城镇化进程。产业是城镇化的支撑，是城镇化的内生动力。九寨沟走出了一条兼顾生态保护和经济发展良性循环的经济发展模式，以良好的生态环境为基础，与优势的农牧业、文化、藏医药等产业融合发展；进一步形成泛产业集群，推动当地的城镇化、现代化。九寨沟的实践表明，以旅游业为主要内容的生态型经济完全可以成为推进新型城镇化的产业发展路径。

旅游产业能与一、二、三产业联动发展、融合发展，增加产业附加值。旅游引致的消费需求和商机带动了九寨沟传统农牧业转型升级。围绕游客"食"的需求，拉动大量农副产品消费；以"生态、少量、高质"为特征的高原农副特产品特别适合开发成旅游商品。城镇和景区周边的村寨发展成了旅游综合体、生态农业观光、民族村寨文化体验等旅游业态。同时，旅游和文化、中藏医药等当地优势产业融合发展，开辟了演艺旅游、专项旅游、特种旅游。

九寨沟带动了旅游城镇的旅游配套产业和支持产业发展，扩大第三产业比例。旅游产业的联动效应和聚集效应不但使旅游开发运营、旅游餐饮住宿、旅游咨询服务、旅游地产、旅游商品销售、旅游文化演艺、旅游交通运输、旅游职业培训等以旅游为核心的新兴第三产业部门在景区周边集聚，同时巨大的游客市场还使当地的批发零售商贸、交通业、电信业等传统第三产业快速扩张。

图6-3　位于漳扎镇旅游产业聚集区的九寨千古情景区（赵川摄）

在政府规划引导下，九寨沟景区周边开发了神仙池、甘海子国际会议中心，白河、勿角生态旅游区，形成了漳扎镇、九寨天堂、新老县城、景区周边乡镇等几个产业聚集区。这种景区带动旅游城镇化的模式能促进形成以旅游为主体，三次产业联动发展、区域产业差异化布局的产业集群，产生出内外结合的动力驱动城镇化发展。随着九寨沟这样的旅游目的地日趋成熟，旅游核心产业及其带动的相关产业（为旅游增加体验消费型产品，主要体现为横向联系的产业）和旅游支持产业（为旅游产业提供基础支持，主要体现为纵向联系的产业）在景区外集聚，如九寨沟口的漳扎镇周边汇集了众多的高端度假酒店，"九寨千古情"这样的文化演艺综合体以及附近的中查沟旅游综合体，有效促进了核心景区周边次级景区开发和为旅游需求提供服务的若干业态，推动了差异化的产业集群形成（见图6-3）。产业集聚促进劳动力、资本、信息等生产要素向旅游城镇、通道等优势区转移，产业高度集中及内部分工协作，提高了规模经济效益，降低了生产服务单位成本，增强了当地经济的竞争力，促成了城乡、区域联动发展，提升了当地居民非农化转移水平、收入水平和生活水平，加快了旅游产业聚集区的城镇化发展进程[5]。

（一）旅游与第一产业

旅游业对农林牧等第一产业的融合和带动作用最明显。旅游引致的消费需求能带动目的地周边传统农牧业转型升级。"生态、少量、高质"为特征的高原农副产品特别适合开发为旅游商品，围绕都市游客"食"的新消费需求，九寨沟景区的旅游需求辐射到周边的林下产业和畜牧业，主要产品如野生菌类、中药材、牦牛肉、藏香猪等特色产品的生产，拉动了大量农副产品消费。消费需求的提升倒逼推动周边区域扩大优势特色种植业和畜牧业规模，通过农牧生产经营现代化、规模化与集约化，降低了农牧产品生产成本，提高了对应产品的质量、包装和市场竞争力。同时，农牧产品作为旅游商品开发也推动了延伸农业产业链，农副产品深加工、药材资源开发等产业得到拓展，农产品附加值得以提升，居民收入显著提高。

九寨沟周边的双河镇罗依现代生态休闲农业产业园区、甜樱桃现代农业园区、花椒现代农业园区等，依托特色村寨农业与旅游业融合，逐步向休闲农业方向转化，比如建立有机农业示范区、生态果园或者庄园经济，发展生态农业休闲观光，满足旅游市场消费和游客休闲体验活动。同时，依托旅游目的地周边的特色村寨，在进一步完善村寨基础设施及配套服务功能的同时，通过挖掘各村寨的自然资源禀赋和人文内涵，培育差异化、多样性的旅游产品来吸引游客，发展农家乐、牧家乐、民族村寨文化体验等特色乡村旅游，将每个产业园区、每个生态村寨建设成为旅游景区，将特色魅力乡镇建设成为旅游集散地，以旅游发展推动生产要素和社会事业向城镇集中、向城镇靠拢。

（二）旅游与第二产业

九寨沟景区带来的旅游城镇化围绕旅游消费需求，大力促进了农林牧等食品加工业的发展。高原特有的牦牛肉、藏香猪、藏香鸡、虫草、贝母、水果等，被进行精深加工，满足游客购买需要。同时，依托藏民族传统手工艺，如纺织、陶艺、唐卡、金工、绘画等非遗大力开展文创设计，开发了一批与当地藏族文化相符合的特色的工艺产品（见图6-4）。九寨沟景区也带动了周边富有特色的葡萄

图6-4 九寨有礼文创设计吉祥物参赛作品（姬大力）

酒生产，如阿坝州九寨红葡萄酒尽管主要材料原产地不在九寨沟县，但依托九寨沟品牌形成了生产观光、葡萄酒体验和购买、酒庄餐饮和住宿等项目的基地。

（三）旅游与第三产业

九寨沟的发展表明，旅游能显著带动服务业发展，促进传统服务业向现代服务业升级。旅游业是一个集食、住、行、游、购、娱等多种要素于一体的相互关联的产业集群，通过产业关联和产业聚集等效应带动周边城镇服务业相关行业的发展，从而直接或间接拉动服务业增长[6]。这主要体现在以下三点：一是旅游消费对于服务业中与旅游直接相关的行业产生影响，包括餐饮、住宿、交通、景区、商贸、旅行社、休闲娱乐等行业，旅游业发展直接带动这些核心支撑行业的迅猛发展。二是除了传统的核心业态之外，旅游业是众多相关产业交叉重叠的行业部门，与其他产业部门关联度很高，如需要通信、电力、金融、保险、医疗、教育、广告、中介、物流、环卫、地产等产业部门为其提供生产资料和要素服务[7]，旅游业发展能够刺激、拉动这些产业快速发展，创造出广阔的市场需求和就业机会。

旅游业与信息技术、互联网等深度融合，推动智慧旅游、旅游电子商务等新兴业态和商业模式发展，从而提升旅游业的信息化水平，拓展旅游业的业态内涵，提高当地旅游业的竞争力。三是旅游业能催生出汽车租赁、户外向导、网络服务、旅行代理、旅游策划与营销、旅游保险与信贷等与旅游相关的新业态，大大丰富了现代服务业的内涵，培育和带动了一批新兴市场[8]。

九寨沟旅游业与文化产业互动发展尤其突出。当地充分挖掘具有浓郁民族特色和地方特色的文化旅游产品，开发利用民族歌舞、民俗民风、历史遗迹、宗教文化、饮食文化、民间工艺品等各种形态的文化旅游产品，扶持文化产业发展，推进旅游和文化产业有机融合，以文促旅、以旅带文。旅游不仅在保护和传承中弘扬当地传统文化，还在创意创造中发展新兴文化，带动了当地文化产业创新发展。如86版《西游记》和中国第一部商业电影《英雄》都将九寨沟作为取景地，同时促进了文化产业和当地旅游业的发展。依托旅游目的地人流，漳扎镇还引入了宋城集团，通过对传统文化进行充分挖掘和展示，打造了《九寨千古情》项目，集文艺演出、开展影视拍摄、举办旅游节庆活动和特色文化旅游项目为一体，形成文化保护、开发、传承、弘扬的良性循环。在此过程中，为增加可视性和游娱性，现代因素被注入传统文化中，使传统文化展示出了现代生命力，文化由概念性的虚空直接转化为感官、体验性的实在，并带来丰厚的经济效益。

三、以旅游产业发展为导向的人口转移路径

城镇化首先表现为农业人口脱离土地，向城镇转移和聚集，同时该部分人口的生活方式向城镇型生活方式转变。农村人口向城镇人口转移，城镇人口的不断增长，是新型城镇化的重要体现。根据相关研究，城镇化率每提高一个百分点，第一产业从业人员比重下降1.0219个百分点，显然随着城镇化发展会有更多的农村劳动力转移到第二产业和第三产业进行就业[9]。以旅游产业拉动，促进农村剩余劳动力第一产业向第三产业转移，沿旅游城、镇、村和通道，实现适度人口聚集，促进人口城镇化进程。人口向城镇集聚：旅游城镇化人口转移路径主要由三部分构成。

第一类是本地原住民转移到旅游业。九寨沟县处于青藏高原向四川盆地的过渡带上，地理环境恶劣，生态环境脆弱，受自然条件制约，长期以来区域内工业发展受到限制，工业能够吸纳的农村剩余劳动力有限，因而大部分原住民以从事农牧业为主，散点分布在区域内各个村寨，向城镇集聚的人口较少。伴随九寨沟旅游业的快速发展，以旅游业为主导的服务业逐步成为当地经济发展的支柱产业。由于旅游及相关服务业属于劳动密集型产业，需要大量的劳动力，不仅宾馆饭店、旅行社、景区等旅游行业部门需要大量直接从业人员，旅游业带动的商业、交通运输业、通信业、商业贸易、金融、工业、建筑、农业等也要吸

纳大量的间接从业人员。旅游业加速发展，直接从业和间接从业人员需求持续增长，就会推动本区域原住民从农牧业向旅游有关的第三产业转移，进入城镇务工，并逐步转变为城镇居民，推动当地城镇化进程。此外，部分原住民通过将自己的房屋改造或是新建房屋，作为民宿或饭店接待游客，将房屋等生活资料转化为生产资料，从事农牧业转化为从事服务业，从而实现就地城镇化。

原住民生计方式转变在九寨沟区域效果非常明显，这种转型主要分为以下两种：一是完全转型，即农牧民生计方式完全转变为旅游服务的社会转型。在旅游业发展之前，当地几乎是从半农半牧的传统社会，放养牛羊马、种植玉米土豆，随着游客的增加，条件好农户尝试接待游客，随后本地农民逐渐融入旅游业，兴办农家乐、牧家乐，经营宾馆餐馆、百货超市，参与旅游管理经营，完全放弃了传统的农牧生计方式，投身于旅游服务业，部分农民早已提前达到全面小康。二是渐进式转型，即距离旅游目的地较远地区的农牧民的生计方式还没有完全摆脱农牧生产方式的社会转型。这种新型生计方式甚至还有意要依托原来的农牧生产形式，从而形成特色的乡村旅游发展模式，如通过"牧家乐""藏家乐"改变原来纯粹的农牧业生计方式，积极转入旅游经营。

第二类是外来旅游从业者向本地城镇转移。旅游业乘数效应相当大，其带来的旅游经济效益也较高。随着"大九寨"区域旅游经济效益日益显现，旅游发展创造的市场机会，吸引大量外来经营者开展投资、商务活动。另外，随着旅游业发展日益壮大，对人才的需求日益扩大，旅游规模集聚效应吸引了一批旅游服务人员、旅游管理人员、高素质旅游人才等外地人到九寨沟直接从事旅游及相关服务业的岗位工作。外来从业者增加了本地城镇常住人口数量，生产和消费活动与当地城镇居民相似，也会推动当地城镇化进程。

第三类是大规模游客向旅游城镇集中。随着我国经济快速增长和人们收入水平的提高，大众旅游时代已经到来，旅游已经成为人们日常生活的一部分。作为旅游消费主体的大规模游客，从全国各地和世界各国前往九寨沟，向沟口的漳扎镇和周边城乡聚集。虽然游客是短暂停留，但由于旅游流是个不间断过程，因此把游客流量视为一个相对固定的人群，就相当于一群固定的人口聚居于此地。

四、九寨沟旅游城镇化模式的经验总结

以九寨沟为代表的旅游城镇化发展经过自发阶段到政府主导阶段，其他区域完全可以借鉴此类模式，通过旅游全域化、新型城镇化、农牧业现代化"三化互动"，实现城乡统筹发展，通过旅游驱动新型城镇化发展。可以认为，以"飞地型"城镇化模式和区域经济增长极核理论可以推论：青藏高原可以依托丰富的自然人文旅游资源，在核心旅游景区及周边重点发展旅游县城，以旅游及相关产业为支撑，引导差异化发展的旅游集镇和乡村，形

成空间布局和产业分工合理有序的城镇体系。以核心的旅游区作为增长极核，逐步增强其聚集辐射效应，通过旅游产业关联度拉动，在"涓滴效应"的影响下，以点及面，以点串线，形成轴面发展态势，逐步推进城镇化范围。

在推进旅游城镇化过程中，在城镇规划、新农村建设规划时，必须考虑当地居民生产生活需要，考虑一定时期内旅游业发展带来的农村劳动力转移、游客进入，城镇化人口增加的因素。通过发展旅游，政府要把散居的农牧民适度集中居住，实现农村转移人口和旅游从业人员的适度聚集，加强市政、医疗、教育、金融、治安、通信等资源集中配置。逐步推进社会管理现代化，让公共服务惠泽乡村；通过旅游实现人口适度聚集还可以降低社会管理成本，便于统一宣传党和政府的民族政策、宗教政策、惠民政策，有利于社会稳定与和谐。

| 第三节 |

促进全域旅游发展的"三微三态"新路径

阿坝州加快生态治理工程建设，明确提出建设"川西北生态经济示范区"的目标，把文化生态旅游业确定为践行绿色理念与融合发展的核心产业。在生态旅游业的引领下，既要金山银山又要绿水青山已经成为全州上下的共识。2016 年 7 月，阿坝州委从战略和全局的角度，提出了"生态、业态、文态"三态融合与"微景观、微田园、微环境"三微联动的全域旅游发展新路径。

全域旅游是旅游产业的全景化、全覆盖的系统旅游，即依托独特的山水资源，以景区的理念规划阿坝全域全景，以景点的要求建设每个节点，做到处处是景观、村村是景点、人人是风景。

通过"三微、三态"建设项目逐步实施落地，有力地助推着阿坝州国家全域旅游示范区建设步伐的加快，不断增强着阿坝旅游的核心竞争力。通过打造微景观、微田园、微环境，使得阿坝大美山川和游客有更好的互动性、融入感。以生态、文态、业态"三态"融合为引领，让全域旅游示范区创建纵深推进。通过"三态"融合、"三微"联动，让旅游业呈现出单极带动向多极支撑、以点带面、全域辐射发展的良好态势。

从"九环线"到"环红经济圈"，从岷江河谷到广袤草原，从国道线到一个个景区……美丽阿坝州处处是景，星罗棋布的微景观串点成线、连线成片，全域景区惹人流连；小菜园旁细品一杯茶，小果园里体验采摘乐趣，小圈舍外与动物进行一次"亲密"接触，微田园中的浓浓乡愁洋溢在每位游客心间；方便快捷的道路，完善的旅游设施，热情周到的旅游服务人员，绿色、安全的特色美食，微环境让游客宾至如归。

"三微"联动的不断加强，全州各地更多的农牧民群众乘上全域旅游发展快车，端上旅游增收致富的"金饭碗"，迈向通往小康生活的康庄大道[10]。

一、"三态"融合、"三微"联动，以创新的举措推进全域旅游

（一）始终突出"生态、业态、文态"三大主题

着眼保护生态，统筹推进岷江上游水生态治理，加快建设九环线"千里绿色走廊"，大力抓好水土流失治理、地质灾害防治、生物多样性保护等工作，努力保护好长江黄河上游重要水源涵养地和川西北生物基因库。着眼提升业态，大力提升人文环境、改善经营环境、完善市容环境、优化交通环境、协调景观环境，打造出备受市场追捧的阿坝州全域旅游品牌。着眼培育文态，依托独具魅力的藏羌文化、积淀丰厚的历史文化、波澜壮阔的红色文化、多姿多彩的生态文化和多元包容的宗教文化，深度挖掘文化资源内涵，着力提升文化创意水平，把丰厚文化资源的价值展现在游客面前，全面推动文化与旅游深度融合、互动发展[11]。

（二）切实做好"微景观、微田园、微环境"三篇文章

抓好"微景观"建设，坚持"抓大不放小"的原则，按照"精致、精美、精细"的要求，围绕草地生态观光、休闲观光农业以及藏羌文化、红色文化旅游等项目，因地制宜打造一些小型景观景点，不断丰富和完善全域旅游内涵（见图6-5）。抓好"微田园"建设，因地制宜发展"小菜园""小果园""小圈舍"，并对"微田园"进行精心耕作、规范管理，把村寨民居、绿色长廊、雪原草地、高山峡谷独具魅力的自然风光完美呈现出来，既满足农民群众发展种养副业的需要，又能让游客看得到田园风光，听得见鸡鸣犬吠，闻得到瓜果菜香，记得住乡情乡愁。

图6-5　九寨沟七里村知青大院（赵川摄）

（三）稳步推进"旅游+""互联网+"两项重点

依托"旅游+"推动融合发展。加快推动"旅游+生态农业"，因地制宜培育种植养殖基地、家庭农（牧）场和康养庄园，并充分利用田园景观、农牧产业、农耕文化等资源要素，开发具有休闲性、参与性的休闲农业产品；加快推动"旅游+绿色工业"，积极挖掘培育农畜产品精深加工、中藏羌药深度研发等旅游产品；大力发展"旅游+体育、旅游+养生、旅游+休闲、旅游+研学"等旅游产品，不断提升产业附加值。依托"互联网+"发展智慧旅游。加快推进交通干线、景区景点、主要乡村旅游点等旅游区域及重点旅游线路的无线网络、5G等基础设施的覆盖，在游客集散中心等场所提供旅游信息互动终端；大力推进智慧城市、智慧景区建设，积极支持社会资本和企业发展乡村旅游电子商务平台。

二、阿坝旅游"三微三态"的建设成就

（一）三微打造推动旅游产品品质提升

阿坝旅游因微景观而更有品质，因微田园而更富情趣，因微环境而更具软实力。"三微"联动，全域旅游新蓝图更为清晰，大美阿坝画卷更为绚丽。

全域旅游因微景观建设而愈发美丽。阿坝州辖区面积广阔、地理环境特殊、文化绚丽多彩，这让打造微景观具有资源禀赋优势。坚持"抓大不放小"的原则，立足本地资源特色、自然地理、人文历史、风情民俗，按照差异化定位、体验式消费、品牌化推广、错位式发展思路，在推动有潜力景区创建国家4A级景区的同时，打造一些点状小型景点点缀在大型景区之间，形成大小景观之间相互辉映、互相衬托的效果。

全域旅游因微田园进一步扩容升级。从羌寨水园到藏乡菜地，从农区田园到牧区牧场，阿坝州农牧民群众将农牧业资源转化为旅游资源，因地制宜大力发展农家乐、牧家乐、乡村酒店等乡村旅游产业，让游客在山水间感受"世外桃源"。把打造"微田园"作为推进全域旅游的一个重要抓手，紧扣体现乡村气息、乡村情趣目标，引导当地居民特别是交通条件较好地区的居民在前庭后院栽花种树，因地制宜发展一些"小菜园""小果园""小圈舍"，让游客看得见田园风光、听得见鸡鸣犬吠、闻得到瓜果菜香、记得住乡情乡愁。

全域旅游因微环境改善而更体贴宜人。山更青、水更绿，路变得更平、更宽，河道变得更干净、更美丽，城市乡村的基础设施变得更加完善，服务更热情周到……行进在阿坝大地，处处可见旅游基础设施建设的大力推进，旅游硬件水平的提高极大，使得阿坝州旅游环境进一步改善。

"走进阿坝，您就回到了家。"这是阿坝州服务人员常挂在嘴边的一句话。随着旅游市场监管体系的不断完善，旅游服务技能培训的不断加强，阿坝州旅游市场软件水平不断提

升,"人人都是微环境"让越来越多的游客在这里找到了宾至如归的感觉。微环境的改善,使阿坝州旅游环境有了整体的提高。把微环境建设作为全域旅游建设的重要切入点,加大城乡环境综合整治,抓好生态环境恢复建设,围绕"十三五"产业路建设,加快实施全州全域旅游公路规划,切实强化河道整治,逐步恢复河道景观。同时大力加强交通安全、食品安全管理,加大社会治安综合治理,不断提升阿坝旅游产业软实力[12]。

随着各地项目的加快推进,"三微"联动成效显著,在各个层面充分展现出阿坝之美,在推进全域旅游发展中,有效带动了阿坝各族群众参与旅游产业,实现增收致富,推动阿坝州旅游高点起步、高位提速、高端冲刺。"三微"联动,增加的是游客的"获得感",鼓起的是群众的"钱袋子"。据统计分析,目前到阿坝的游客人数中,自驾、自助游客人数据飙升,面对异军突起的自驾游、自助游情况和游客对旅游品质要求的不断提高,在以"大九寨"为代表的精品旅游区域内外,涌现出了九寨云顶、神仙池等高品质的旅游目的地,不断优化了阿坝旅游品质,不断提升旅游的综合体验价值。

(二)三态建设推动旅游业态提档升级

通过生态、业态、文态"三态"建设,阿坝旅游为游客带来了更深层次的文化体验和生态美感;休闲度假、康体养生、运动探险、美食购物、健康养老等旅游产品种类丰富,新的旅游业态和旅游产品不断推陈出新,满足着不同旅游者的消费需求。

以生态美助推美丽阿坝世界旅游目的地建设。阿坝州州委、州政府围绕加快旅游产业发展,确立"拓景扩容"、建设"全域、全时、多元旅游"的工作目标。通过拓景扩容建设,阿坝州已形成以世界级景区为支撑、众多景点相串联、整体发力的"多点多极"局面。呈现出"春看花、夏避暑、秋赏叶、冬沐阳光",四季风景各异、全域皆有亮点的"全域全时、立体多元"生态旅游格局。阿坝是长江黄河上游重要水源涵养地和川西北生物基因库。阿坝州始终坚守生态底线,在保护中开发、在开发中保护,真正将绿色还给自然、把生态还给自然,努力形成了个性鲜明、生态一流、景观醉美,高端旅游与大众旅游相配套的旅游精品景区。

以业态美激活阿坝旅游发展内生动力。阿坝通过各种途径提升旅游业态,为不同形态的旅游消费创造条件。通过积极顺应旅游常态化、消费个性化、供给精准化的发展态势,对现有旅游六要素的业态体系进行分析、调整、完善,既大力提升人文环境、改善经营环境、完善市容环境、优化交通环境、协调景观环境;加快发展休闲度假、康体养生、运动探险、美食购物、健康养老等旅游产品,极大地改变了过去以观光旅游为主的产品结构。随着旅游发展步伐加快,阿坝州旅游消费链不断延长,让不同的旅游消费需求在"全域旅游"的平台上充分自主选择。

以文态美展现阿坝多元文化魅力。阿坝州是藏羌彝走廊的重要组成部分,G317是联接藏羌汉文化的重要文化走廊。在阿坝州,通过文化旅游融合,将黄泥羌寨、石砌藏寨、艳丽藏羌服装、精致羌绣、博巴森根、卡斯达温、羊皮鼓舞、神秘释比等浓郁藏羌民族文化转化成了特色明显的旅游产品,游客踏上阿坝这片神奇的土地,就会被藏羌文化的神秘色彩和元素紧紧包围。通过"三态"建设,以桃坪羌寨、甘堡藏寨、松潘古城、卓克基、中壤塘这些独具魅力的藏羌文化城镇村寨正在蓬勃发展,向每一个到访的游客展现着阿坝厚重的文化和无穷的魅力。

文化是旅游的灵魂,旅游是文化的载体。阿坝州通过"三态"建设,找准了文旅相融、以文促旅的切入点,围绕深入梳理文脉和文化源流做文章,依托阿坝州独具魅力的藏羌文化、积淀丰厚的历史文化、波澜壮阔的红色文化、多姿多彩的生态文化和多元包容的宗教文化,着眼培育文态,提升旅游文化内涵,着力提升文化创意水平,把丰厚文化资源的价值展现在游客面前,全面推动文化与旅游深度融合、互动发展,塑造品牌、打响品牌,推动阿坝旅游走向世界。

三、阿坝"三微三态"模式的经验

阿坝州"三态三微"建设是围绕旅游业开展的重要建设,涉及发改、自然资源、林业、住建、商务等不同部门,在发展过程中,得到了政府、企业、民众的各方协同配合、合力推进,形成了丰硕的发展成果和值得借鉴的宝贵经验。

(一)强化协同配合

进行"三态三微"建设,需要各级党委、政府加强对旅游业发展的领导和组织协调,及时研究破解旅游业发展中的重大问题,确保旅游工作有力推进。旅游主管部门要切实履行规划指导、形象推介、市场监管、政策研究、督促协调等职责;发改部门要在发展规划中同步考虑旅游发展问题,在项目资金争取方面要优先考虑旅游项目;自然资源、林业、财税、文广新、宗教等部门要牢固树立"大旅游"意识,充分发挥职能作用,主动靠前、全力配合,形成政府主导、旅游部门牵头、其他部门配合、全社会共同参与的旅游发展机制。

(二)强化营销联动

通过深入研究、挖掘和拓展"大九寨"等旅游品牌的内涵与外延,进行精心策划以提升旅游目的地品牌的吸引力和感染力。通过州级文旅部门统筹,有效整合各区域、各景区优势,以市场为导向,实施了整体形象拉动战略。在营销观念上,采用"一边建设一边开发,一边开发一边营销"的思路,整合各方资源、人才、平台、资金,按照"1+N"营销计划,围绕大九寨环线、G317旅游发展轴、大草原等重点旅游区域进行集中促销,以大宣传来促进大旅游、大产业,迅速提高了旅游目的地的知名度和影响力,引入大量游客和大资金投入。阿坝州作为一个整体旅游目的地,已经初步构建了整体形象与各地特色相结合的旅游形象体系,使阿坝逐渐成为人们向往的世界性旅游胜地。同时,阿坝现已形成了有针对性的多元化目标市场体系,运用有限的营销资金,主攻成渝地区、周边省市和以上海、广东、北京为代表的长三角、珠三角和环渤海等重点区域市场,实现了有的放矢。

(三)强化金融支持

阿坝州通过抓住供给侧结构性改革的机遇,有效推进了旅游基础设施和公共服务的投融资模式改革创新,促进投资主体多元化。通过引导金融机构加大对旅游企业和旅游项目融资支持,鼓励私营企业、民间资本与政府进行合作,积极参与公共基础设施和旅游景区建设,打造了"花海""鹧鸪山滑雪场"等新兴旅游目的地。同时,充分利用各类财政资金,借助州国投公司和县级国投等融资平台,积极吸引社会资本参与"三微三态"建设,推出了浮云牧场、嘎尔庄园等旅游度假区。

参考文献

[1] 赵鹏程,徐琴. 保护、创新与发展——试论少数民族文化建设[J]. 社会科学研究,2005(6): 194-196..

[2] 冯永锋. 生态文明建设:中国实现后发优势的契机[N]. 光明日报,2012-12-04(02).

[3] 朱小丹. 走向社会主义生态文明新时代[J]. 人民论坛,2016(34):6-9.

[4] 任啸,赵川. 旅游导向下四川藏区新型城镇化发展模式与路径[J]. 国土资源科技管理,2016, 33(5):37-43.

[5] 杨建翠. 民族地区旅游推动城镇化发展研究——九寨沟县旅游城镇形成机制分析[J]. 西南民族大学学报(人文社会科学版),2012,33(4):137-140.

[6] 夏杰长,瞿华. 中国旅游业与服务业互动发展实证研究[J]. 北京第二外国语学院学报,2014, 36(11):21-28.

[7] 张文建. 试论现代服务业与旅游业新增长态势[J]. 旅游学刊,2006(4):23-27..

[8] 本报评论员. 积极发挥旅游业在现代服务业中的龙头作用[N]. 中国旅游报,2009-05-25(001).

[9] 付永昌. 湘西州城镇化与旅游产业协同发展研究[D]. 广州:广东海洋大学,2014.

[10] 刘予. 全域旅游:让美景造福一方百姓[J]. 四川党的建设,2017(17):18-19.

[11] 刘作明. "三态"融合"三微"联动 全力推动阿坝全域旅游发展扬帆启航[J]. 四川党的建设(城市版),2016(10):52-53.

[12] 荀景铭,余雪梅. 加快推进国家全域旅游示范区建设的实践探索——四川省阿坝州为例[J]. 四川林勘设计,2016(4):45-51.

"精提升"——文化生态旅游新模式探索

| 第一节 |

旅游景区牵引全域发展

当前，景区的外延范围随着旅游生活化的普及，已经不再局限于传统景区拥有封闭边界的概念，而很多新型的目的地如国家公园、A级旅游景区、生态旅游示范区、旅游度假区等各种类型的旅游目的地都可以称为景区。景区是该区域人、财、物等资源有效的载体。因此，打造和升级一批景区，推进景区的基本建设和运营是带动周边区域发展的重要支撑。"大九寨"景区要带动区域发展，需坚持"纵向到底，横向到边"的发展路径，从根本上提高景区的精品档次，巩固和强化景区的保障作用，建立旅游目的地对外的更加开放性的联系[1]。

一、全域统筹，创新旅游景区发展工作体制机制

"大九寨"文化生态旅游发展要改变传统旅游模式，发挥核心景区区域带动功能，阿坝州委、州政府要加强对旅游工作领导和管理体制机制加强顶层设计，构建统筹推进核心景区带动区域发展的工作格局。将分散的旅游景区行业职能、文旅资源、品牌特色进行整合，实现由"多头化管理"到"一体化运作"的升级转变[2]，优化配置资源、规划联动发展，更加突出相关区域、产业融合的效果，增强旅游产业的整体统筹能力。要确立旅游空间布局由景区向全域延伸、多点支撑转变，形成"大九寨"多功能区共融发展，促进产业发展由单一业态向多业态转变，结构类型由简单观光向休闲度假转变。

一是提升综合管理体制：景区带动区域发展是一项复杂的系统工程，需要打破行政和市场壁垒、打破区域分割及行业壁垒，进行体制机制的改革创新，有效激发旅游产业发展活力和潜力。建立以政府为主导，市场为主体的综合管理体制，强化政府行政主体建设，增强政府在顶层设计、总体规划、统筹协调、市场监管、基建服务等方面的作用，积极发挥旅游行业协会组织作用，有效搭建政府、社会、市场等不同主体之间以及各主体与旅游行业之间交流的桥梁和平台，规范全州旅游市场相关准则，维护旅游市场秩序，引导旅游行业良性发展。建立工作考核评价体系，将发展全域旅游作为各级政府和相关部门的重要

发展目标和考核内容，明确各级各方的责权利，形成推进全域旅游发展的合力。

二是完善市场监管机制：在现有"1+3+N"旅游市场综合执法体系基础上，从州级到县（市）级统一旅游执法职能机构设置及运行管理，加快完善并出台"1+3+N"综合执法相关规定，形成权责明确、执法有力、行为规范、保障有效的旅游市场综合监管机制。在具体实施层面（尤其是县一级）加强涉旅部门权责界定，制定旅游市场综合监管责任清单，细化监管措施，落实旅游市场监管责任，解决部门联合执法协调难题，确保旅游市场综合执法监管机制发挥实效；大力提高从业人员专业能力和水平，切实做到持证上岗、亮证执法、公正执法，着力打造专业化、高素质的旅游执法监管队伍。严厉打击市场欺诈、侵犯游客权益等不法行为，打好安全生产、食品安全、旅游环境等整治的硬仗。积极开展全民教育，强化动态监测和督导考评，创新社会监督，净化旅游环境。

三是优化营销宣传机制：加快推进完善旅游宣传营销联动机制和区域旅游合作机制，加强区内县域范围合作，依托区内九寨、黄龙、汶川等旅游热门品牌资源，积极探索"九寨沟＋某县域旅游品牌"等联合营销模式；加强周边区域合作，与成都、重庆等邻近中心城市合作，与青海、甘肃交界地区合作，建立优势互补、市场共享的全域旅游发展联盟。加快全州主打品牌标识体系建设和推广，强化旅游宣传资金保障，积极拓展宣传渠道，不断创新旅游营销方式，尤其要发挥互联网新媒体宣传作用，在分析调研的基础上针对目标群体进行精准定位、精准营销；可借鉴海南"三位一体"的营销方式，即政府主要负责"形象营销"，通过投放品牌公益广告、举办旅游推介会、策划文化旅游活动等方式，提升阿坝旅游的美誉度和知名度；媒体负责"内容营销"，加强旅游线路推广、旅游目的地介绍、旅游特色多媒体展示，做好阿坝旅游形象的宣传者和传播者；企业负责"服务营销"，把旅游产品做好，解决游客如何来、怎样游、住哪里、吃什么等具体问题，满足游客心理、情感、审美等方面的需求[3]（见图7-1）。

图7-1 九寨沟知名营销节庆——国际冰瀑节（九寨沟管理局供图）

二、要素提升，构建景区带动发展系统

一是不断完善资源要素：旅游资源主要包括自然风景资源和人文景观资源，阿坝州拥

有良好的旅游资源基础，景点式吸引物发展已比较成熟，但要满足现代旅游需要的资源已不仅仅局限在自然资源和人文资源，还包括相应的特色资源和创意资源等。旅游的核心资源体是景区，同时要将城市、乡镇、风景道和公园、博物馆等社会资源访问点纳入旅游产品体系中去，做到景区墙内外争奇斗艳的泛景区化，这既是全域旅游对于景区的新要求，也是景区未来发展的破题路径。优化景区周边及外部城乡环境，逐步构建开放型景区，从旅游过度依赖门票收入的阶段走出来，实现从门票经济向产业经济转变。综合利用文化、民俗、历史、美食、建筑等物质及非物质资源，深度挖掘阿坝州旅游品牌符号价值，实现旅游资源利用效益最大化，进一步满足居民不断增长和日趋多元的旅游需求。充分利用目的地全部的吸引物要素，为前来的游客提供全过程、全时空地体验产品，让游客在观赏阿坝州美景的同时又感受藏羌民族的文化记忆，从而全面地满足游客的全方位体验需求。

二是不断完善服务要素：围绕游客多元消费需求，全方位提升低、中、高各层级旅游餐饮住宿接待能力，全方位提升旅游公共服务水平，提供更多的让游客满意的产品，可以让游客有更多的选择和享受更好的服务，从而能够愉悦地体验目的地。加快建设完善全州统一的旅游信息服务体系，不断提升景区游客中心信息咨询服务水平，畅通相关部门信息咨询投诉服务渠道，借鉴海南等地经验建设全州统一的智慧旅游服务平台，可以与去哪儿、马蜂窝等互联网企业合作开发互联网信息平台；建立健全自驾游配套服务保障体系，采取试点调研的方式逐步完善州内县域、景区之间旅游便捷交通连接服务体系；强化旅游安全应急监管保障，针对阿坝州灾害多发的特点，及时做好地质灾害风险排查和旅游安全相关信息发布，提升旅游应急处置能力。加快建立与完善州级旅游公共信息数据中心，建立健全覆盖全州的旅游信息咨询中心体系，应用一系列多元化信息传播途径，推动智慧旅游城镇、智慧旅游景区、智慧酒店和智慧旅游乡村，全面大力提升全域旅游信息化水平（见图7-2）。

图7-2　九寨沟智慧旅游管理中心（建措摄）

三是不断完善环境要素：认真贯彻落实阿坝州委、州政府关于全域旅游环境整治工作的部署，加快推进全州卫生、治安和市场环境整治工作。结合乡村振兴战略，积极推进农村水电等基础设施建设，建立健全环境整治动态管理机制，做好环境整治后续巩固提升工作，加强城乡精神文明建设，营造良好和谐的社会氛围。

三、景村融合,构建景区带动区域发展体系

作为民族地区,"大九寨"景区带动区域发展,首先要解决景区与乡村发展之间的关系。如何解决该问题,从根本上讲,要实现"联动、互动、律动",即强化景区建设对乡村地区的带动作用。一方面,景区带动型,周边区域围绕景区发展起来,实现与毗邻的景区优势互补、产品互补、共同发展的格局。特别是要根据乡村、城镇实际情况,坚持从景区的资源出发,开发互补型旅游产品,增加游客旅游经历体验的多样性。另一方面,将景区和周边地区打包宣传,形成有效联动,共享客源市场,借景区的名气来带动周边地区的人气。除此之外,要注重景村融合一体化发展,构建区域旅游发展体系。一是要建设"旅游环境+村庄设施"共存的新型旅游社区,这是在景区的带动效应下,实现乡村到旅游目的地的转变的根本途径。二是要建设"景村一体化"的新型农村社区,要通过营造旅游主题风貌、完善公共配套设施建设、打造休闲度假聚落、构建乡村文化体系等措施,重塑乡村"旅游目的地"的形象。要不断完善旅游目的地体系,实现旅游功能和乡村硬件、软件建设整体规划、合理开发、充分利用。要注意的是,景村一体化是一个复合、完整的发展路径,不是对一个村的孤立重建,也不是对单一产业的发展。而是通过整合各类资源,将新农村建设、旅游开发结合起来,形成旅游业和多种相关周边产业一体、景区与周边地区协同发展格局,扶持发展一组一品、一户一特色。

四、农旅融合,完善景区推动乡村振兴工作体系

以实施乡村振兴战略为抓手,大力推进农(牧)业产业与旅游发展的融合。从政府层面加强农旅深度融合发展规划,将农旅融合纳入乡村发展规划重要部分,大力发展乡村旅游项目。着眼于阿坝州高原生态等农牧业发展特点,积极推动农旅融合品牌体系认证建设,打造品牌统一、特色凸显、高附加值的农特产品,培育壮大农旅市场经营主体,鼓励合作社、集体股份制公司、企业入驻等多种开发经营模式,发挥龙头企业带动示范作用,结合旅游营销宣传不断拓展农特产品销售渠道,促进农业产业发展,实现产业基地景区化,农特产品采摘园。美丽乡村和旅游特色小镇是全域旅游里面很重要的一点,以特色小镇、美丽乡村为突破口,构建全域旅游的支点,推进旅游与乡村的深度合作,以乡村旅游为载体,推进农旅融合、旅游致富工作,升级地区旅游档次。

五、加强保障,全方位突出景区服务品质

"大九寨"要全面通过旅游景区基础设施建设成效外溢,全面带动周边区域基础设施建设,提升旅游基础保障水平和服务品质。重点是要加强生态厕所标准化建设,建成运行综

合性游客服务中心，完善交通标识系统，提升基础设施保障水平。同时，在城乡环境建设方面，要以景区环境标准进行城乡环境一体化规划，高标准完成绿化工程和生态项目建设，创新实施城乡环卫一体化管理模式，彰显"大九寨"品牌形象。要将景区智慧信息服务和接待系统、二维码导览服务系统、智能导航定位应急服务系统、旅游电子商务服务平台、智慧景区安防综合管理监控平台等周边乡村、城镇的安保、高山防火监控系统建设结合起来，全面提升景区带动效益。

| 第二节 |

文旅融合赋能绿色发展

"大九寨"作为文化、生态富集区域，坚持走文旅融合道路是赋能绿色发展的重要途径。文化和旅游深度结合，不仅有利于增加"大九寨"旅游产业中的文化元素，而且更有利于把"大九寨"丰富的文化资源变成文化产品，为文化走入大众市场，实现其价值最大化提供途径。

一、坚持绿色发展，巩固文旅赋能基础

紧紧围绕"国家重点生态功能区"定位，坚持"创新、协调、绿色、开放、共享"新发展理念，按照生态优先、科学利用的原则，切实加强自然环境和人文生态保护，注重旅游资源保护性开发，将旅游发展与生态文明保护有机结合，同步推进国家全域旅游示范区和川西北生态文明示范区建设，探索建立全域旅游与生态文明保护双向优化机制，推动实现人与自然、人与社会和谐发展。

一是积极推动旅游发展方式向精细高效转变，在旅游开发过程中切实做到开发与保护并重，加强对景区、企业等市场经营主体监管，提高生态文化旅游市场准入门槛，规范生态文明建设标准，通过政府良性引导促进旅游市场良性发展，促进生态文化保护传承。

二是加强绿色发展技术创新应用，加大对技术、人才等方面的资金投入，运用现代化科技手段，推动节能减排、环境治理以及生态文化保护；积极探索互联网大数据平台在旅游规划、服务管理、产品研发、景区承载力控制等方面的作用；加强对自然保护区、民俗文化的宣传和传承；加快推进全域旅游统计监测体系创新。

三是完善旅游发展生态补偿机制，增强机体发育能力。大九寨所属的阿坝州属（原）连片扶贫地区，底子薄、自身发展能力弱，进一步建立完善横向生态补偿机制，由下游经济发达地区向上游生态保护地区进行补偿，解决生态脆弱地区经济发展与生态保护的矛盾，同时积极争取国家相关政策资金的扶持。

二、深化改革，激发文旅赋能活力

要深入推进文旅赋能绿色发展。首先，要深化文旅体制机制改革。"大九寨"在涉旅文保单位"两权分离"改革基础上，要进一步发挥市场作用激发内生动力，实现文旅景区的专业化、公司化、市场化，不断推进景区景点建设、旅游基础设施建设、旅游服务水平提档升级，推动区域旅游资源与社会资本的优化组合，找准科学合理的发展路径和模式，激发文旅赋能绿色发展的创新动力。其次，要加大激励政策推动力度，在招商引资、加快生产、刺激消费等方面出台一系列政策，优化营商环境。推动文旅项目招得来、能落地、能见效，实现常态化政策激励引领，保障文旅赋能绿色发展的创新基础。最后，要加强专业人才培训教育，要强化外部引进，加大力度引进和用好知名旅游企业、机关、学校等，扩大合作共建教学实验室和实训实践基地带动作用，聘请旅游专家、人才参与旅游事业的整体规划和逐步推进，吸收旅游管理专业学生从事文旅项目发展等。

三、创新引领，培育文旅赋能极点

"大九寨"文旅赋能绿色发展，要积极寻找文化和旅游产业链条各环节的对接点，发挥各自优势，形成新增长点，带动全域发展。从国家文化和旅游部相关文件精神看，首先，要促进业态融合。实施"文化+""旅游+"战略，推动文化、旅游及相关产业融合发展，不断培育新业态。深入实施"互联网+"战略，推动文化、旅游与科技融合发展。统筹推进文化生态保护区和全域旅游发展，推动传统技艺、表演艺术等门类非遗项目进入重点旅游景区、旅游度假区。推进红色旅游、旅游演艺、文化遗产旅游、主题公园、文化主题酒店等已有融合发展业态提质升级。其次，要促进产品融合。用好文化资源和旅游资源普查成果，以文化创意为依托，推动更多资源转化为旅游产品。推出一批具有文化内涵的旅游商品。建立一批文化主题鲜明、文化要素完善的特色旅游目的地。支持开发集文化创意、度假休闲、康体养生等主题于一体的文化旅游综合体。推出更多研学、寻根、文化遗产等专题文化旅游线路和项目[4]。最后，要持续释放大众文化和旅游需求。建立促进文化和旅游消费的长效机制，顺应居民消费升级趋势，积极培育网络消费、订制消费、体验消费、智能消费、时尚消费等消费新热点，完善行业标准体系、服务质量评价体系和消费反馈处理体系。

四、市场驱动，做实文旅赋能保障

统一有序、供给有效、富有活力的市场是文旅赋能绿色发展的重要基础。"大九寨"要以文化市场综合执法改革为契机，推动文化和旅游市场培育监管工作一体部署、一体推进。要促进市场主体融合。鼓励文化机构和旅游企业对接合作，支持文化和旅游跨业企业做优做强，推动形成一批以文化和旅游为主业、以融合发展为特色、具有较强竞争力的领军企业、骨干企业。优化营商环境，促进创新创业平台和众创空间服务升级，为文化和旅游领域小微企业、民营企业融合发展营造良好政策环境。要加强"大九寨"品牌融合。秉承发展综合、开放、全域性的"大九寨"旅游目的地，立足区域资源和环境优势，从满足游客消费体验新需求出发，以要素聚合、功能叠加、品牌突出、文化独特、产品创新为卖点，采取集特色主题活动、大型媒体推介、现代平台搭建、文创产品发布等为一体的全面立体促销策略，建立"线上 + 线下 + 移动终端"组合营销模式。要促进市场监管融合。对融合发展的新业态，要及时加强关注、引导，不断更新监管理念。建设信用体系，实施各类专项整治、专项保障活动，开展重大案件评选、举报投诉受理、证件管理等工作，要将文化市场、旅游市场统一考虑、一并研究。

五、共建共享，形成全域全民参与绿色发展氛围

各级党委政府及各有关部门要进一步加强宣传引导，推动新一轮思想大解放、发展理念大转变，把全域旅游作为推动经济发展和转型的重要载体，按照"景观全域优化、服务全域配套、治理全域覆盖、产业全域联动、成果全域共享"的总体布局，将点、线、面有机结合，统筹推进全域旅游的健康发展，让全民共享更多的绿色福利。坚持"以人为本"原则，着力构建以政府为主导、以市场为基础、全社会共同参与的全域旅游发展体系。积极引导百姓思想观念、角色定位转变，由"旁观者"变为"主人翁"，动员百姓以"经营者、服务者、宣传者、建设者"等身份广泛参与全域旅游发展，参与国家全域旅游示范区创建。将百姓的切身利益摆在首要位置，让百姓共享基础设施建设、经济发展、环境整治等方面发展成果，不断完善共同富裕机制，结合乡

图 7-3　九寨沟生态广场（九寨沟管理局供图）

村振兴建设，积极带动群众就业，促进城乡居民可支配收入持续增长，进而推动实现阿坝社会长期稳定和多民族共同繁荣（见图7-3）。

| 第三节 |
产业园区带动高质量发展

产业园区是指一片区域内，在政府引导和企业带领的共同作用下，充分利用区域内的劳动力、土地、环境等资源，逐步发展某种产业并形成具有一定规模和特色的一种发展方式，在该区域内，产业发展到一定水平，其内配备有完善的生产生活基础设施、良好的居住环境。从各个国家和地区建设发展文旅产业园区的初衷来看，产业园区的建设和发展都是以发展经济为目标的。文旅产业园区通过各种优惠政策吸引相关产业的大量企业入驻园区，逐渐通过企业聚集，最终形成产业集群，并在此基础上通过相关产业各环节衍生出一批具有分工协作关系的关联企业，进一步壮大产业集群[5]。另外，园区内的企业之间相互竞争、合作，进而实现知识、技术和信息的共享，实现生产力的快速增长，带动地方经济快速发展。产业园区把空间分散的企业集中到园区，让企业摆脱规模效应束缚，提高了区域的产业关联度，下游企业可以在更大程度对接上游企业，有效利用资源、降低企业部分成本，同时也更好地保护了生态环境，为区域产业的品质提升创造良好的条件。

一、提升工业园区文旅产业附加值

随着社会的不断进步，原始的工业园区那种粗放式发展模式已经越来越不能适应现代社会的需要。现代文明在要求经济高速发展的同时对生态与环境提出了更为苛刻的标准。资源节约、环境友好、科学发展的观念在工业园区的建设中已经得到了高度的重视，在科学发展观的指导下，开发建设生态环保、资源节约型的企业和园区，将成为今后我国工业园区发展的趋势。而经过数十年来的发展，众多工业园区的产业结构发生了调整，从以第二产业为主向第二、第三产业协调发展转变。依据旅游业在第三产业发展中的支撑效应，"旅游+"的工业园区模式成为发展的新方向。"大九寨"文旅融合发展，要充分发展工业园区的文旅价值，拓展工业园区产业链。

第一，工业园区和旅游的结合，在一定程度上丰富了旅游产品体系，为旅游市场的扩展增加了可能性。工业园区凭借其现代服务设施健全、商务会议频繁等得天独厚的优势，通过大力发展休闲、度假、商务、会展等现代旅游产品与传统旅游产品形成互补，进一步完善了旅游产品体系。

第二，工业园区和旅游的结合发展可以扩展城市旅游空间结构。随着我国经济的高速发展，城市化进入了快速增长的轨道，以开发区为先导带动区域整体城市化的道路是当代中国极富特色的城市化模式之一。许多开发区在短时间内完成了产业和人口的集聚，逐渐转变为新城区、城市外围的新镇或一个新城市[6]。

第三，工业园区结合旅游业的优势，不仅可以改善开发区自身城市化质量，也能引起园区的转型发展，即空间协调—产业升级—功能强化。因此，工业园区和旅游业的结合发展能够为园区的产业调整和功能转型提供了强大动力，也对城市发展的加速、城市人口和劳动力的增长、城市规模的不断扩大、城市产业结构的优化等都发挥着重要作用，以苏州工业园区旅游发展的成果尤为突出。

二、深度挖掘农业园区文旅内涵

现代农业园区的内涵是丰富的，具有经济、社会、环境多重价值。首先是生态涵养价值，对改善自然生态环境发挥了重要作用，成为城市的绿肺与密集城市之间的生态缓冲区。其次是旅游游憩价值，可以依托特色农产品生产基地、特色环境资源等农业资源，大力发展乡村旅游业，构建原生态休闲度假的场所。再次是安全防护价值，可以对环境敏感的区域进行保护，对可再生的资源进行引导性管制。然后是科普教育价值，以现代农业、现代服务业、先进制造业为基础的科普教育窗口、示范展示舞台和乡土体验基地。最后是农业产业经济价值，大力发展现代农业，提高劳动生产率，提升农业经济价值[7]。

"大九寨"农业园区发展，要以农业产业特色吸引人，结合独特的农业产业特色融入科普、乡村体验等内容，并且适度建设相应的配套设施，方便、促进乡村旅游发展。在构建全域旅游网络的背景下，发展乡村旅游，加强与城市的联系，形成城乡生态网络，使现代农业与乡村旅游一体化发展，促进城乡融合，引导乡村振兴，实现人与自然和谐统一，从二元到一体。

三、纵向拓展文旅产业园区价值

旅游与文化有着本质上的关联性，旅游的发展离不开文化的扶持，两者相辅相成，旅游在一定意义上就是文化生产与消费的一部分。文化产业园区和旅游的结合是指具有旅游功能的创意文化产业园区和自身能够实现观赏游览、娱乐休闲功能的特定文化产业园区的一种发展方式。"大九寨"文旅融合发展，要建设文化旅游产业园区，促进文旅融合高质量发展。

第一，促进文化与旅游的结合，加快地区旅游业转型升级。文化是旅游的灵魂，加强文化和旅游的深度结合，深入挖掘旅游资源的文化内涵，提升旅游产品的文化品位，是旅游业加快转型升级步伐的必然选择。推进文化与旅游结合，推动旅游业转型升级已经成为国家层面重要战略。文化旅游产业园区是文化与旅游相结合的载体，加强文化旅游产业园区的建设有利于加快地区旅游业转型升级[8]。

第二，促进地区文化产业的发展。加强文化旅游产业园区的建设有利于地区文化产业发展、提高本地区文化产业竞争力，有助于形成区域性的文化产业集群，实现文化产业集聚效应，改善文化产业布局。建立文化旅游产业园为文化旅游企业的兼并、收购、重组等整合活动提供了便利，大大加快了文化旅游企业的扩张和聚集，进而组建跨行业的多元化经营的文化旅游产业集团，提高文化旅游产业的集中度[9]。

第三，促进地区经济、文化和社会的可持续发展。加强文化旅游产业园区的建设不但有利于地区文化产业发展，改善地区文化产业布局，还对地区经济、文化和社会的可持续发展做出贡献。加强文化旅游产业园区的建设有利于加强文化产业与其他产业之间的关联，促进文化产业中精神因素的扩散，推动产业的文化化，从而实现当地国民经济、文化和社会的整体发展和内涵式增长[10]。

第四，促进旅游景区产业化发展。加强文化旅游产业园区建设，将更多的旅游景区改造为文化旅游产业园区是旅游景区发展的一个飞跃，有利于旅游景区旅游产业系统化、规模化，有利于构建旅游景区产业化运作新体系，有利于旅游景区各要素的整合提升，有利于提升旅游景区的知名度、美誉度，有利于促进旅游产品的更新换代和全面提升，有利于旅游景区整体环境的全面改善，从而促进旅游景区的可持续发展。

| 第四节 |

文创商品助力旅游商品规模化发展

根据世界旅游组织（WTO）的定义，旅游购物支出是指为旅游做准备或者在旅游途中购买的物品（不包括服务和餐饮）的花费，包括衣服、工具、纪念品、珠宝、报刊书籍等，不包括任何一类游客出于商业目的而进行的购买[11]。这些物质形态的实物就是旅游商品，也被称为旅游购物品，是指旅游者在旅游活动中出于非商业性目的所购买的具有地域性、愉悦性、代表性、纪念性、实用性的有形物品。主要包括旅游工艺品、旅游纪念品、文物

图7-4　九寨沟文创商品（赵川摄）

古玩及其仿制品、地方土特产品、旅游日用品。当前，"大九寨"旅游商品的发展，要依靠创意者的智慧、技能和天赋，借助于现代科技手段对区域民族、历史、生态等文化资源、文化用品进行创造与提升，通过知识产权的开发和运用，产出高附加值产品[12]，不断开发高质量的文创产品（见图7-4）。

一、推进文创产品标准化生产

标准化对旅游商品生产尤为重要，标准化是商品质量的基础和基本要求，建立在标准基础上的产品差异化，才能形成真正的特色，实现生产规模的扩大和经济效益的切实提高[13]。针对目前"大九寨"旅游商品市场产品质量问题，对大批量、分散、手工生产的旅游商品，应制定基本的质量要求技术规范，对商品原料选择、基本加工技术、包装条件、储存方式、卫生条件等进行基础性约束，推动旅游商品生产、加工和物流、商贸等产业链条分工，提升产业化水平，逐步完善"大九寨"旅游商品生产和销售体系[14]。还要投入必要的精力，制定严格的规章制度，组织市场监管、物价、税务、旅游等部门共同加大监督管理力度，严格执法，打击各种假冒伪劣旅游商品。

二、注重特色化包装

做好"大九寨"旅游产品的包装设计，需要考虑旅游商品特色、档次高低、季节气候、包装的工艺、材料、色彩等因素。"大九寨"旅游商品在包装材料选择上以当地自然材料为主，如用纸、竹、木、泥、植物的茎叶等天然材料因地制宜、量材施用地设计制作各种旅游商品包装，通过现代工艺使之变得实用美观，具有明显本土特色，展现"大九寨"自然生态和民俗文化之美。在包装色彩上可直观应用旅游目的地独特的色彩，并能适当表现旅游商品的文化内涵，与旅游者达到心灵的碰撞与默契，如选用红、绿、黄、蓝、金等色为包装主题颜色，对应展现红色文化、生态文化、农耕文化、民族文化、历史文化等。在图案设计上根据旅游者追求差异化的心理，强调差别性的图案设计，可选取与当地民族相关的人物事迹、神话传说等作为图案，讲好小故事，突出商品的文化内涵。在旅游商品包装设计的档次方面，应做到低档、中档、高档相结合，以满足不同层次与不同消费水平的旅游者的需求[15]。还应通过市场调查、分析，研究海外旅游者和国内旅游者对旅游商品的各自需求情况，及时从形态、材质、颜色等方面调整商品的包装设计，并对原有设计进行改进、完善和提高。

三、实施多样化销售

对于"大九寨"的旅游商品，应实施多样化销售，要鼓励线上线下结合，培训致富带头人、返乡农民工的信息化应用技能，引导以"电商"的方式进行销售，带动居民增收致富。一方面，要鼓励当地居民针对各类游客进行自主销售，通过农民专业合作社、协会、公司等中间商组织销售；鼓励当地宾馆饭店、超市卖场、景区、旅游商品店优先收购当地居民生产的农副土特产品、手工艺品和实用商品；利用各种旅游文化节庆活动展销旅游商品，通过举办旅游商品博览交易会，或者积极参加全国性的旅游商品交易会，向外界推荐当地旅游商品，以扩大和提高"大九寨"旅游商品的知名度；还可以通过"以购代捐"的形式，通过引导和鼓励消费者定向购买欠发达地区旅游商品，以达到帮扶的目的。另一方面，在互联网背景下，以"互联网+"为发展理念，充分利用电商平台，建立当地特色旅游商品展示和交易平台，或者是与京东、淘宝、拼多多等电商平台合作，特别是开展当下引流量聚人气的直播带货，实现线上线下同时销售。

四、打造统一化品牌

面对旅游商品市场上大量的同质产品铺天盖地，产品开发理论对此状况的认识是："差异竞争—同质竞争—品牌竞争"是产品市场竞争的必经途径，而品牌无疑是对产品保护的重要屏障[16]。"大九寨"地区应提倡"匠人精神"，培训更多当地居民成为制作、生产旅游商品的能工巧匠，积极实现"一家一艺"。鼓励有条件的旅游商品生产企业申请注册商标，以及各类质量体系认证，加强自主品牌深加工，努力打造"一村一品"。相关部门要加强对旅游商品"大九寨"品牌的宣传和保护，统一策划和开展品牌推介活动，推动旅游商品"大九寨"品牌"走出去"，扩大影响力，并加大品牌知识产权的保护工作力度，构建有利于品牌成长的环境。政府还应加大对旅游商品"大九寨"品牌的奖励力度，对每年获得著名商标、知名商标、绿色认证、有机认证等的企业进行奖励，同时给为品牌打造做了大量前期工作的相关单位拨付相应的工作经费[17]。

参考文献

［1］陈萍. 景区带动型乡村旅游精准扶贫：内涵、机制与实现路径［J］. 生态经济，2019，35（6）：120-124.

［2］单忠献. 青岛市崂山区创建国家全域旅游示范区的实践与启示［J］. 青岛职业技术学院学报，

2018，31（4）：7-13+23.

[3] 汤和银，王维. 坚持问题导向　发展全域旅游 [N]. 海南日报，2016-04-05（B04）.

[4] 雒树刚. 在 2019 年全国文化和旅游厅局长会议上的讲话（精华版）[EB/OL]. https://www.sohu.com/a/288429904_755845，2019-01-11.

[5] 王璇，史同建. 我国产业园区的类型、特点及管理模式分析 [J]. 商，2012（18）：177-178.

[6] 严韵，卢涛，王嘉. 结合农业园区规划探索农业生态旅游发展途径——以无锡市锡山区农业园区规划为例 [C] // 中国城市规划学会. 多元与包容——2012 中国城市规划年会论文集（11. 小城镇与村庄规划）. 云南科技出版社，2012：529-535.

[7] 汪德根，陈田，王昊. 旅游业提升开发区城市化质量的路径及机理分析——以苏州工业园区为例 [J]. 人文地理，2011，26（1）：123-128.

[8] 杨春玲. 我国文化旅游产业园区发展初探 [J]. 企业导报，2012（13）：102-103.DOI：10.19354/j.cnki.42-1616/f.2012.13.073.

[9] 孙慧玲. 国内旅游产业园研究综述 [J]. 商，2015（40）：265-266.

[10] 王骏. 我国文化产业园发展策略探究 [J]. 消费导刊，2009（15）：88-89.

[11] 程丽辉，李骊明. 陕西旅游商品开发及营销研究 [J]. 人文地理，2006（6）：76-79.

[12] 吴必虎. 区域旅游规划原理 [M]. 北京：中国旅游出版社，2001.

[13] 谢清丹. 苍溪县旅游扶贫模式研究 [D]. 成都：成都理工大学，2017.

[14] 盛学峰，章尚正. 黄山市旅游商品深度开发的问题与发展对策 [J]. 乐山师范学院学报，2008（6）：55-58.

[15] 蒋莉. 对旅游商品包装设计的解读 [J]. 商业文化（学术版），2009（8）：95-96.

[16] 徐慧. 同质化态势下旅游商品开发模式与策略探讨 [J]. 艺术品鉴，2015（11）：343.

[17] 王红宝，谷立霞. 基于旅游体验视角的旅游商品开发研究 [J]. 广西社会科学，2010（12）：69-71.

第八章 CHAPTER EIGHT

"微改造"——文化生态旅游新场景建设

"微改造"的精髓在于一个"微"字，在于把"绣花"功夫做足。也就是说，要善用小变化、小改造、小更新，增强居民、游客获得感。在微改造中，要沉下心去，细心打磨，多打造品质化、多样化、碎片化的消费场景，多探索微创新，不搞大拆大建，不搞劳民伤财的政绩工程。

注重实干、追求实效，把微改造、精提升的工作做实做好，为旅游业发展提供更多文化生态旅游新场景，为人民群众带来更多获得感。

| 第一节 |

数字文旅场景

《"十四五"文化和旅游发展规划》指出，要顺应数字产业化和产业数字化发展趋势，推动新一代信息技术在文化创作、生产、传播、消费等各环节的应用，推进"上云用数赋智"，加强创新链和产业链对接。加快促进数字文化产业优化升级，着力创新发展数字创意、娱乐、网络视听、线上演播、沉浸式体验等新型业态，增强高品质、多元化的数字文化产品供给[1]。

一、微改造要把数字化作为重头戏、主抓手

"数字文旅"从过去偏向市场后端的互联网经济，向前端要素市场、底层新基建及后端产业应用的全要素、全流程、全业态数字化转型迈进。事实证明，文化旅游业发展中的不少问题可以向数字化要答案。比如，预约管理、客流引导、线路设置、线上导游、人工智能客服等服务，都离不开数字化改造。这就需要进一步布局新基建，着力打通数字壁垒，消除旅游与交通、公安、环境等部门间的"数字鸿沟"。此外，还应不断推进旅游景区"预约、限流、错峰"全覆盖，搭建线上管理系统，实现微改造项目入库管理。

二、发展数字化文旅，构建时空新场景

在传统的文旅消费中，旅游目的地是一个重要的生产要素，消费者需要进行实地消费和实景体验，旅游的"食、住、行、游、购、娱"六要素也主要是围绕空间区位和旅游动线来优化和配置。基于空间的实地旅游消费会受到很多方面的制约和限制，如旅游目的地的可到达性、自然灾害等。以发展数字文旅打破空间思维的局限性为基本思路，构建时空新场景是当下文旅行业的探索。

随着 5G、人工智能、大数据的新一代技术快速发展，旅游目的地的管理者应该意识到自身不是从邻近的同行抢夺消费者，而是需要考虑如何抢占用户的时间，才能吸引消费到旅游目的地空间旅游。同样，旅游业者也应该意识到抢占用户的时间，才有机会吸引消费者为旅游产品或服务买单。旅游业者需要将以目的地建设为核心的空间思维转变为提供用户幸福时光的时间思维，通过数字化来争取游客的时间，并通过时空转化，实现旅游产业升级。

三、数字文旅时空场景实现文旅数据价值转化

通过 VR、AR 和 AI 等新一代信息技术的结合，发展沉浸式体验，实现虚拟现实景区、虚拟现实娱乐、虚拟现实博物馆等新文旅时空转换场景，创造新消费方式。大数据和 AI 技术的结合，能够精准刻画游客画像，提供智能导览、精细化信息咨询、个性化文创产品推送等服务，给消费者个性化的旅游体验，这也是数字文旅带来的文化和旅游数据价值化的过程。

四、数字文旅场景提高公共文化服务水平

5G 数字新基建协助构建互联互通的公共文化数字服务网络，搭建内容丰富、覆盖城乡、方便快捷的公共文化数字化服务体系，通过公共文化云、网站、智能终端、手机 App 等载体，向社会公众提供高效的公共文化服务，更好地满足人民对文化生活的需求。新冠病毒疫情期间，数字文旅满足了大众的文化消费新需求，即使因个人原因未能亲临或延误到达现场，游客亦可借用新型科技产品全景观览景区美景，沉浸式体验其中。在数字文旅场景建设中，可以考虑把大量文旅活动搬上"云端"，推动云演出、云直播、云录制、云展览等新兴活动走进大众。游客则可以根据数字旅游提供的景点选择目的地和景点，根据地图欣赏现实中的美景。

| 第二节 |
沉浸式体验场景

2021 年 6 月 2 日,文化和旅游部公布《"十四五"文化和旅游发展规划》,并在健全现代文化产业体系的部分特别强调了要在"十四五"期间完成"100 个沉浸式体验项目"的目标[2]。随后,文化和旅游部产业发展司公布了《"十四五"文化产业发展规划》,对"100 个沉浸式体验项目"做了进一步的规范描述,由此可见,沉浸式体验场景是文旅业发展的新热点。

一、满足市场需求,打造沉浸式体验场景

图 8-1 九寨沟游客沉浸式体验藏族服饰(桑吉摄)

当前,"90 后""00 后"都习惯于畅游线上生活。线上交际虽然一定程度上满足了年轻一代高效便捷的娱乐化需求,但仍未能带来沉浸式、多角度的感官体验。越来越多的年轻人开始倾向于回归现实生活,现实空间中有趣的互动和沉浸式的娱乐体验成为 Z 世代年轻人的首选[3]。

面对市场需求的变化,善于思变,把传统文旅景区、休闲娱乐场所,通过"微改造"增加其互动性、代入感,改造出沉浸式体验场景,激发出老景区的新活力,抓住年轻市场(见图 8-1)。

二、丰富体验样态,扩展沉浸式体验场景

从"印象"系列开启的传统景区实景旅游演艺,到今天的戏剧、"剧本杀"以及密室逃脱等沉浸式演艺项目日益迭代。根据《2020 中国沉浸产业发展白皮书》来看,2019 年,国内沉浸式项目已有 1100 多项,包含了主题公园、展览、演出、特色小镇、剧本杀等多种样

态,"沉浸式 +"似乎成为一种通用的展示方式和文旅模式。在沉浸式体验的样态丰富的同时,承载样态的空间也在不断增多,扩展到包括酒店、景区、古镇在内的诸多文旅场景,具有全域性质的"沉浸城市"大幕正在徐徐展开。

三、科技手段植入,创新沉浸式体验场景

信息技术、虚拟现实、增强现实、人工智能等技术在文旅领域的应用日益广泛,也进一步助推了文旅融合下沉浸式体验项目的高速增长。新颖、迷人、互动的沉浸式体验正成为文化旅游最引人注目的新业态之一。以科技为工具,以文化为内容,形成"科技 + 文旅"的创新模式,在延展与活化文化的同时,更能满足消费者对审美、对视觉震撼、对场景艺术的追求。随着"元宇宙"概念的火爆兴起,文化园区、旅游景区也成为"元宇宙"发展的重要场景,更加沉浸化地体验正在创新空间的形态与模式。

四、挖掘文化内涵,提升沉浸式体验场景

对于沉浸式体验场景的打造,不能仅仅从有形的场景建设、科技设施设备应用中进行,还应该挖掘沉浸式活动的文化内涵,从提升思想文化的高度去对场景进行软建设。通过优秀文化思想的植入,提升沉浸式体验场景的设置品位,使场景为传承和发扬优秀文化服务。

| 第三节 |
文化演艺新场景

一、现有实体场景利用,打造产业型文化演艺街区

通过精心定位、重新打造,越来越多的诸如老厂房、商场、地铁、书店等实体场景变身为文化艺术街区、主题公园、文化创意公园,形成文化旅游产业聚集效应的重要组成部分。通过设施改造、品牌聚集、业态互补等方面的"微改造",以文化型演艺街区为载体,着力推动文商旅、游购娱融合发展。

二、丰富全时段文旅活动,推出夜间文化演艺新场景

夜间文化演艺涵盖范围更广、内容更丰富,实现创新和突破,更加贴近市场,营造出游

图 8-2　九寨沟夜间文化演艺新场景（赵川摄）

客可触可感的消费场景（见图8-2）。中国旅游研究院大数据调研显示，城市夜生活体验成为游客目的地夜游首选，我国目前已经形成了一批深受居民和游客欢迎的夜间文旅项目。从全国范围来看，文化消费和旅游休闲现已成为夜间经济不可分割的部分，但绝非夜间经济所包含的唯一内容，"文化＋"和"旅游＋"现已成为提升夜间经济效应的关键所在[4]。要打造具有国际影响力的夜间文化演艺生活地标，挖掘夜间经济发展的巨大潜能。

三、打破空间约束限制，创新数字化文化演艺消费场景

新冠疫情发生后，实体场景的演艺活动减少，催生并加速发展了"云演艺"，这一模式具有可持续性，并且给文化演艺行业带来新契机、新改变。"云演艺"是"互联网＋演艺"平台，加快发展在线剧院、数字剧场，鼓励与支持专业的演艺机构开辟线上常态化的演出平台。"云演艺"可以跨越空间的限制，打造新的文化演艺场景，让更多人可以方便快捷地看到当地文化，为文化旅游发展和传播提供更广阔的展示空间。

| 第四节 |
文博旅游场景

一、紧跟市场发展趋势打造文博旅游场景

近年来，以文化为核心，以博物馆等场景为载体，充分展示地域文化的旅游方式和旅游产品模式成为市场热点。充分挖掘旅游地文化内涵，设计具有参与性的项目，打造体验性强的文博旅游场景，借助新媒体的营销，让文化"活"起来，旅游"火"起来。文博旅游的发展让文博场景从过去一元化的功能向多元化展示转变，它们成了区域文化有机的组

成部分，提升了整个区域的文化内涵。

二、借助高科技发展线上文博旅游新场景

借助互联网、AR、VR、AI技术，文博旅游对博物馆、美术馆、艺术馆等实现文物、艺术品信息的扫描、加工、处理。游客和观众借助设备在线上观看文物、艺术品，自主游览、变焦、旋转、360°全场景体验等，提高了游客的观看体验。通过高科技带来多角度、全方位、细节化、沉浸式的文博旅游感受，突破了实体场景的限制，为文博旅游的发展开辟了新场景（见图8-3）。

图8-3　九寨沟数字艺术品（九寨沟管理局供图）

三、研学旅行为文博旅游带来新融合发展

近年来，研学旅行与文博场景的融合发展呈现出非常好的效果，扩展了文博旅游市场。研学旅行重在凸显文博特色，围绕馆藏资源进行拓展延伸。在课程打造上，充分利用了文博场景的知识性、科学性，采用直接现场教学法，以实物教学、情境代入、自主学习、动手体验等方式实现教学目的，激活了文博场景的生命力（见图8-4）。

图8-4　生态环境部、教育部向九寨沟管理局授"全国中小学环境教育社会实践基地"牌（建措摄）

| 第五节 |

旅游风景道建设

旅游风景道作为线性视角下的全域空间优化及资源整合路径，其空间结构及要素的布局，对于文化生态旅游新场景建设，具有十分重要的理论意义与实践价值。

一、政策引领，树立旅游风景道设计意识

《"十三五"旅游业发展规划》中提出要基于国家级交通线路网络，加强环境保护和特色村寨、汽车营地、绿道体系的规划建设，完善服务设施，开展国家旅游风景道示范工程，形成品牌旅游走廊[5]。

国家《"十四五"旅游业发展规划》提出，快速优化现有交通网的"快进慢游"功能，强化交通便捷度和重要旅游景区的连接度，加强乡村旅游公路和旅游景区客运索道建设[6]。

《"十四五"现代综合交通运输体系发展规划》中指出，到 2025 年，全国基本实现综合交通一体化发展，智能化、绿色化取得实质性突破，综合能力、服务质量、运行效率和综合效益明显提高，交通运输发展水平向世界一流水平迈进[7]。

不论是在国家旅游业发展规划中，还是在旅游公共服务规划中，或者在交通运输体系发展规划中，都明确地提出了旅游与交通融合发展、相辅相成的思路，可见旅游风景道的设计与建设，对于丰富文化旅游场景、扩展交通道路的功能都有着积极的意义。

二、科学规划，形成旅游风景道体系构架

旅游风景道体系构建，要实现全面提升旅游风景道服务质量。一是"快进慢游"的布局体系，包括梯级辐射、干支结合、区间循环，从空间上搭建起新场景的骨架。二是特色鲜明的产品体系，确定旅游风景道的主题，设计系列配套，从内容上丰富了新场景的体验，让过往游客能够有所感受和体验，而不是单纯地行进。三是设施完善的服务体系，明确了服务站、观景台等服务设施的布局和建设要求，从细节上完善了新场景的服务。

三、完善配套，优化指引类标志设置规范

一是路景融合，在对地点和景区统一分级基础上，以公路路线信息为纽带融合地点与景区，形成统一的指引体系，并明确了指引标志布局和设计的原则和要求（见图8-5）。二是刚柔并济，应用推广木制、仿木制等环境友好型标志形式和材质。三是形神兼备，设计突出自然与人文特征的 Logo。

图 8-5　九寨沟旅游风景道（九寨沟管理局供图）

通过新增和改造相结合，逐步规范旅游公路指引类标志，为游客提供便捷高效、特色鲜明的指引信息服务功能。

四、打造示范，丰富文化生态旅游新场景

交旅融合也是新时代交通、文旅高质量发展的新模式。如今，随着我国综合交通运输体系不断完善，交通运输与旅游融合发展渐入佳境，旅游风景道的建设将成为消费升级和个性出行旅游业发展的重要基础保障和重要依托，并且自身现已逐渐成为一种新型文化生态旅游场景，从而受到越来越多旅行者的青睐。

例如，阿坝州为了深入推进交通与旅游融合发展，提升旅游出行的交通服务质量，在全国民族地区率先编制《全域旅游公路专项规划（2016~2025）》和《全域旅游公路指引类标志设计导则》，构建了"快进慢游"的布局体系，设计了"十通道十枢纽"的快进系统（综合交通运输网络）、"两环十二幅"的慢游干线（国省道为主，总长4723千米）和73条慢游支线（农村公路为主，总长1780千米）。策划了"熊猫大道""茶马·藏羌风情大道"2条精品旅游大道和大草原、红色足迹、冰川圣山、寺庙文化、彩林梨花、山林海子6条特色旅游风景路。除此之外，还开展了两条旅游示范公路设计与建设。一是"熊猫大道"（映秀至小金），定位为围绕大熊猫及其栖息地的观光、探险、体验、科考风景道，分四段设置了约20处观景服务设施；二是"九红草原风光路"（九寨机场至红原机场），定位为突出高原草原特色和红军长征文化的风景道，共设置了约10处观景服务设施。

参考文献

［1］李玲，张婧. 推动高质量发展赋能小康社会［N］. 中国文化报，2022-03-08（005）.

［2］文化和旅游部. 文化和旅游部关于印发《"十四五"文化和旅游发展规划》的通知［EB/OL］.
　　　https://www.gov.cn/zhengce/zhengceku/2021-06-03/content_5615106.htm，2021-04-29.

［3］李玲. 实景沉浸式文娱方式成年轻人"新宠"［N］. 中国文化报，2021-07-20（007）.

［4］赵珊. 夜经济激活城市竞争力［EB/OL］. https://m.gmw.cn/baijia/2020-10/30/34323544.html，2020-
　　　10-30.

［5］广西壮族自治区人民政府办公厅. 广西壮族自治区人民政府办公厅关于加快县域特色旅游发展的
　　　实施意见（桂政办发〔2017〕93号）［EB/OL］. http://www.gxzf.gov.cn/html/zfgb/2017nzfgb_34854/
　　　d18q_34922/zzqrmzfbgtwj_34924/t1510783.shtml，2017-07-21.

［6］国务院. 国务院关于印发"十四五"旅游业发展规划的通知［EB/OL］. https://www.gov.cn/zhengce/
　　　content/2022-01/20/content_5669468.htm，2022-1-22.

［7］国务院. 国务院关于印发"十四五"现代综合交通运输体系发展规划的通知［EB/OL］. https://
　　　www.gov.cn/zhengce/zhengceku/2022-01/18/content_5669049.htm，2022-1-18.

旅游民宿推动"大九寨"乡村全面振兴

图 9-1 松潘县上磨村精品民宿（赵川摄）

开展乡村民宿旅游项目逐渐成为各地推进乡村旅游转型升级的有力途径，对进一步丰富和扩大旅游产品供给和助力乡村振兴具有重要支撑作用[1]。当前，社会资本的关注和注入使得国内各地乡村民宿发展势头猛烈，各地民众发展民宿的热情高涨。"大九寨"作为自然、文化和生产生活方式资源富集地区，天生具有发展乡村民宿的优势（见图9-1）。在巩固拓展脱贫攻坚成果和有效衔接乡村振兴阶段，民宿理应是助力"大九寨"乡村振兴的有效抓手。在具体实践中，需要注意以下几点。一是要坚持文化引领、乡村特色，防止乡村民宿在设计、服务、功能上成为城市酒店的"克隆版"，成为农家乐的简单"翻新版"。二是要坚持"精提升，微改造"，防止急功近利、大拆大建，破坏乡村民居原有肌理、乡村原有风貌。三是要坚持农民主体、大众消费，要避免奢侈化、怪异化、高价化，偏离乡村民宿发展本真。四是要坚持统筹兼顾、协调推进，要统筹解决乡村民宿发展中的难点问题，防止头痛医头、脚痛医脚，避免单打独斗，也要防止乡村民宿与当地乡村旅游发展阶段和客观实际严重脱节。

| 第一节 |

旅游民宿对"大九寨"乡村振兴的作用

实施乡村振兴战略，是党的十九大做出的重大决策部署，是决胜全面建成小康社会、全面建设社会主义现代化国家的重大历史任务，是新时代做好"三农"工作的总抓手[2]。习近平总书记指出："要坚持乡村全面振兴，抓重点、补短板、强弱项，实现乡村产业振兴、人才振兴、文化振兴、生态振兴、组织振兴，推动农业全面升级、农村全面进步、农民全面发展。"[3]

民宿，尤其是乡村民宿，要充分利用现有独特资源，巧妙结合乡村活动与休闲娱乐、传统乡村文化与现代城市文化，融合促进"三产"发展，全力推进生产、生活、生态的有机统一，助力乡村振兴。"大九寨"乡村的全面振兴，要在利用发展红利的基础上，充分认识乡村旅游对贯彻落实乡村振兴战略的现实意义，瞄准"产业兴旺、生态宜居、乡风文明、治理有效、生活富裕"目标，主动担当，开拓创新，采取有针对性的措施，促进乡村旅游提质增效，服务乡村振兴战略。

一、助力产业振兴

习近平总书记指出："要推动乡村产业振兴，紧紧围绕发展现代农业，围绕农村一、二、三产业融合发展，构建乡村产业体系，实现产业兴旺，把产业发展落到促进农民增收上来，全力以赴消除农村贫困，推动乡村生活富裕。"[3]乡村振兴的重点在强化农村各产业兴旺，而实现产业兴旺又是实现农民稳定增收的关键和保障。乡村民宿旅游能带动"大九寨"旅游区域内农产品加工业、服务业、餐饮业等一众相关产业的兴起和发展，推动乡村经济从单一的农业产业模式向"三产"融合发展的新路径迈进，为实现农民生活富足、农业产业兴旺、农村舒适美丽提供充足动力[4]。

二、助力人才振兴

习近平总书记指出："乡村振兴，人才是关键。要积极培养本土人才，鼓励外出能人返乡创业，鼓励大学生村官扎根基层，为乡村振兴提供人才保障。"[5]乡村振兴，人才是基石。"大九寨"经济社会发展，说到底，关键在人。通过大力发展乡村民宿旅游，可以有效激活"大九寨"农村的创新活力，加快培育新型农业经营主体，多主体、多模式培育懂旅游、懂民宿的新型职业农民，借助发展乡村旅游产业提升农民收入，拓宽收入来源渠道，以达到助农、益农、富农的目的。与此同时，通过体制机制创新、财政支持补助加大对各类需求型人才的引进力度，在为各类人才提供展示技能和才华的舞台的同时，也有助于培养和造就一批爱农助农的人才队伍。

三、助力文化振兴

习近平总书记指出："要推动乡村文化振兴，加强农村思想道德建设和公共文化建设，以社会主义核心价值观为引领，深入挖掘优秀传统农耕文化蕴含的思想观念、人文精神、道德规范，培育挖掘乡土文化人才，弘扬主旋律和社会正气，培育文明乡风、良好家风、淳朴民风，改善农民精神风貌，提高乡村社会文明程度，焕发乡村文明新气象。"[6]实现乡村振兴的伟大战略，不仅要注重基础设施建设等外在构建。更要注重乡村的精神文明建设，强化乡村文化的引领作用。乡村民宿旅游发展对促进"大九寨"乡村文化繁荣兴盛有着重要意义。一方面，发展乡村民宿旅游可以将农村濒临消失的传统建筑、农耕器具、民间技艺、民俗礼仪、风土人情挖掘出来，以活态化的方式进行传承和创新，既产生可观的经济效益，又保护、传承和复兴了传统文化。另一方面，乡村民宿旅游有助于打开与外部世界交流沟通的大门，进一步开阔人们视野，积极融合优秀文化和先进思想于其中以增强其精神风貌，全方位提升乡村社会的文明程度。

四、助力生态振兴

习近平总书记指出："要推动乡村生态振兴，坚持绿色发展，加强农村突出环境问题综合治理，扎实实施农村人居环境整治三年行动计划，推进农村'厕所革命'，完善农村生活设施，打造农民安居乐业的美丽家园，让良好生态成为乡村振兴支撑点。"[7]良好生态环境是农村最大优势和宝贵财富。乡村生态环境和乡村特色风貌是发展乡村民宿旅游的重要资源，通过发展乡村民宿旅游，实施合理规划、生态绿化、环境美化、人居优化等举措，有利于把乡村建设成为生态宜居、富裕繁荣、和谐发展的美丽家园，把生态环境优势转化为旅游经济优势，是切实践行"绿水青山就是金山银山"理念的重要表现，能实现生态与经济互促共进、协同发展。

五、助力组织振兴

习近平总书记指出："要推动乡村组织振兴，打造千千万万个坚强的农村基层党组织，培养千千万万名优秀的农村基层党组织书记，深化村民自治实践，发展农民合作经济组织，建立健全党委领导、政府负责、社会协同、公众参与、法治保障的现代乡村社会治理体制，确保乡村社会充满活力、安定有序。"[8]党的力量来自组织，组织可以使党的力量倍增。党的基层组织是践行乡村振兴战略的骨干力量。农村基层党组织是否强大，基层党组织书记是否称职，直接关系到乡村振兴战略的实施效果。实践证明，乡村民宿旅游发展过程中，村级基层党组织充分发挥政策、信息、资源优势，聚集各项优势力量，带领农民挖掘乡村资源禀赋，因地制宜开展乡村民宿旅游，广大农民获得收益，党组织在这一过程中能聚人气、得民心，更加巩固组织建设，形成良性循环。

| 第二节 |

旅游民宿促进"大九寨"乡村振兴的路径

一、优化规划布局，规范乡村民宿设施建设

"大九寨"区域要加强对各地乡村民宿发展工作的指导，增强科学统筹、整体分析、规划先行意识。要将乡村民宿发展纳入旅游业发展规划，有针对性地制定"大九寨"乡村民宿发展规划，与同级国土空间规划相衔接，确保乡村民宿发展的协调性与可持续性[9]。要坚持问题导向，统筹解决乡村民宿发展基础设施建设和公共服务薄弱这一突出短板问题。民宿设施建设中，要严守乡村生态保护红线，把发展乡村民宿与保护乡村生态资源、修复生态环境有机融合起来；坚守底线思维，保护好农村发展过程中遗存的历史文化遗产，切实保护好农村文物、传统村落、民族村寨、传统建筑、农业遗迹等优秀农业文化遗产[10]。学习借鉴浙江"千村示范、万村整治"工作经验，强化美丽乡村建设规划和乡村环境整治，着力推进乡村全域景观化、景区化建设。坚持以生态保护为基础的民宿开发理念，把乡村民宿开发规划与乡村风貌打造、产业振兴规划、人居环境改造等结合起来，统筹设计，做到"不规划不设计、不设计不施工"。着力提升乡村民宿规划和建设管理水平，坚决防止民宿开发的盲目行动；借助点上整治和全面建设相结合，美丽乡村与新型城市化双轮驱动，保持风貌和改善人居相兼顾，建设村庄和经营村庄相促进的方式，全域基本形成民宿开发的健康机制，实现民宿产业的高质量高起点发展[11]。要建立和完善"政府引导、市场主导、集体和农民积极参与"的机制，政府为民宿发展提供便利条件。旅游行政管理部门要出台村民自建宅基地和自有闲置房屋（房间）、农家乐改造民宿的准入验收环评标准。充分发挥市场在资源配置中的决定作用，村集体利用集体公共资源做好配套服务并起到组织、协调作用；农（牧）民利用住宅、土地、劳动力等资源提供或参与民宿服务；企业利用知识、人才、资金和管理优势，发挥策划运营、管理服务、市场拓展和人员培训方面的作用，从而达到农（牧）民和村集体增收、企业获得回报、乡村环境面貌改善、带动相关产业的目的。

2022年7月，文化和旅游部等十部门联合印发《关于促进乡村民宿高质量发展的指导意见》，为乡村民宿规范建设发展提供了重要引导作用。

二、政策配套，创造乡村民宿产业发展良好环境

"大九寨"旅游民宿发展，需要精准制定配套政策，全方位立体化营造乡村民宿产业发展良好环境。一是加大对乡村民宿产业的政策支持力度，通过制定乡村民宿项目开发扶持办法和优惠政策，着力解决制约乡村民宿发展的土地瓶颈问题和招商引资问题。二是应逐步简化市场监管、卫生、生态环境、公安、消防等多部门审批手续，降低乡村民宿发展办证门槛。三是可探索"以奖代补、政策引导"的方式，以适当的财政补贴引导各地村民和专业民宿投资者兴办民宿，对民宿经营户、民宿示范村、农村运动休闲驿站进行扶持。四是鼓励各县在旅游资源具有相对优势的区域集中发展民宿群落，通过集中打造公共资源的方式摊薄公共事务管理和市场推广营销方面的成本，争取通过规模效益形成一些具有良好口碑和市场影响力的民宿特色区域品牌。五是各区县可以因地制宜，指导民宿业主、投资业主和各参与方在尊重和挖掘当地特色的前提下自主新建或改造民宿，将特色民宿打造为各地新的旅游名片。六是应尽快制定民宿技术标准，应根据各区县独特的历史文化、自然环境、居住文化和经济发展水平，探索制定涵盖民宿集聚区公共配套、外部环境、建筑和室内设施等方面的实施技术标准，同时最大限度地为特色民宿的发展留足政策和技术空间。

三、加强民宿管理，提升供给质量

"大九寨"要积极引导乡村民宿经营主体在《乡村民宿服务质量规范（GB/T 39000—2020）》指导下，准确把握乡村民宿大众化、多元化、品质化的消费趋势，增强乡村民宿产品的供给能力、供给水平、供给质量[12]。要注重将本土文化融入乡村民宿开发和建设，加大对人文典故、乡土民俗、传统工艺、民族歌舞等非物质文化遗产的挖掘和合理利用，凸显民俗和地域特色文化（见图9-2）。要注重把体验乡村生产生活、阐述乡村人文情怀、构建乡情乡愁归宿作为立足点，赋予乡村民宿更多乡土元素、地域风貌、特色内涵，为游客提供原真性的乡村体验。要注重科学合理利用生态资源，强调与周边环境的良性互动，营造优美、和谐的乡村民宿环境，突出山、水、林、田、湖、草的生态特色，开发生态景观、生态乡居、生态度假、生态种养、生态科普、生态

图 9-2　九寨沟国家级非物质文化遗产南坪小调（赵川摄）

健康农产品等多类型乡村民宿产品。另外，需要针对经营者的自身短板进行培训，积极采取"走出去、请进来"措施，多渠道、多方式开展民宿策划、民宿标准、民宿服务、民宿管理、民宿营销等方面的培训力度，让民宿业主开拓视野、寻找差距，树立良好的民宿发展意识，从而提高和规范从业人员的自身素质，助推乡村民宿产业提档升级、稳步发展。

四、强化示范引领，塑造优质服务品牌

以示范引领推进乡村民宿资源开发、产品建设、经营场地、接待设施、安全管理、环境卫生、服务水平、社会责任等良性发展。以乡村旅游重点村为工作抓手，推出一批产品建设好、服务质量好、市场评价好、带动作用好、示范意义好的乡村民宿和品牌产品、品牌带头人（见图9-3）。鼓励有条件的投资主体和经营主体以乡村民宿品牌开展连锁化经营，系统输出民宿设计、运营管理、市场开拓等成熟经验[13]。按照《旅游民宿基本要求与等级划分（GB/T 41648—2022）》划分，扶持重点民宿项目申报国家甲级、乙级民宿[14]。对于典范项目，要加强营销，重点推广，一方面，加强对民宿发展政策、优惠措施等方面的宣传，营造有利民宿发展的社会舆论环境。以乡情乡愁为纽带，吸引城镇居民、专家学者、退休人员、规划师、建筑师、技能人才、大学毕业生等城市人群投身参与民宿建设经营。

另一方面，梳理整合营销思维，将民宿产品融合于"大九寨"品牌整体宣传营销体系，综合利用各类新旧媒体和新兴媒介平台等，鼓励发展社交电商、"粉丝"经济等网络营销新模式，充分利用各民宿自有公共空间的公共交流功能，将当地特色产品商品加以展示，并将其结合体验活动、团体活动之中加以推广。

图9-3　"大九寨"特色民宿内部（赵川摄）

五、创新利益联接，加快推动共同富裕

推进将乡村民宿发展与共同富裕结合起来，采取多种方式鼓励和引导乡村居民积极参与民宿的经营与服务，提升致富的能力。要科学引导社会资本参与乡村民宿建设，探索农户自主经营、"公司＋农户""合作社＋农户""创客＋农户""公司＋村集体经济组织＋农户"等模式。在充分尊重农民意愿的前提下，多措并举、有序盘活农村依法建造的宅基地农民房屋、村集体用房、闲置农房、闲置集体建设用地等资源，施以合理的设计、修缮和改造，

为游客提供休闲度假、体验当地风俗文化和特色美食、购买农副产品等服务。建立有效激励机制，鼓励通过小额信贷、贴息贷款等形式扶持有条件的农户发展民宿。可以建立"'大九寨'民宿管理信息系统"，摸清区域内民宿家底，编制《"大九寨"乡村民宿蓝皮书》，其中涵盖"大九寨"乡村民宿发展概况（包含民宿数量、床位数、营业收入等）及市场供需分析等行业信息，为政府部门、专家学者、投资企业等认识和参与推动民宿经济发展提供重要借鉴。除此之外，还要建立健全乡村民宿经营调查统计指标，运营互联网大数据手段，科学监测评估民宿在提供就业、扩大消费、文化保护与传承等领域的贡献，将综合效益高的民宿发展经验和模式做重点讨论和推广，进一步扩大影响力。

| 第三节 |

典型案例——邛崃市民宿集群发展助力乡村振兴

近年来，成都市邛崃市紧紧围绕乡村振兴战略实施和建设文化强省、旅游强省的发展目标，按照成都市委、市政府"三城三都"建设总体要求，以不断满足人民日益增长的美好生活需要为导向，将民宿发展与幸福美丽新村、特色小镇（特色街区）建设、川西林区改造、社区治理、优秀传统文化传承与保护等工作相结合，多维度利用城市文化旅游现有资源，坚持科学规划、全局谋划、品牌构建、特色鲜明、规范管理的发展路径，鼓励"双创"和提升营商环境并举。培育更具市场竞争力的民宿新业态，在增强农民产业发展参与度和效益共享力的同时也更好地展现了乡村的自然之美。在实现人享受发展、自然推动发展的过程中完成了美丽乡村建设[15]。

近年来，邛崃市委、市政府借助其独具特色的文化旅游资源，着力提升旅游新老六要素，大力发展旅游民宿产业，有力推动了扶贫脱困和乡村振兴。2021年全市民宿客房623间，民宿接待床位932张，各类品牌民宿30多家，仅平乐镇就有200多家民宿，共吸纳500多人从事民宿接待服务，初步形成邛崃南丝路精品民宿发展群落。以椒兰山房、十方轻旅等为代表的家庭民宿及以天府红谷、守拙、木石山居等为代表的高品质特色民宿（客栈）正在迅速发展。2019年全市共接待游客1630.6万人次，实现旅游收入168.97亿元，其中旅游民宿接待游客50万人次，实现旅游民宿收入1700万元，民宿产业带动群众家庭平均收入增加1万元以上。

一、坚持政府引导、市场主导

邛崃市政府高度关注民宿建设，坚持走政府统筹、市场主导之路。制定了《邛崃旅游发展规划（2015~2025 年）》和《邛崃旅游发展规划》，形成了相应的规划体系。利用村落搬迁、移民安置、新村建设、风格改造等政策，采取"文化创新＋民宿""生态＋民宿""健康＋民宿"的模式，对旅游民宿建设进行了总体规划，建成了一批主题多样、特色鲜明的民宿酒店。同时，民宿集聚区发展融入天府旅游名县、全域旅游示范区、A 级旅游景区、旅游度假区、生态旅游区、四川文化旅游特色小镇等品牌的建设规划之中，大力支持其多方主体并举发展建设。

二、支持农房改造、盘活资源

在文旅局等相关部门牵头下，基于国土资源规划下，各乡镇积极开展综合调用清理全市各类闲置土地资源，邀请民宿专家对相关地块加以评估筛选，并建立动态化、科学化的民宿资源库。鼓励村民改造利用自建宅基地和自持闲置房屋，坚持"科学设计、注重美学、设施完善、干净舒适"理念，鼓励农民改造农家乐、农家乐、休闲农场等，并将民宿内部结构装饰得特色化、精细化，提高民宿整体水平。在经营上采取两种模式：一是支持自主经营。房屋装修后，可由村民自行经营管理，自负盈亏；二是投资联营、农民联营、公司参与、社团管理。采用"旅游开发公司＋农民合作社＋农民"的模式，农民以房屋产权入股形式进行合作，由合作社统一经营，如天府红谷等民宿便是其典型代表。

三、注重民宿品质、优化发展

依照"实践乡村振兴、打造精美邛崃"的发展要求，邛崃市坚定实施乡村振兴战略，以乡村旅游为抓手，以民宿供给为着力点，以乡村情怀为纽带，深度开发乡村文化旅游资源，丰富并延展民宿文化内涵，推动乡村旅游从传统的"农家乐"模式向兼具休闲度假等多元功能为一体的新业态转变，延伸乡村旅游产业链，为乡村振兴提供发展动力，为游客提供参与性和娱乐性兼具的乡村体验，提升旅游民宿的体验性和互动性。引导民宿开发集观光、体验、教育、冥想、山地运动等为一体的综合旅游产品，瞄准中高端消费群体并依据项目规划进一步细分消费群体，如儿童教育、休闲度假、冥想疗养等，更符合现代都市人对乡村旅游的多元化定义。

四、强化技术指导、规范发展

为科学合理利用闲置土地资源，推动文旅产业更好发展，2017 年邛崃市深改办出台了

《邛崃市深化集体建设用地开发利用机制创新实施方案》，探索使用集体建设用地发展农旅融合产业的新模式。同时，积极鼓励辖区内有条件的民宿企业按《成都市人民政府办公厅关于促进民宿业健康发展的指导意见》进行提档升级、创建品牌。结合市"国家全域旅游示范区""天府旅游名县"创建工作，开展邛崃市乡村旅游"两师一员"专题培训、百名厨师进乡村等培训工作，累计培训从业人员 400 余名，涵盖民宿从业人员 120 余名，全面提高民宿行业从业人员水平；建立文化旅游专家会诊制度数据库，其中包括 18 位国家级专家、31 位省市级专家、9 位邛崃市、7 位国外专家，多次邀请省市级专家为民宿产业发展把脉，为其科学化发展提供技术保障。

五、优化产品供给、塑造品牌

把民宿产品纳入全市文旅宣传营销体系，综合利用新旧媒体和新兴媒介产品打造具有一定域内外知名度的民宿 IP 和区域品牌，并善于将本地化特色产品商品及相关衍生品借用民宿现有公共文化空间加以展示并促成消费，与此同时，应积极借用体验性活动和团体性活动对自有商品加以推广。一是积极培育节庆活动品牌。先后开展成都（邛崃）南丝路国际文化旅游节、南丝路·邛崃马拉松、南丝路美食节等特色活动 60 余场，做强南丝路、邛窑、文君相如品牌的文化表达，塑造独特的城市品牌。二是策划推出系列精品旅游线路。充分挖掘特色文化旅游资源，根据不同主题和特点，形成四季游、避暑休闲、巷子文化、运动探险、精品民宿等精品旅游线路，进一步完善了民宿产品体系。三是提档升级一批特色旅游商品。在原邛酒、邛茶、邛竹编的基础上，研发了茶礼"丝路芬芳套装""南来之熏套装"及瓷胎竹编等伴手礼。同时，研发有新邛窑双彩壶、新邛窑省油灯、新临邛杯、柴烧茶壶、茶杯、茶具等系列产品，丰富了产品的多样性，增加了产品的文创附加值。在优化民宿产品供给的同时，进一步完善了民宿的营销机制，加强了民宿的对外交流与合作，开拓了民宿的市场。

未来，邛崃民宿发展将重点做好以下工作：第一，稳步推进已有规划落地落实，增强相关配套设施的完善度，增强民宿相关业态集聚效应和延长民宿产业链，进一步提升民宿集群化发展水平，推进邛崃民宿旅游目的地的打造。第二，用好土地试点政策，按照《成都市农村宅基地管理制度改革试验专项方案》《成都市农户宅基地使用权退出改革试验专项方案》试点区县要求，探索实施农户宅基地使用权退出改革，深入推进点状供地、民宿产权问题解决等工作，夯实民宿基础配套。第三，持续推进"放管服"改革，积极探索"一套材料、一表申请、一窗受理、一证核发"的工作模式，在旅游民宿建设事前、事中、事后做好服务，确保旅游民宿取得合法证照。第四，进一步提升民宿产品品质，支持各民宿群结合当地文化旅游等资源，突出个性魅力，努力形成"一村一特色、一家一主题、一幢一风景"的民宿产业模式。第五，通过多种渠道和形式大力宣传市内民宿示范典型，引导城镇居民、专家学者、退休公职人员、技能人才、大学毕业生等投身参与邛崃民宿建设发展，通过举办邛崃民宿发展论坛、民宿主题展等形式，多方位树立邛崃民宿品牌。第六，进一步优化民宿工作机制，加强组织领导，由市文化旅游产业发展领导小组统筹全市民宿产业工作，市文旅局承担全市民宿产业发展统筹协调日常工作，并进一步完善政策体系，由市政府出台民宿产业发展指导意见，形成民宿开发、监管的健康机制，扎实推进邛崃旅游民宿集群示范建设，实现邛崃旅游民宿产业的高质量发展。

参考文献

［1］何成军，李晓琴. 乡村民宿聚落化发展系统构成及动力机制——以四川省丹巴县甲居藏寨为例［J］. 地域研究与开发，2021，40（2）：174-180.

［2］中国新闻网. 习近平李克强王沪宁韩正分别参加全国人大会议一些代表团审议［EB/OL］. https://baijiahao.baidu.com/s?id=1627448964057126123&wfr=spider&for=pc，2019-03-08.

［3］郭存德. 习近平新时代"三农"思想［N］. 菏泽日报，2018-12-28（06）.

［4］刘雨薇，程丛喜等. 乡村振兴背景下黄冈乡村旅游发展策略［J］. 当代旅游，2022，20（3）：25-27.

［5］乡村振兴战略这篇大文章，应该如何谋划？［J］. 理论导报，2019（3）：47-48.

［6］李东方，张建昌，庞昕. 开启新时代　改革再出发［J］. 人大建设，2018（4）：8-15.

［7］习近平：乡村振兴战略要科学推进［J］. 中国老区建设，2018（4）：4.

［8］学而时习. 关于乡村振兴，总书记这样强调［EB/OL］. http://www.qstheory.cn/laigao/ycjx/2021-03/11/c_1127198193.htm，202-03-11.

［9］宁军. 后疫情时代乡村民宿产业高质量发展策略［J］. 当代旅游，2022，20（5）：31-33.

［10］汪厚庭. 山区乡村产业与生态协同振兴的关键领域及实现路径［J］. 中南林业科技大学学报（社会科学版），2021，15（6）：83-91.DOI：10.14067/j.cnki.1673-9272.2021.06.011.

［11］石平. 四川民宿开发的共享创新模式［J］. 当代县域经济，2019（2）：20-23.

［12］GB/T 39000-2020，乡村民宿服务质量规范［S］.

［13］文化和旅游部等十部门. 关于促进乡村民宿高质量发展的指导意见［EB/OL］. https://www.gov.cn/zhengce/zhengceku/2022-07/19/content_5701748.htm，2022-07-08.

［14］GB/T 41648-2022，旅游民宿基本要求与等级划分［S］.

［15］何成军. 乡村振兴战略背景下邛崃市民宿高质量发展路径研究［J］. 旅游纵览，2021（18）：84-86.

生态康养旅游推动"大九寨"度假旅游目的地发展

| 第一节 |

生态康养旅游基本内涵

《生态康养论》中将生态康养理解为：在有充足的阳光、适宜的湿度和高度、洁净的空气、安静的环境、优质的物产、优美的市政环境、完善的配套设施等良好的人居环境中生活，并通过运动健身、休闲度假、医药调节等一系列活动调养身心，以实现人的健康长寿[1]。生态康养注重人与环境的适应与融合，强调外部环境对人体的影响，即外部自然、社会环境通过影响人的生活、行为，进而改善人体功能、提高健康水平。生态康养将生态作为康养的基础条件，结合康养旅游的方式，以达到身心健康的目的。

一、生态康养的基本特征

一是生态康养通过人与外部生态环境的和谐互动获得健康长寿。人的健康不是在一个封闭的内部空间通过自我修炼就可以获得的，而是要在与外部生态环境的互动交流中获得。因此，生态康养强调要打破个体小循环，在自然生态环境和社会生态环境中开展养生活动，在内部与外部大循环中达到身体的平衡。二是生态康养把自然环境中的生态条件作为主要养生手段。它强调利用各种生态资源和健康环境来开展养生活动，比如通过食用养生地的生态农产品、呼吸富含负氧离子的清洁空气、饮用含有矿物质的干净水等方式摄入环保、健康的物质，以此来改善人体机能、加强人体免疫系统。三是生态康养是一个尊重自然规律和生命学原理的自然修复、循序渐进的过程。它认为一个人获得健康，特别是重获健康，不是一朝一夕的过程，而是一个逐渐康复、水滴石穿、聚沙成塔的过程。因此，生态康养要求保持耐心、持之以恒，把健康养生贯穿在日常生活之中。

二、生态康养的"六个维度"

生态康养产业的基本内核是"以人为本、康养为业"。"以人为本"的意思是康养产业的相关产品其本质是为受众提供健康体验服务，其核心是为受众提供可满足其需求、具有差异化、人性化特征的服务。"康养为业"指的是将康复疗养和养生视为一种引领发展的产业，借由当地自然和人文资源，开展"康养+"的经济发展模式。强化以人为本的理念，则意味着该理念下的生态康养业需具备三要素。第一，具备满足群众较高生活舒适度需求的居住环境，尤以老幼需求为重。第二，最大限度地避免不良致病因素的出现和拓展，周围环境要实现绿色安全标准。第三，要提倡和引领新健康生活理念，尤以健康的饮食习惯和生活方式为重。基于此，周边环境的温度、湿度、海拔、绿化率、优产度、洁静度等均为关键的衡量要素，该六要素可简称为"六度理论"[2]。

"六度理论"是集合六个维度来综合评价一个区域是否适宜生态康养及其产业发展。"六度理论"的每个维度都可以成为一个评价体系，但这六个维度之间又是紧密联系、互为条件和互相促进的。例如，温度不但与日照相关，还因海拔变化而不同；湿度不仅和降水相关，也跟森林覆盖率不无关系。初步评估，可以得出"大九寨"在一定程度上符合"六度理论"的评价指标，其独特的地理位置优势、气候环境优势和丰富的自然资源优势等，理应成为我国生态康养胜地及其产业发展的首选之地。

三、生态康养的基本业态

旅游业是一个综合性和关联度极强的产业，要发展好生态康养旅游业的关键在于要延伸思路、拓展思维。基于此，要以现有资源为发力点，坚持市场需求满足、体制机制保障、先进技术引领、创新思维、整合资源，多维度、多方向延伸康养产业链条[3]。近年来，国内外盛行"康养旅游+"发展模式，其主要路径为与农业、林业、医疗、体育、宗教文化等相关产业联动与融合，并基于此发展出农业康养旅游、森林康养旅游、医疗康养旅游、体育康养旅游以及宗教文化康养旅游等一系列康养旅游新业态。

森林康养旅游是指把森林对人体的特殊功效作为吸引力平台，依附于现有的森林生态景观、优质的森林环境、健康的森林食品、浓郁的森林生态景观，将其和中医传统的养生保健理念结合，还要结合养生休闲及医疗服务，此类旅游开展的主要目的是促进身心健康、延年益寿，归根结底其是一种森林游憩、度假、疗养、保健、养老等服务活动[4]。它具有以下特征。第一，基于旅游动机层面，游客的主要目的在于赏景、康养、娱乐、休闲，其具体形式以小团队集体游为主，多为家庭成员单位。第二，基于产品需求层面，森林康养旅游最具影响力的资源便是奇山怪石活水、稀有动植物等，特别是基于此环境下的野营、攀岩等相关运动。第三，基于消费层面，游客的内在需求已经转变为对休闲度假、惊奇有趣的观光体验，并且体验度差异高度依赖景区的管理和服务供给。此外，年龄差异也会对游客的消费行为和旅游体验产生影响，如年轻群体偏爱具有知识性、行为交互性的项目，而中老年群体则更注重康体养生，更多的是深度体验旅游[5]。

医疗康养旅游指的是医疗产业与生态康养旅游产业的融合，表现形式为医疗旅游，是继观光、休闲旅游后开拓的新领域。具有保健性与康复性、娱乐性与享受性、产品类别的丰富性与形式的多样性，以及地域性等基本特征。

体育康养旅游是基于体育运动为核心，整合旅游产业和体育产业相关性而衍生出来的新业态，其主要形式包括参与式观光游览、现场观赛等，主要以满足消费者健康生活、休闲娱乐并给予满足大众消费需求和服务供给的一系列经济活动。体育康养旅游具有典型的参与性、观光性、健身性、技能性和挑战性等特征。

农业康养旅游是以农村、田园为生活空间，以农作、农事、农活为生活内容，以农业生产和农村经济发展为生活目标，回归自然、享受生命、修身养性、度假休闲、健康身体、治疗疾病、颐养天年的一种旅游方式。该新型旅游模式具有乡村性、农业性、康养性等特征[6]。

文化康养旅游是康养旅游的一个重要发展方向，是文化旅游与康养产业相互融合发展的结果，是通过合理地开发利用地域的宗教文化、民俗文化、艺术文化等各种传统和现代文化，通过现代技术创新等手段，开发康养旅游产品，最终使旅游者在旅游目的地进行文化康养消费，从而达到"身""心""灵"三合一的优良状态的各种旅游活动的总和[7]。

| 第二节 |

"大九寨"生态康养度假旅游目的地建设路径

树立生态理念，大力维护良好生态环境，紧紧围绕"两山"理论，在大气、土地、水资源等方面制定一系列保护、治理和管理措施，加强山、水、林、田、湖、草生命共同体建设，切实解决突出环境问题，坚决守护好"大九寨"的绿水青山、蓝天白云，厚植高质量发展的绿色根基，发展生态康养旅游产业，是未来"大九寨"文化生态旅游发展的重要路径。

一、守好绿色根基，服务人民大众

习近平总书记指出，"良好生态环境是最公平的公共产品，是最普惠的民生福祉"。发展生态康养度假旅游产业便是积极践行"绿水青山就是金山银山"理念的重要方式。"大九寨"要充分利用和发挥现有设施功能，坚决避免超标准建设、超需求规划，避免急功近利、盲目发展，要严格遵守国家公园、自然保护区、风景名胜区、森林公园、地质公园等自然保护地的相关规定，实现规模适度、物尽其用，提高全要素生态环境生成率。通过科学开展生态抚育、生态改造和景观提升，补植具有康养功能的树种、花卉等植物，打造生态优良、林相优美、景致宜人、功效明显的生态康养环境，为人民群众提供最基本的、最公平的生态康养产品。让尽可能多的人群享受到生态康养服务，使人们各得其所，各享其乐。

"大九寨"要立足"生态""绿色"两大优势，坚持因地制宜，科学布局。按照"特色突出、符合实际、布局合理、可持续发展"的要求，衔接生态环境、健康、养老、藏医药、中医药等发展规划，科学制订生态康养产业发展规划，明确发展重点和区域布局[8]。依据现有资源、区域位置、历史文化、发展水平及生态康养市场需求，有针对性地开发多层次生态康养服务项目。要把生态康养纳入大健康产业，与自然教育、休闲度假、慢病康复、旅居养老、藏医藏药、中医中药等产业融合发展。延伸产业链、打造供应链、提高生态农产品附加值。推动产业全面升级、挖掘绿色生态元素，打造康养品牌研究战略框架，通过推动健康养老、健康医药、健康食品等，打造成为大健康文旅产业。打造一批"大九寨绿色生态产品""大九寨大健康产品"等著名商标。

"大九寨"生态环境建设已进入数量增速放缓、质量亟待提高的转型升级关键时期，特别是一大批生态旅游示范区，如何更好地发挥生态环境的多种功能亟待取得新的突破。发展生态康养度假旅游可有益于充分吸纳生态环境对个人身心健康发展的促进作用，在保护和发展好森林、草原和湿地资源的前提下，提升资源利用率、林地产出率和劳动生产率，对促进林业一二三产业融合发展，更好地实现生态美和百姓富的有机统一，能够发挥重要的推动作用。因此，"大九寨"要进一步加大工作力度，积极打造一批生态康养度假典型、争创旅游度假区、国家森林康养基地、中医药健康旅游示范基地等品牌，积极带动周边区域生态康养度假旅游发展，为生态康养度假产业标准化、科学化、规范化发展提供科技支撑[9]。要不断培育功能显著、设施齐备、特色突出、服务优良的生态康养度假基地，构建产品丰富、标准完善、管理有序、融合发展的生态康养度假服务体系。

二、因地制宜，完善森林康养旅游产品体系

要依托"大九寨"森林基础条件，大力发展具有康养特色的系列度假产品。第一，丰富相关产品类型和服务供给，依据区域特色、市场需求和自身资源优势，针对主要的客源市场来设置康养项目、开发森林探险猎奇产品和康养课程，确定康养基地的核心竞争力，避免同质化竞争[10]。例如，可以设置以登山、自行车越野、攀岩、真人 CS 等户外运动康养产品；可以设置太极拳、气功、瑜伽、冥想等休闲怡情项目；可以设置森系婚礼、音乐

图 10-1　九寨沟森林景观（九寨沟管理局供图）

会、摄影展等文娱消遣项目。第二，森林科普医疗产品，依靠森林自然资源和森林康养基地圈层内的高校教育基地合作，打造森林室内体验馆或科普教育馆。比如，VR 植物生长体验，将教育融合进森林康养，丰富旅游目的地业态之余，利用资源本身优势，拓展性地增强康养基地吸引力。以森林康养基地周边乡镇现有医疗资源为基础，引进国内先进的医疗、保健、康养设备，建设国内一流的森林主题式医院康养中心，全面提升康养小镇医疗卫生品级质量。第三，森林餐饮产品，森林康养旅游目前传统的以森林观光为主的森林康养旅游产品体系已难以满足市场需求，而人们对森林康养越来越重视，即利用森林蕴含的丰富植物精气、空气负氧离子、林下药材、绿色果蔬等的生态环境和生态产品[11]。药食同源的保健品多兼具药理作用和天然美味双重功效，基于此特性，该类产品一般都具有"美味＋健康"双重标签。具体操作主要如下：一是使用当地的健康食材，借助现代的营养学原理，构造不同结构的保健食谱，以满足不同群体的食疗需求，实现个性化、专业化、科学化的饮食需求。二是立足中国传统养生的精髓，加强认知教育和感知体验，普及传统健康文化的积极内容，使得康养生活成为更多人的选择。对于发展较好的森林康养基地，可以优先推选参评"四川省森林康养基地"（见图 10-1）。

三、依托中医药，构建医疗康养度假产品矩阵

"大九寨"生态康养度假旅游目的地发展，要依托中医药、藏医药资源，发展中、藏医药康养度假旅游产品。要依托当地藏羌彝传统医疗文化，以医药材为载体，打造以民族特色诊疗理疗、珍稀药材体验购物等主题鲜明的民族医养产品。根据 2016 年 1 月国家旅游局和国家中医药管理局联合下发的《关于促进中医药健康旅游发展的指导意见》和其他学者观点，本研究将中医药康养旅游基地所能提供的产品分为八大类，并对每一类下的代表性产品进行列举（见表 10-1）。通过旅游度假区、四川省中医药健康旅游示范基地等申报评选，支持度假旅游产品发展[12]。

表 10-1　中医药康养旅游产品

序号	分类	具体产品
1	养生保健类	药膳、药饮（酒、茶等）、推拿按摩、足疗、养生功法、芳香理疗、养生音乐、精神养生（佛医、禅修、辟谷等）
2	医疗保健类	针灸、拔罐、推拿按摩、刮痧、中医体检、名医问诊、治未病、药浴、中药熏蒸等
3	美容保健类	减肥瘦身、美白润肤、调理祛痘、驻颜祛皱、丰胸、祛斑消痤、祛疣平癫、香口除臭、乌发生发、正骨整形（正骨术、徒手整形）等
4	观光与文化体验类	动植物景观观赏（中医药动植物标本、中草药园等），人文景观观赏（参观著名中医院、中医馆、中医店、博物馆、中医药大学等），中药制作加工流程参观体验，药饮、药妆制作参观与体验，中药材品质鉴定参观体验
5	购物旅游类	道地药材与中药饮片、中医医疗器械、中医药图书音像制品、中医药工艺品、药妆、药饮（茶、酒）、生活用品（香囊、药枕、牙膏等）
6	生态康养类	温泉 SPA、森林浴、阳光浴、沙疗、盐疗、海水浴等
7	学术会展类	中医药文化节、中医药博览会、举办学术会议、论坛、中医药康养知识讲座等
8	民族特色医药类	藏医、蒙医、苗医、维吾尔医、傣医等

四、依托田园生态基础，打造田园度假产品

"大九寨"地区天生拥有优美的田园风光，其良好的生态环境、绿色的农业本底和质朴的乡村氛围为打造田园度假产品提供了特有的基础条件。近年来，各地先后获评了一大批文化保护好、人居环境美、产业优的特色文化旅游名村。"大九寨"文化生态旅游发展，要做好田园风光这篇文章，把田园度假作为重点产品进行提升打造。第一，打造乡村田园风光型度假产品。田园风光，是广袤田垄与峰林山峦相连。田秀山青、山环水绕、河映山村的美妙景色为康养活动提供优美的环境依托。田园养生可绕不同农业主体形成特色旅游产品。例如，号称美国第一乡村休闲胜地的黑莓农场，集中体现了"美国大农场"农业特色。拥有秀丽风景的黑莓农场是一座集农园、动物牧园、体育运动和商业、餐饮、住宿于一体的高端康养旅游地，为游客提供优质的养生服务和自产的绿色农场食物。第二，打造特色庄园依托型度假产品。特色庄园依托型是依托高度农业产业化程度，在发挥农业旅游、养生、度假和体验等功能的基础上，发展"农业 + 健康 + 旅游"的组合型产品，以此带动如餐饮、住宿、农副产品及文创产品等相关产业，带动农业向第二、第三产业发展、延伸。特色庄园模式较适用于农业产业发展程度及经济效益较高的区域，将具有特色的农业景观、加工技术和相关产品作为旅游景点，将观光、休闲、体验等旅游产品推广延伸到餐饮、住

图 10-2　九寨沟树正磨坊及栈道（桑吉摄）

宿、购物、娱乐等行业，有助于充分发挥产业经济协同效应。第三，特色产业依托型度假产品。通过提供充满浓郁地方色彩的乡村旅游资源发展康养服务产业，诸如特色养生农产品的开发、特色养生文化开发等。法国庄园养生是以乡村、庄园为载体，将香草种植业、香料加工业、葡萄种植业、葡萄酿造业、养生美容业诸多相关性产业与旅游业相结合，利用植物景观种植、乡村田野空间、户外活动项目、香薰理疗资源吸引游客的农业康养旅游形态。第四，居民住宿旅游型度假产品，通过旅游者进入农村当地居民家中住宿，体验农村生活，与农民同吃、同住，参与农村事务发展，是一种深度体验式养生旅游。为旅游者提供优质的农村体验与活动，旅游者与农村家庭一起参加农场活动，一起生活以达到回归乡村放松身心的目的（见图 10-2）。

五、尊重自然，优化度假旅游产品开发路径

生态康养度假旅游产品开发需要依托当地良好的生态环境和优势资源。大面积的绿色森林、科学规划的园林、爽心的空气、幽雅的环境、清澈的海水、干净的海滩诸多先天存在的优势资源可有效满足游客的生理和心理双重需求。在开发过程中，应当充分考虑环境承载力，将道路、建筑、设施与周边的植被、水体、气候、海滩、山川、温泉完美结合，在创造优质宜人的景观环境的同时，尽量减少对周边生态环境的破坏。将人与自然和谐发展理念贯穿旅游产品开发全过程。同时，研发生态康养度假旅游产品应当坚持市场为先原则，在充分开展市场调研和产品论证的基础上再开展下一步工作。想要更好占领市场，满足个性化、多元化、娱乐性需求至关重要，故而需要强化产品的针对性和有效性。旅游者的满意度是衡量需求满意度最重要的标准。以市场为导向，有效提高游客满意度，促进健康旅游更好满足不同游客的需求。另外，健康度假旅游产品的开发需要明确目标，打造体验性强、参与性高、互动性强的旅游产品，便于游客获得更切实的感觉。借助产品或项目过程中的主动参与，游客可以更直观地体验康养旅游产品的魅力，体验健康文化，融自己于实际场景之中。

"大九寨"开发生态健康旅游产品，要重点关注以下两个方面：一是基于心理层面，要拓展相关从业者对本地康养产品的理解和认知，实施项目讲解工程，以便于增强游客对产

品的理解和满意度，从而增强内在的参与感；二是基于生理层面，借助参与式、体验式产品项目，提升游客外部感知度以产生身临其境之感，增强游客对健康养生旅游产品的兴趣。在生态康养旅游产品开发的过程中，可以从精神和身体两个方面着手：精神上，打造康养文化氛围、完善景区康养资源、康养文化的讲解使游客更了解康养旅游产品的康养功能，从而获得深层次的精神参与感；身体上，通过参与性强的娱乐项目丰富游客的体验内容，增强游客对康养旅游产品的兴趣。

| 第三节 |

典型案例——攀枝花国际阳光康养旅游目的地建设经验

攀枝花市地处四川南部，属于亚热带季风性湿润气候，全年气温均在 20℃，气候温暖宜人，无霜期达 300 天以上，年日照 2700 多小时，良好的气候条件为其发展冬季游提供了有利条件。旅游业中有句名言"一个人的丽江，两个人的双廊，一家人的攀枝花"——攀枝花正成为国内银发一族颐养天年的幸福乐土。

一、发展基础

以攀枝花为核心的攀西地区，位于四川省西南部，拥有邛海、泸山、螺髻山、卫星发射中心、二滩风景区、欧方营地、格萨拉，以及绚丽的彝族文化与民族风情等众多优质旅游资源，全区生态环境状况总体优秀，是四川省发展休闲度假旅游的重要区域。该区地处青藏高原东部横断山系中段，地貌类型为中山峡谷；全区 94% 的面积为山地，且多为南北走向，两山夹一谷；山地海拔多在 3000 米左右，个别山峰超过了 4000 米，主要山脉有小凉山、大凉山、小相岭、锦屏山等。该区总体上属亚热带半湿润气候区，因高山峡谷遍布，山地垂直气候差异显著，拥有局地河谷南亚热带至永冻带之间的各种类型，分布错综复杂；全年气温较高，气温在 12~20℃，气温年较差小，日较差大，早寒午暖，四季不明显，但干湿季分明；全年日照时数 1200~2700 小时，空间分布呈现由东北向西南部递增的特征，时间分布呈现干季多于雨季的特征。全年太阳总辐射量 4000~6200 兆焦耳 / 平方米，除小凉山东侧外，光能资源大于东部盆地。大部分地区年降水 800~1200 毫米，90% 集中在 5~10 月。

雨季（6~9月）降水占全年总降水量的85%~90%。

该区大部分地区春、夏、秋季均适宜开展康养旅游，攀枝花—米易局地河谷地区冬季温暖独特气候极便于开展冬季阳光康养旅游活动。综合地形、海拔、气候等因素分析得出，全区最适宜开展康养旅游活动的区域是安宁河河谷地带（攀枝花—米易段；冕宁—德昌段）、雅砻江河谷地带（攀枝花—盐源段），涉及区县包括攀枝花市的东区、西区、仁和区、米易县、盐边县，以及凉山彝族自治州的西昌市、德昌县、冕宁县；全区较适宜开展康养旅游活动的区域分两类，一类是除上述河谷地带外的河谷地带区域，涉及区县有凉山彝族自治州的普格县、宁南县、会理市、甘洛县、雷波县、金阳县，另一类是大凉山、小凉山、鲁南山海拔低于2500米的山间地带，涉及区县有凉山彝族自治州的会东县、越西县、喜德县、美姑县、昭觉县、布拖县；不适宜开展康养旅游活动的区域是区内海拔高于2500米的山区。

二、基本做法

高品质的康养设施。为了让来攀游客"有牵挂、有幸福"，攀枝花市建立了29家国营养老服务机构、28个社区养老服务中心、300多家民办养老或休闲度假机构。当前，攀枝花市正在积极开发绿色化养老设施、智能养老住宅和医疗与康复护理一体化运行的老年公寓、社区日托中心等冬季康养服务体系日渐完善。

攀枝花阳光康养的"六度+两化"。该理念下的生态康养业需具备三要素：第一，具备满足群众较高生活舒适度需求的居住环境，尤以老幼需求为重。第二，最大限度地避免不良致病因素的出现和拓展，周围环境要实现绿色安全标准。第三，要提倡和引领新健康生活理念，尤以健康的饮食习惯和生活方式为重。基于此，将温度、湿度、海拔、绿化率、优产度、洁净度六层面作为衡量是否符合康养旅游业发展的关键指标，以此评估其发展现状具有很好的指导意义和现实价值。

结合自身资源，塑造阳光康养城市品牌。攀枝花将旅游产业与城市发展有机结合，着力推动旅游品牌向城市品牌的重大转变。坚持规划先行，统筹配置自然、人文、民族风情等各种旅游资源，合理布局旅游项目，着力推动旅游景点向旅游景区的提档升级。狠抓项目工作，将招商引资作为打造旅游精品的第一要务，建立"服务型招商体系"和旅游投资"客商库"，着力推动旅游项目点向旅游项目群的融合聚集。坚持规划优先，综合规划自然地理、人文环境和民族民俗等旅游资源，优化旅游项目布局，着力推动从"景点"向"景区"跨越。完善项目推进体制机制，按照"一个重大项目、一名领导牵头、一套专门班子、一个奖惩制度"实施措施，着力推动相关产业和重大项目投资、落地、运行。支撑"中国阳光康养旅游城市"的正是一大批逐步成熟和建设中的重大旅游项目。当前，全市正在建设的旅游项目有27个，其中超过10亿元的项目有5个，100亿元以上的项目有2个；红格温泉旅游度假区项目群、16 个重点旅游新村项目群初步建成，总投资 130 亿元的阿署达花舞人间景区项目群和 100 亿元的普达阳光国际康养度假区项目群建设正加快推进。到 2030 年，全市可实现打造千亿级康养项目群的目标，康养产业布局更具科学性，康养产业体系更趋健全，相关配套设施和服务供给显著增强，"攀枝花康养"的引领示范作用更具显著性，康养品牌化、产业集群化、产品国际化和城市品质化效应突出，建成国际阳光康养旅游目的地[13]。

打造以"康养+"为主的旅游目的地形象。2016 年 9 月，攀枝花市第十次党代会提出，大力发展"康养+"，推进医疗保健、休闲旅游、商贸金融、文化创意、运动健身、房地产等服务业与康养产业联动发展，形成"大康养"发展格局。为更好贯彻攀枝花市第十次党代会会议精神，全力构建全市"大康养"格局，2017 年 2 月，攀枝花市政府工作明确发展五个"康养+"发展方向，即"康养+农业""康养+工业""康养+医疗""康养+旅游""康养+运动"，并进一步研究基于"康养+"基础上的产业发展问题；在充分考察调研的基础之上，市政府要求各区县明确发展定位，紧紧围绕"阳光"关键主题，在充分发挥区域"个性"基础上，结合自身发展实际，走具有"攀枝花特色"的中高端康养产业发展路径[14]。攀枝花充分利用自身的比较优势，在阳光、气候特征、自然景观三大本底条件下，通过景区景点建设、旅游项目设计、旅游活动组织等形式，统筹协调调用花果蔬菜、历史文化、民族风情、体育健身设施等特色资源，为消费者提供观光加运动、健身、休闲、度假、养生、养老七大类体系化的康养旅游产品[15]。力争逐步建成设施完备、功能齐全、服务一流的全国著名阳光"康养+"旅游胜地。

上线互联网内容，发展智慧景区。为更好顺应时代发展趋势，培养适应型人才，攀枝花市创办了攀枝花国际康养学院，上线康养大数据服务平台，设立了总规模为 50 亿元的康养产业投资基金，成功举办了第 24 届全球华人羽毛球锦标赛，成为国家智慧健康康养老示范基地，进入中国养老城市排行榜 50 强，"攀枝花康养旅游综合体"入选全国民生示范工程。2012~2017 的五年间，攀枝花市共接待游客 852.57 万人次，旅游总收入由 66.85 亿元增加到 279.31 亿元[16]。

三、经验借鉴

攀枝花是发展阳光康养产业的先行者、探路者，先行先试，开辟转型发展新空间，攀枝花市各级政府部门积极响应，主动作为，依据全市发展需求和发展规划制定产业发展方案、部署产业发展任务。攀枝花的五个"康养+"加出了产业融合新模式，品牌有新支撑，就是"康养+"产业。发展好康养的关键在于做大做强相关产业，其中"康养"是基础、产业项目的关键，产业发展是核心，只有坚持上述原则，"康养+"的旅游发展模式才更好做到新模式、新融合、新业态、新格局、新生活。"康养+"的发展模式延长了原有康养产业的发展链条，融更多要素于其中，实现了产业的内外延展。此外，为更好做到规范化运转，攀枝花市建立了十多项行业标准，树立康养产业新标杆，并依据现实发展需要和业态发展情况，联合多部门对相关标准完善补充，建立起完备高效和科学性的康养标准体系，更好助力康养产业健康有序发展。攀枝花充分考虑集聚效应，建立城市联盟，聚合携手共赢新动能。攀枝花、秦皇岛等19个主要与会城市一致倡议并发起成立康养产业城市联盟，合力推进康养产业快速健康发展，推动相关行业聚力发展。

参考文献

[1] 李后强. 生态康养论 [M]. 成都：四川人民出版社，2015.

[2] 四川"康养产业发展研究"课题组，李后强，廖祖君. 生态康养看攀西 以"六度理论"为衡量指标打造同心圆圈层发展体系 [J]. 当代县域经济，2016（3）：24-29.

[3] 赖启航. 攀枝花康养旅游产业集群发展初探 [J]. 攀枝花学院学报，2016，33（6）：6-9.

[4] 王恩峰. 分析森林康养旅游的发展 [J]. 旅游纵览（下半月），2016（22）：37.

[5] 林峰. 森林旅游的产品提升与产业升级 [J]. 中国房地产，2016（23）：58-61.

[6] 江汇. 田园养生景观营造探讨 [J]. 建材发展导向，2021，19（12）：11-12.

[7] 龙耀辉，刘娇，张彦秋等. 基于钻石模型的襄阳康养文化旅游产业竞争力研究 [J]. 高科技与产业化，2020（7）：46-55.

[8] 张玲，王晓荣，冯兰荣等. 湖北省森林康养产业现状及发展对策 [J]. 湖北林业科技，2021，50（5）：65-67+75.

[9] 汪文琪. 基于RMFEP模式的海南省康养旅游产品开发策略研究 [D]. 海口：海南大学，2018.

[10] 张欣. 乡村振兴战略下森林康养产业发展对策 [J]. 林业科技，2021，46（6）：57-59.

[11] 李敏，陈文武，田晔林等. 沟崖风景区森林养生旅游产品体系开发及构建研究 [J]. 林业科技，2017，42（2）：60-62.

[12] 四川省中药行业协会. 关于开展2020年四川省中医药健康旅游示范基地、示范项目申报与认定工作的通知 [EB/OL]. http://www.sczyxh.com/news/460.html，2020-08-24.

[13] 攀枝花日报. 让世界更向往！攀枝花建设国际阳光康养旅游目的地 [EB/OL]. https://www.sohu.com/a/242970048_392983，2018-07-24.

[14] 张欣. 乡村振兴战略下森林康养产业发展对策 [J]. 林业科技，2021，46（6）：57-59.

[15] 韩秋，王欢欢，沈山. 我国康养产业发展的实践路径 [J]. 旅游纵览（下半月），2019（12）：110-112.

[16] 四川日报. 攀枝花：阳光照亮转型路 [EB/OL]. https://www.sc.gov.cn/10462/10464/11716/11718/2018/3/5/10446021.shtml，2018-03-05.

第十一章 CHAPTER ELEVEN

案例分析

| 第一节 |

四川省文化旅游发展案例

一、九寨沟:"童话世界"的文旅4.0

(一)案例概况

九寨沟位于四川省西北部岷山山脉南段的阿坝藏族羌族自治州九寨沟县漳扎镇境内,地处岷山南段弓杆岭的东北侧。景区距离成都市400多千米,内有九个寨子(树正寨、则查洼寨、黑角寨、荷叶寨、盘亚寨、亚拉寨、尖盘寨、热西寨、郭都寨),又称"和药九寨",寨子里藏民世代居住于此,故名为"九寨沟"。

除了九个村寨,景区内有高山湖泊114个,各类型植物2000余种,著名景点有五花海、珍珠滩瀑布、诺日朗瀑布、五彩池等,拥有彩林、叠瀑、蓝冰、翠海等或秀美或壮丽的自然景观,也拥有藏族新年、藏族寺庙、藏族文化节等独具特色的风土人情。

图11-1 九寨沟景区(九寨沟管理局供图)

1978年成立九寨沟自然保护区。九寨沟自然风景区是中国第一个以保护自然风景为主要目的的自然保护区,它是珍贵的世界自然遗产、国家级风景名胜区、国家5A级旅游景区、国家级自然保护区、国家地质公园、世界生物圈保护区网络。东方人称之为"人间仙境",西方人则誉之为"童话世界"(见图11-1)。

（二）项目发展历程

1. 从树木采伐到自然保护区

20 世纪 70 年代，作为木材资源地，川西北地区常有森林采伐队进入开采，那时川西木材运输主要靠水运，采伐后的木材被推入江河，从金沙江、大渡河、岷江沿河冲下。"木材沿途受到撞击、沙埋、偷盗、腐蚀，损失巨大，到了乐山、攀枝花等地起材时，木材利用率仅为 10%~20%。"这样的做法，造成对林木资源的损耗和对生态环境的巨大破坏。

1975 年，九寨沟开始大规模地对沟内林地进行砍伐，中科院成都生物研究所与四川农业大学等专家调研时见状，认识到立即保护这片神圣土地的重要性。中科院成都生物研究所委托专人起草了《中国成都生物研究所关于在四川建立几个自然保护区的报告》，这份报告上报给了国务院并引起了中央的重视。1978 年 12 月 15 日，搭上保护大熊猫的顺风车，以九寨沟为代表的 4 个自然保护区由国务院发文正式批准建立。1979 年 5 月，四川将伐木场搬出九寨沟，并且正式建立自然保护区管理机构。

2. 在保护中建设

1985 年 10 月，九寨沟完成了风景名胜区的总体规划。规划以 2000~2005 年、2006~2020 年为两段规划年限；规划指出，在旅游开发过程中，九寨沟始终把生态、环境、自然保护放在首位，坚持走"保护促发展，发展促保护"的可持续发展之路。

为进一步解决景区内的污染问题，维护好九寨沟原有风貌，最大限度减缓其城市化发展趋向，九寨沟景区现已整治完成非必要经营性房屋面积达 10 万平方米，并完成了绿化改造，最大限度地恢复了原有风貌[1]。在"保护—开发利用—管理"保持平衡的要求下，当地旅游基础设施和旅游服务设施不断健全，修建了如山岭公路、木质人行栈道、诺日朗服务中心、绿色生态厕所（见图 11-2）、保护站等便民生态基础设施，也进行了景区智能化管理系统、山地灾害治理建设。

完善基础设施之外，九寨沟管理局坚持九寨沟"保护、开发、管理"等基础平台的信息化建设。建设从基础平台层和系统平台层两个层级入手，运用 GIS、GPS、多媒体展示技术、智能化监测、电子商务等多样化技术平台，将智慧建设始终贯穿到景区发展之中，实现景区"自然资源保护数字化、运营管理智能化、

图 11-2 九寨沟景区双龙海生态厕所（九寨沟管理局供图）

产业整合网络化"的数字化建设目标。

3. 地震受创，四年"补妆"归来

2017年8月8日，突如其来的7.0级强震让九寨沟景区遭受重创，日则沟五花海以上区域破坏极其严重，火花海堤坝溃决，形成了40米×12米×15米的决口，湖泊水域几近干涸，湖区发育裂缝100余条，老虎嘴至原始森林段损毁，全路段塌方。另外，地震后的九寨沟湖群应对强降水的韧性降低，一遇大雨，景区湖水变得浑浊不堪，没有了当年的宁静与澄澈。震后，九寨沟关闭数月，原本热闹的九寨沟人烟稀少，当地导游一度没有工作。

在保护景区生态环境和安全的前提下，景区重建工作有序启动。九寨沟管理局联合包括四川大学在内的四川多所高校、四川路桥川交公司等多家企业，对九寨沟受损情况开展全面评估和科学重建。在理论、技术专家带领下，团队攻克多项技术难关，从交通恢复、生态修复和民生保障多个维度让九寨沟绽放新颜。

损坏的交通是限制景区重建的瓶颈，难度较大的熊猫海隧道经过1年时间便全线贯通，为九寨沟景区全域恢复开放奠定了基础。生态恢复是重中之重，团队下足功夫，编制了"振冲碎石桩固基、糯米灰浆筑坝、竹锚加筋护坡、生态材料堵缝、分形景观设计、本土植物绿化"的绿色技术方案，以传统材料糯米灰浆和地震中垮塌的块石、钙华土等为主要原料，有效恢复了火花海震前生态系统，开创了自然遗产修复恢复先河[2]。此外，当地累计清理震损林地1.67万亩，补植补造树木65.6万株，点播树种1431千克，撒播草籽8071千克，完成生态环境修复1387亩、生态环境恢复4245亩。

在民生保障上，九寨沟灾后重建项目累计主体完工、竣工227个。全面完成震损农房、城房维修加固和重建任务；新建漳扎镇小学等14所学校和国际旅游应急医疗保障中心等7个医疗卫生项目。此外，景区还引进了"看见九寨"文旅综合体，成为九寨沟新的旅游黄金地标，包括醒来艺术馆、九寨时光图书馆、印峰·270雪山生活体验餐厅等，让九寨沟焕发活力与青春气质。

2021年，第七届中国（四川）国际旅游投资大会开幕式暨九寨沟景区全域恢复开放仪式在九寨沟举行，经过四年的"补妆"，"童话世界"又恢复了往日的热闹与美丽，并且比以往更加科技化、更加生态化[3]。恢复开放的景区在规划设计上多使用新材料、新技术、新规划、新场景，相关游览服务基础设施得到更为全面的提升。正如阿坝州人民政府州长罗振华所说，地震发生以后，阿坝州以生态为本底、以科技为支撑，让九寨沟实现了脱胎换骨、凤凰涅槃地重生。

（三）案例亮点

1. 定位"大九寨"，提供深度游

2020年11月，经文化和旅游部验收认定，九寨沟县被确定为第二批国家全域旅游示范

区。以九寨沟风景名胜区为核心，全县范围内打造了 12 个景点，包括神仙池景区、甲勿海景区、中查沟九寨·鲁能胜地旅游度假区、爱情海风景区、九寨沟熊猫研究园、柴门关景区、大录古藏寨、世外罗依度假区、白河金丝猴自然保护区、九寨云顶景区、九寨天珠景区、七里黄金小镇[4]。太平村利用国家级的白河金丝猴自然保护区现有美誉度，紧紧依靠"川金丝猴"这一 IP，努力发展并壮大了符合自身实际的旅游业，打造了金猴饭店、金猴民宿等招牌，这吸引 30% 的村民回流从事相关产业，当地村民 2020 年人均增收 500 元；在距九寨沟风景名胜区 69 千米的郭元乡青龙村，当地政府用人文和花海吸引游客。

每个景区各具特色，从风景、人文、风俗到科研，可以满足不同需求的游客：中查沟顶级会议中心、太平沟金丝猴寻踪和珍稀动植物科考、甲勿海高端生态游和民俗风情体验游、海子山健身娱乐和休闲度假、环神仙池生态景观和峡谷探险等，"1+12"个景区互为支撑、多点多极发展，最终形成了全域旅游的新业态。

2. 向媒体借势，打响大品牌

作为"天府三九大"品牌超级 IP，九寨沟不断适应着新媒体时代旅游宣传营销方式，充分利用"互联网＋旅游宣传"模式，调动社会各界宣传九寨沟景区的积极性，提升"神奇九寨更迷人"品牌知名度和影响力。九寨沟景区多次开展"5G+4K+VR"慢直播，依托景区全新高清景观摄像头，网民可以进入实时直播间进行"云游"；九寨沟在抖音平台上位于"阿坝景点打卡榜第 1 名"，

3. 数字技术的合理应用

在大数据时代，一个景区要提高运行效率、提升园区服务质量、获得游客反馈，离不开数字技术的帮助。九寨沟是全国智慧景区建设较早的旅游地之一，流量监测、防火安全、购票系统、智能停车场、智慧公厕等都已经建成并投入使用，"看见九寨·魔幻现实情景体验戏剧"运用美学设计和新媒体技术让游客如同置身水底和高山，技术与文旅融合让景区及时获得数据反馈，为科学调整运营策略提供依据，更具科学化且有的放矢地推出新产品和新线路。

（四）经验总结

1. 多频共振，全域旅游

很多大型旅游景区面积广、景点多，但是存在和地震之前的九寨沟同样的问题：来的游客多是"走马观花"，打卡完各个景点却难以真正驻足，在当地平均停留时间短，周边配套目的地难以良性发展。为了打破这一僵局，九寨沟灾后部署时对此重新科学规划，围绕全域旅游开启自内向外的提档升级，实现"玩转九寨沟，一周七天不重样"，促进九寨沟旅游产业链合作共赢。

联盟式发展互惠共赢。在 2015 年的中国旅游日，九寨沟风景名胜区管理局联合黄龙风

景名胜区管理局、九寨国家森林公园管理局，以及多家高端酒店、演艺公司等优质旅游资源，发起"九环线优品质旅游联盟"，以"出资源不出资金"的方式组合成优质的旅游产品，精准投放目标市场，这种联盟式的合作可以进一步有效改善景区的单一配套，承接溢出游客，或者推出玩宿套餐吸引客流，为游客省去分开预订门票、酒店的烦恼，游客省心的同时景区和酒店也有了消费者。

2. 注重"微产品"，打造大名声

俗话说细节决定成败，在旅游业竞争愈发激烈的市场上，旅游目的地不仅仅满足于已有流量和景点，更要在细节上下功夫，通过"精提升微改造"，想游客之所想，想游客之未想。在山区旅游，厕所一直是个难题，很多地方景色迷人，却因为公厕少、卫生环境差、上厕所排队等令人恼火情况，影响游客对景区的印象和评价。九寨沟景区从公厕改造入手，开展"厕所革命"，成为全国第一个大规模运用真空负压智慧公厕系统的景区。智慧公厕采用数字化智慧管理系统，能随时监控周围的温度、湿度、氨和硫化氢浓度，既做到防臭安全，也做到了生态环保，给游客带来舒心的使用体验。这种细节上的处理是一个景区积累口碑的关键点，景区要想有回头客，不能只做表面功夫。

景区要多观察、多调研，对旅游产品不断进行优化，应用新技术解决游客遇到的小问题，借用技术等新兴手段，从心入手，细心打磨的旅游产品，游客的体验才会更为舒心舒畅。提起交通基础设施，道路建设很多景区考虑到了，但是停车场要么车位不够，要么停车、挪车困难、收费秩序混乱。九寨沟景区注意到这一问题后，与智慧出行公司合作，投资建设九寨智慧旅游交通项目"九寨智行"，九寨沟县区域内所有路外停车场及路内停车泊位接入平台后，所有人可以实时查看当地酒店、饭店、社会停车场车位情况以及交通情况等，极大方便了游客自驾出行。

3. 文旅融合下的 IP 体验项目打造

九寨沟项目地处高海拔山区，地形复杂，不可控因素较多，以自然观光为主的旅游产品体验好坏往往取决于自然条件，雨季容易有泥石流、洪水，冬季有暗冰、暴雪。自然观光受天气影响是同类旅游产品的通病，一旦发生极端天气，游客通常败兴而归。打造受自然条件限制小的 IP 体验项目，不仅可以弥补这一缺陷，也顺应文旅融合发展趋势。一个景区有了文化项目，可以延长游客驻留景区的市场，带动当地消费，与此同时也拥有更为明确的文化底色，景区的灵魂更加丰富。

九寨沟旅游集团打造了全新文旅黄金地标——"看见九寨"文旅综合体，2 万平方米的项目空间设施齐全，独自醒来艺术馆、九寨时光图书馆、印峰·270 雪山生活体验餐厅等创意项目众多，游客在观光之后能到此感受九寨沟的文化魅力，即使室外是雨雪天气，室内也为游客准备了九寨沟的山水、春夏秋冬，以及梦幻五彩意境的体验项目，游客不会无功而返，还能从综合体感受一个非传统、散发出青春、活力、温情、艺术的气质的九寨沟。

每个景区都有自己的文化特质，这种文化特质又会随着时代的变化而与时俱进。过去的景区给大家留下只是来游山玩水的传统印象，但是文化似乎可以将景区拟人化、故事化，在做景区优化的时候，要跳脱传统的藩篱，山水景区也可以加入现代元素，古老文明也能焕发青春气息，这种反差、意外和碰撞才有看点、有新意。文旅融合发展。不应走大众消费的老路，要积极善于融入新元素，比如草甸上修建图书馆，民族表演加入现代舞，传统与现代的融合、情理之中、意料之外的体验才会令人眼前一亮。当然这种融合要把握好度，需要建设者有审美力和创造力，否则就是画蛇添足。

二、达古冰川：离城市最近的遥远

（一）项目概况

位于阿坝州黑水县境内的达古冰川风景名胜区，面积 33 平方千米，集现代冰川、古冰川地貌、红军文化于一体，"走进远古、探古溯源"及"达古冰川"（见图 11-3）因此得名[5]。名胜区有现代冰川 11 条，冰川总面积 1.46 平方千米，冰储量为 0.0337 立方千米，以悬冰川、冰斗冰川、坡面冰川为主要类型，是我国乃至

图 11-3 达古冰川景区（赵川摄）

亚洲最东缘冰川区的重要组成部分，更是全球海拔最低、面积最大、年纪最轻的冰川。

景区内资源组合和生态环境保护较良好，既有古今冰川遗迹，又包含包括湖泊森林、高山草甸等世界级美景。咂酒文化、铠甲舞、多声部民歌与红军文化等民俗、历史文化源远流长，长征途中最著名的中共中央政治局"毛尔盖会议"便是在达古雪山下的毛尔盖召开。在中国发现新美景评选活动中，达古冰山被评为"中国最具吸引力的自然美景"和"四川最好的度假胜地"，还拥有"红叶观赏最佳地、中国多彩的冰川——冰雪天堂、冰川地貌自然馆、摄影天堂"等称号，著名作家阿来称它为"最近的遥远"。

（二）项目亮点

1. 定位突出，做冰川旅游精品

相比九寨沟、黄龙这种范围较大，涵盖资源较多的大型风景名胜区，达古冰川游览面积更小，境内可打造的景点没有大型风景区多，这就需要在开发时转变思路，将旅游产品

做精、做好，在有限的范围内给游客优化的体验以及精致的享受。达古冰川景区中最值得称赞的便是其三截冰川，即1号、2号、3号冰川，这三截冰川也是其核心区域，面积约8.25平方千米。形成年限达亿年的古冰川是整个景区的灵魂，在冰雪美景之上，高山索道、山顶咖啡馆、原始森林以及达古藏寨串联成线，游客不用舟车劳顿，在一连串美景中拒绝审美疲劳。围绕"冰川"这一优质的资源，达古冰川并没有只满足于做风景观光，还继续深挖冰川背后的科普价值、教育价值，随着研学旅行热的兴起，顺势而为推出了地质研学类产品，拓宽了消费者市场，

2. 两个"最"爆红出圈

一个景点被本地人以外的大众所知道，除了本身有亮丽的风景，更需要的是社交平台上的裂变营销，实现这一步离不开一个"引爆点"。对于达古冰川来说，它的引爆点在于两个"最"："世界上海拔最高的旅游观光索道"和"世界上最孤独的咖啡馆"。

达古冰川山顶海拔为4860米，从山脚到山顶有一条全球海拔最高的客运索道，全程15分钟，游客坐在缆车内，两旁古老的冰川和皑皑的白雪给人以沉静、苍茫之感，仿佛身处洁白梦境，这是城市不能带来的独特感受（见图11-4）。到达山顶后，一座名叫"9000年的承诺"咖啡厅出现在眼前，富有巧思的店名与这纯洁的"童话世界"相辅

图 11-4 达古冰川世界最高海拔索道（赵川摄）

相成，坐在咖啡厅的落地窗前，看着雪山美景，打卡照相分享到社交平台，众多游客来此，就是为了这浪漫的一刻。一个景点要有其独特性，更要给游客带来独特的感受和价值传递。游客在索道和咖啡馆照相，除了美景分享，更深层次地是想告知他人这次旅途的小众性、唯一性，从而完成自我价值和审美的传递，在日常生活的琐碎中，这种纯粹常常是人人都向往的、心理满足最充实的享受。"世界上海拔最高的旅游观光索道"和"世界上最孤独的咖啡馆"这种称呼长度短，理解起来容易，很快成为社交平台传播的关键词，吸引住眼球并获得流量，最终完成从线上关注到线下打卡这一闭环。

3. 冰川科普研学产品

达古冰川是阿坝州第一批社会科学普及基地，与中国科学院西北生态环境资源研究院冰冻圈国家重点实验室、四川省植物工程研究院等科研机构的长期战略合作，为研学基地建成和研学旅游开展打下了良好的基础。

达古冰川景区拥有丰富的自然资源，如类型丰富、保存较为完整的第四纪冰川遗迹，野生动植物资源丰富，可视率极高，有野生动物 153 种，高等植物 1000 余种，另外这里也是当年红军"三进三出"黑水北上长征途经之地。仅用作观光不能充分发挥出当地旅游资源的深层作用，顺着研学旅行逐渐升温，达古冰川顺应旅游消费提质转型升级新趋势，积极探索其科普研学旅行相关产品。

秉持着环保生态的理念，达古冰川不断丰富景区的研学旅游资源，修复了景区内包括罗毕圣湖在内的多处景点，建设了冰川观景台，积极与阿坝师范学院等高校合作，落实研学教育；修建了阿坝州首个单体室内国家级地质博物馆"达古冰川地质博物馆"，定位"科普 + 教育 + 美学 + 科研 + 旅游"五大功能，内设有 5D 科普电影馆，播放地质公园专题解说片、地质公园风光宣传片和地质公园科普教育片等内容。该布展分为六大部分，包括岩石矿物标本十余种、动植物标本数十种等，用多样化的现代技术，全面展示达古冰川的形成演化史以及景区动植物资源[6]。

达古冰川将红色文化融入研学产品之中。1935 年，红军在黑水召开了著名的芦花会议，之后翻越景区的昌德雪山和达古雪山北上长征。为铭记红军长征的艰苦历程，当地政府积极借其发力，打造了党建文化广场、红军桥等爱国主义教育基地，让游客、学员、广大群众深切感受并学习红色精神。

达古冰川地学研究基地以地质、植物、动物、红色文化为四大主题，主要客群定位为科研机构、大中专院校学生，研学旅行团到此进行科学考察，编撰科普论文，创办学生实习基地，对挖掘景区科学与美学双重价值起到了双向促进作用。2021 年，达古冰川国家地质公园以"现代冰川特色"成为首批四川省地学研学旅行实践基地。

（三）发展历程

1. 揭开神秘面纱

千百年来，达古冰川如同一位久居深闺的美女，鲜少有人知晓。20 世纪 70 年代，达古冰川被发现且被编号后记录在案。1992 年，一名日本科学家曾在此开展为期一周的考察，考察发现该地是世界上海拔最低、面积最大、年纪最轻、离城市最近、所见最美的冰川，正是这次考察使得美丽的达古冰川被人熟知。

2. 两个无中生有之"最"，达古极速走红

达古冰川的主要营销渠道是新媒体平台。随着人们越来越倾向于碎片化阅读，"短、平、快"内容成为热度更高、更容易被人们看到的传播方式，抖音、微博、小红书笔记等依靠短小精悍的微量内容迅速抓住消费者眼球，这种注重吸引游客眼球的经济发展模式称为"注意力经济"。根据这一特性，景区在宣传时需要打出自己的标签，既要有特点辨识度，又要有充足的画面感，让人瞬间产生脑中图景，如同身临其境，给人以向往。达古冰

川选择了"世界上海拔最高的旅游观光索道"和"世界上最孤独的咖啡馆"作为营销重点，紧紧抓住了消费者的猎奇心理和求异心理，再加上冰川雪景、蓝冰等独特景观的加持，这两个标签很容易让达古冰川从众多景点中脱颖而出。在网上搜索达古冰川相关话题，最热的永远是咖啡馆和索道，其次才是自然冰川，这说明"无中生有"的人工造景同样能吸引游客注意力。当前，实现该成效的关键在于充分融入并放大当地自然景观优势。在咖啡馆，冰川与海子尽收眼底，落地窗如相机取景框，游人与景色在此刻天人合一；在索道上，全透明的缆车搭配毫无遮挡的开阔视野，下方是层层叠叠的原始森林，人们从一个崭新的角度欣赏美景，打破地上行走的审美疲劳，游客全程也不用耗费太多体力便能舒适进行游览，适合更多老年人和小孩群体，成为更多亲子游、家庭游的出行目的地。

3. 冰川科研保护为旅游开发提供支持

一个景区，尤其是自然景区，要想获得更长远的利益，必定要走可持续发展道路。随着全球气候变暖、碳排放不断增加，全球冰川面临融化速度加快，提前消融的危机，达古冰川也不例外。

为了达古冰川包括阿坝州其他冰川能够持续留存，让更多后人看见，达古冰山从开发前就将保护性、可持续的理念放在首位。2017年，景区管理局与中科院西北生态环境研究院达成合作，共同筹建"中科院达古冰山冰雪环境与可持续发展综合观测站"，以冰川变化观测、冰川温度测量、冰川厚度测量、冰川积累消融测量、客源市场时空结构分析、冰川科普为目标任务，持续开展冰川调查研究，为景区冰雪旅游资源保护与合理开发提供技术支撑。2020年8月份以来，中科院研究员王飞腾6次率领团队来到达古冰川进行科考研究，并开展了著名的"盖被子"实验：用防护性强、重量轻的白色土工布为冰川盖上特殊的"被子"，增加冰川表面反照率并隔热保温，从而减缓冰川消融。这场国内首次进行的"盖被子"实验由央视同步直播，达古冰川美景和当地人保护冰川的不懈努力令人动容。

（四）经验与启示

1. 麻雀虽小五脏俱全

一个景区不一定靠大取胜，完善的配套设施、宾至如归的服务、或奇诡或秀美的景色，甚至一个人物、一个地点、一个活动，都能成为消费者前去旅行的动机。达古冰川围绕1号、2号、3号三截冰川，从时间的纵向和地点的横向两个维度都为消费者准备了丰富多彩的旅游产品。从时间维度上来说，达古冰川四季不同景，但是景景入人心：春有冰雪初融溪水潺潺，野花冰雪毗邻而生；夏有高山草甸牛羊成群、海子翠绿，露营避暑溯溪均可选择；到了秋季彩林遍山、层林尽染，进入山中仿佛身处油画；冬季自不必说，大雪纷飞、蓝冰壮丽、圣洁安静，是赏冰玩雪的旺季。一个景区可以随时为游客带去新鲜感非常重要，从 2013 年开始达古冰川还组织了包括"冰山彩林节""冰雪节"等各式营销活动，多年间从未间断。全民运动兴起之后，当地又举办了以各类运动为主题的"自行车挑战赛""瑜伽直播""恩波格斗"等活动，将山林野趣和活力运动完美融合，吸引了众多参与者。食、喝、住、行、娱、学，达古冰川以市场为主导，满足游客各个维度的需求，精益求精，成为川西环线上不可缺少的旅游目的地。

2. 营造特色空间

达古冰川还有一个非常好的经验就是在自然景观中融入适宜的人造空间，在开发时就规划好供游客拍照打卡的拍照点、观景台，帮助游客用最少的时间找到最佳拍照打卡地，游客拍照后分享至社交平台，获得良好宣传效果。当地最火的孤独咖啡馆专门在视野最好的位置设计了全方位大玻璃落地窗，游客只需点上一杯咖啡，就能获得独特的观景视角，独享这窗中美景，随意打卡拍照，看似是在卖咖啡，实际是通过咖啡付费获得景色的专属拍照时间。待到旅游旺季，咖啡馆游人如织，游客甚至排队打卡店内最佳观景位，这里已经成为达古冰川必去景点之一，也是达古冰川的出圈抓手。

3. 抓住用户痒点和痛点

不管是观景台、咖啡馆，还是缆车，诸多看似只是景区内的基础性设施，实际已经超出其功能性用途，获得 IP 属性。它们之所以爆红，是因为其所属或营造的现有空间让人联想到自由、快乐、放松，是逃离琐碎生活的象征，给人以情绪价值。当"内卷"成为城市的常态，人人都有感到劳累的时候，而达古冰川传递着一种生活态度和情绪，如同几年前的流行语那样——"世界那么大，我想去看看"，直击人心。疫情期间，抖音流行起各种旅行 Vlog，人们开玩笑称这些短视频为"离职通知书"，也侧面反映了现代人对逃离规则束缚、寻求内心自由的渴望。这一背景正是现在旅游业不景气的大环境下，当地最应该抓住的营销痒点和痛点：让人们找到自己，感受自由，享受自然和生活，去感悟生命的快乐和意义。

三、稻城亚丁：美丽香巴拉的提升之路

（一）案例概况

稻城亚丁风景区位于四川甘孜藏族自治州南部，地处著名的青藏高原东部，横断山脉中段，属国家级自然保护区，省级风景名胜区，亚丁的藏语本义为"向阳之地"。稻城亚丁风景区主要由仙乃日、央迈

图 11-5　稻城亚丁仙乃日和夏诺多吉雪山（赵川摄）

勇、夏诺多吉三座神山（见图11-5）和周围的河流、湖泊和高山草甸组成，属于高山峡谷类风景区，海拔2900~6032米，占地1344平方千米，是国内现存最完整、最原始的高山自然生态系统之一，也是中国香格里拉生态旅游区的核心，因其自然环境奇险俊美而享誉海内外。

2003年7月10日，稻城亚丁被联合国教科文组织列为"世界人与生物圈保护网络成员"，2010年成功创建国家4A级旅游景区，2016年被评为"全国民族团结进步创建活动示范单位"，2018年荣获"四川全域旅游营销传播奖"，并入选"全球华人十大年度摄影最佳目的地"和"四川十大冰雪旅游目的地"，2019年4月，稻城亚丁荣获四川省旅游界最高奖"金熊猫"。2020年12月，四川省甘孜州稻城亚丁旅游景区拟确定为国家5A级旅游景区。因其保存完好的自然环境而被世人称作"蓝色星球最后一片净土""最后的香格里拉"。

（二）案例亮点

1. 强调唯一性，定位中高端

通过《消失的地平线》一书，稻城亚丁成为全世界都在寻找的"香格里拉"，《从你的全世界路过》里，稻城亚丁又让文艺青年们心向往之。来亚丁的游客许多是这些作品的读者或观众，是有情怀、有追求的，既是观光，更是来满足心中对于圣洁世外桃源的向往。

通过用户分析，稻城亚丁在市场定位上是适度高端而非大众产品，它背后的文化是唯一的，承载了三代高僧笔下真实的香巴拉文化，这是景区最高的IP。其稀缺性和脆弱性决定了它不能一味地放量，要保护为先、限量运营，按照"对内注重提高品质、对外注重美誉度"的要求发展。

2020年，当地召开"甘孜州稻城亚丁文化和旅游高质量发展研讨会"，会议指出，在开发定位上，稻城亚丁在不断拓展、不断完善的基础上有以下几个极限。第一，要最大限度地保护好内部景区，外部景区允许做的基础设施要尽量完善。第二，景区内不能搞过度服务，景区外服务可以最大限度地做到安全、便捷、舒适。第三，景区内不能过度开发复合型产品，在景区外可以尽量地去丰富旅行旅游、休闲娱乐的各种品类，也可以提供有偿的个性化服务。

稻城亚丁不为了旅游收益而强调人海战术，而是将产品精品化、导向化，如果景区总是让大规模的团队进出，会降低景区的品位和价值。以当地最新线路规划为例，采取"小群多路"的方式，将游览区域划分4条线，分别是只能徒步的崇善之旅（慈悲线）、智慧之旅（智慧线）、挑战之旅（挑战线），以及可以乘车的勇者之旅（勇者线），其中挑战线是最考验游客耐力、毅力和勇气的极限挑战线路，景区不建议老年人、体能较差人员和有基础疾病的人员前往挑战。这种游客分流的方式既能减少景区承载压力，又满足了不同游客的游览需求。

2. 文旅融合，精准营销

文旅融合让自然观光景区有了灵魂，稻城亚丁积极推动以文化、体育、扶贫等方面为核心的"旅游+"等旅游融合发展的新业态体系，全方位提升营销水平和相关服务，借用多种营销模式，不断提升"蓝色星球上最后一片净土"等诸多文旅品牌的国内国际晓喻度[7]。

一方面，体育、音乐文化与山地旅游的结合是最具生命力的的融合方式，近年来户外运动、极限运动的流行，露营、越野、攀岩等成为城市人出行的活动选择，而民谣、民族音乐的热度依旧不减。在山区能为两者提供适宜的开阔场地，康巴文化等当地文化中也有运动和音乐的元素，将现代与传统相结合，可以打造出非常出色的文旅产品。稻城亚丁景区成功举办了三届国际越野跑赛事"飙山越野·龙腾亚丁越野赛暨 SKYRUN-NING（中国）越野嘉年华"以及"让世界看见稻城亚丁"雪山下的音乐会，借助赛事营销、音乐营销等新型路径，提高景区的国内外知名度和美誉度，初步探索出了一条适合亚丁发展的营销道路。

另一方面，稻城亚丁以互联网媒体为营销工具，进行智慧营销。以官方网站、微信、微博等为载体，策划了"让世界看见稻城亚丁摄影&Vlog"大赛；与湖南芒果 TV 签订了战略合作协议，打造"媒体+景区"的创新合作模式，综艺节目《爸爸去哪儿6》和《哈哈农夫》都选择了稻城亚丁作为拍摄地，提升了稻城亚丁的知名度。2018 年，亚丁景区荣获"2018 年度四川全域旅游营销传播奖"等称号。

3. 优化基础设施建设，进行文旅扶贫

为了游客能有更加便利、安全、舒适的游览体验，稻城亚丁首先是完善和升级旅游基础设施和管理服务。硬件设施上，景区实施"植树、种花、拓湖"工程，建设洛绒牛场、冲古寺、扎灌崩服务中心，推进"厕所革命"。另外，建立常态化巡山护林防火机制，最大限度地避免景区遭受不必要伤害。此外，稻城亚丁景区管理局积极探索建立政区联合管理机制，加强景区的营销推广、市场监管和规范管理机制。

文旅的开发也伴随着当地扶贫工作的开展。在媒体营销上，抖音平台"山里 DOU 是好风光"文旅扶贫项目在稻城县启动，该项目为以稻城亚丁为首的具有良好旅游资源的贫困县提供展示自我的线上平台，为其在流量倾斜、产品、人才和站内认可等方面提供多维方案，更好助力文旅构建，吸引他们来这里旅游、创业；此外，稻城亚丁实施生态保护补偿机制，基于景区现有盈利按照规定比例向相关区域农牧民分发补偿金，现有补偿人群人数已达 9000 余人；借助"旅游+文化+体验""旅游+电商+扶贫""景区+合作社+农户"的多模态"文旅+"发展模式，坚持景区带村、村景融合、农旅结合，让景区内外的居民吃上了旅游饭。

（三）发展历程

1. 从洛克到希尔顿，亚丁闻名世界

1928 年，美国植物学家、探险家约瑟夫·洛克，来到此地进行探索，并在冲古寺小住。回国后在美国《国家地理杂志》上撰文，并刊登所摄照片，将亚丁介绍给了全世界。英国作家詹姆斯·希尔顿从洛克的文章和照片中获得灵感，撰写了《消失的地平线》。在《消失的地平线》一书中，香格里拉喇嘛寺就以稻城亚丁的冲古寺为原型，这本书荣膺英国历史最悠久的文学奖霍桑登奖。1937 年，好莱坞著名导演弗兰克·卡普拉将其搬上荧幕，"世外桃源香格里拉"在国际上声名远扬。

2. 国内保护与开发历程

20 世纪八九十年代，成都生物研究所工作人员先后前往稻城进行生态资源情况调查，并将调查报告呈送至四川省人民政府，报告中提议建立自然保护区。1986 年，亚丁被正式列入四川省自然保护规划。1994 年，成都生物研究所组织一批包括英国、美国在内的专家组前往四川西部进行植物考察，该专家组向当地县政府提出建议，认为应着手建立亚丁自然保护区，发展生态旅游以更好推动民族地区高质量发展。

1994~1998 年，外国科学家考察队的队医王晓东自费五上稻城亚丁，拍摄 3000 余张亚丁照片，被誉为中国摄影界进入稻城亚丁第一人。1996 年，世界著名华人摄影师李元赴稻城考察摄影，他拍摄的照片与他对稻城亚丁的认识在海内外引起极大轰动。同年 3 月，亚丁自然保护区成为县级自然保护区，成立亚丁自然保护区管理局。1997 年 5 月，甘孜藏族自治州人民政府批准亚丁为州级自然保护区，成立管理处；同年 12 月，经四川省人民政府批准，成为省级自然保护区。2001 年 6 月，经国务院批准，成为国家级自然保护区[8]。2011 年 8 月，四川提出构建"北有九寨黄龙、南有稻城亚丁"的民族地区旅游发展格局，集中力量精心打造金沙江流域大香格里拉国际精品旅游区——稻城亚丁。

3. 电影取景地大火，抖音配音出圈

2016 年，改编自张嘉佳同名小说的电影《从你的全世界路过》火爆国内电影市场，作为影片取景地之一的稻城亚丁被更多人所知晓。自然美景本就令人心驰神往，配以电影中主人公爱情故事的浪漫和文艺，亚丁一时间火遍全网。

抖音短视频往往以音乐和画面的融合吸引观众，模仿是快速传播的最好方式，难度低、试错成本小。"有一个地方，叫作稻城。我要和我最心爱的人，一起去到那里。看蔚蓝的天空，看白色的雪山，看金黄的草地，看一场秋天的童话。"[9]这段电影经典台词被抖音用户们用来进行配音挑战，充满场面感和幸福感的台词让大家竞相模仿，不费力、不需创意的模仿是最快的传播方式，稻城亚丁爆火出圈。

（四）经验与启示

1. 文旅产品要挖掘文化，培养情怀

从《消失的地平线》的"香巴拉王国"开始，稻城亚丁就注定并不是简单的观光胜地，她的纯洁、光明、美好与宁静，是无数人的精神寄托之地。古时有陶渊明笔下的世外桃源，而稻城亚丁就是很多人心中的当代桃花源。在纷纷扰扰的现代社会里，这里象征着自由、和睦与智慧，有着超脱世俗的安逸与祥和。希尔顿写作时正值20世纪30年代的大萧条时期，第一次世界大战的战火让欧洲伤痕累累，作者笔下的香巴拉图景给予了当时的欧洲人精神慰藉，"香格里拉仿佛一艘乱世中航行的小船，载着琉璃般易碎的人类文明……是人类最后的精神故乡"。

时至今日，稻城亚丁依旧是许多信徒和旅行者的情怀所在，要做好当地的旅游开发，一定不能只着眼于景观打造维护，更要吸引有情怀、有文化素养的人。一个景区，其缘起、发展、给人们的体验等都是宝贵的宣传点，不仅可以培养、培育有情怀的游客，还可以使景区长盛不衰，进一步提升景区的影响力和层次。尤其是在当代，安全、纯净的环境更是很多人的追求与向往，作为"人类最后一片净土"的稻城亚丁，利用分时预约、环境容量控制、景区公约等科学手段，打造成情怀与安全兼具的旅游目的地，吸引具有一定精神追求和质量要求的消费者更具有现实意义和市场价值，让亚丁之旅从简单的观光旅游向文化体验或深度旅游转化。

2. 精心策划，科学严谨打磨细节

对一个旅游景点的打造就如同装修一个毛坯房，需要设计师的精心设计，工人的认真施工和监理的严格监测，才能房子帮助住得久、住得舒服。同样的，一个景区要想走得长远，不能胡乱开发一气，因为这样会丢失好口碑和回头客。稻城亚丁最初如同未经打磨的璞玉，交通不便、游客基础设施不完善、游客需求与供给不匹配。发现问题后，当地管理局及时调整运营方案，重新规划景区路线，完善服务设施，从细节入手，精细化运营景区。

首先是要确定产品定位。根据景区自然承载量、景区生态脆弱性和未来发展方向确定景区是大众性、中高端，还是注重私人化和个性化，稻城亚丁在山地旅游的定位上增加了一层文化属性，户外和文化的双重属性使稻城亚丁更适合定位中高端市场。人们不远千里来此，除了单纯的观光，更希望得到心灵上的洗涤，这部分游客是带着情怀和追求而来，他们或是文艺青年，或是户外运动爱好者，来稻城之前心中已经有对旅行的要求和规划，所以对旅行的期望更高，景区只有做好定位，对自己的文化进行系统化整理和展示，推出高质量、高审美的文旅产品，才能建立游客口碑，避免游客乘兴而来败兴而归。

其次是及时补短板，不断提高景区管理服务水平。由于受气候、经济发展水平等因素影响，稻城亚丁一度建厕少、管厕难、养厕贵，游客很难在景区找到干净方便的厕所。为

了补齐这一短板，景区开展了以"厕所革命"为主的供给侧创新。不管是引进先进的泡沫微生物技术，还是在厕所中加入藏式元素，抑或是探索"以商建厕、以商养厕、以商管厕"三位一体模式，把厕所周边融入小卖部、氧吧等商业场景，亚丁景区表现出的都改革的决心，让游客对景区有了更好的体验和评价。厕所虽小，细节打造景区整体提升功不可没。

最后，热点 IP 场景打造，营造出圈打卡地。场景的营造可以给消费者带来一种美好的幻想，现在社会的人们普遍感到焦虑、压力大和"内卷"，内心充满了对浪漫、自由、纯真的向往，旅游景区应该紧紧抓住这种消费心理，进行"造梦"，将人们的幻想打造成现实。有一种旅游叫作"圣地巡礼"，就是专门沿着某一部电影或者动漫里的拍摄场景进行游览观光，找寻同款拍摄角度拍照打卡，著名的 IP 场景有《你的名字》里的飞弹高山，《灌篮高手》里经典的镰仓海边有轨电车等，国内也有影迷会去经典影片拍摄地打卡，如重庆武隆（变形金刚）、湖南张家界（阿凡达）等。在稻城亚丁，当人们看完《从你的全世界路过》，被男女主角的爱情所打动，电影取景地冲古草甸就是一个值得打造的 IP 场景，人们来到这里仿佛就置身于电影之中，可以回味爱情的美好，给草甸增加了一层浪漫滤镜。IP 场景打造要保护原有场景，增加符合调性的新元素，在不破坏生态的前提下方便游客拍照留念，促进社交媒体传播。

四、海螺沟景区：吹响文旅融合的号角

（一）项目概况

海螺沟景区（海螺沟冰川森林公园）位于青藏高原东南缘，贡嘎山东坡，地处四川省甘孜藏族自治州泸定县磨西镇，是泸定、康定和雅安市的石棉三县交界区，由海螺沟、燕子沟、磨子沟、南门关沟、雅家埂、磨西台地 6 个景区组成，辖区面积 906.13 平方千米。其中，海螺沟长约 30.7 千米，面积约 220 平方千米，拥有形成于 1600 年前的冰川，沟内有冰川、雪山、云雾、原始森林、温泉、红石"六绝"，是世界相对高度最大和山地垂直自然带谱最完整的地区（见图 11-6）。

相传"海螺沟"一名是由明代著名建筑师、藏戏创始人唐东杰布法王所取，法王当年架设泸定桥铁链夜宿海螺沟冰川石穴之内，离去后托梦给他的弟子，说贡嘎山神以他的随身海螺命名他

图 11-6　海螺沟的雪山和冰川（赵川摄）

经过的那条深沟为"海螺沟"。还有一种传说是，早期冰川形状如同城门洞，河风吹入洞内发出像海螺鸣奏的声响，海螺沟由此而得名。

这里融汇了康巴地区多元的民族文化和宗教文化，居住着汉、彝、藏、白、蒙等13个民族，同时景区距红色名城泸定县城50千米，是古代通往藏区的茶马古道的必经之地，是茶马文化、红色文化孕育地之一。

海螺沟为国家5A级旅游景区、国家级冰川森林公园、国家级地质公园、国家生态旅游示范区，中国唯一的"冰川森林公园"，2020年获成渝潮流新地标奖项，在中国旅游研究院颁布的《中国冰雪旅游发展报告2022》中入选"冰雪经典创新项目"。

（二）项目亮点

1. 定位明确：成渝后花园·康养加休闲

海螺沟景区以"成渝后花园·康养＋休闲"为景区核心定位，持续推出一系列措施加强旅游的引领作用，培养康养游、休闲游这一支柱产业，成为擦亮当地旅游这一闪亮的名片。这一定位是从两个角度进行的，可以进行定位拆解。

市场定位——"成渝后花园"。海螺沟将其市场定位于西南最大的两个城市成都和重庆。随着雅康高速建成通车，川藏铁路、泸石高速等重大交通基础设施建设相继开工建设，海螺沟已融入成都3小时经济圈，与成都这个中国西部地区最具活力和实力的旅游市场联系更为紧密。随着雅康高速开通和格萨尔机场的历史性通航，从成都及周边城市前去甘孜就更加方便快捷。不少外地游客最初认为川西遥远，但是成都因其便利的交通通达性，通常成为游客中转入川西的旅游线路。

成渝双城经济圈成立后，成渝两地形成了"1小时生活圈"，一张天府通公交卡可以直接连通两地交通枢纽，对川西向往的重庆游客也可以通过自驾、飞机等方式即刻出发，直达景区。中国经济的"第四极"定位使成渝双城经济圈为两地旅游带来了新的活力。除了成都和重庆两座中心城市，双城经济圈内的其他城市，如自贡、雅安、乐山等也是川西旅游的重要客源地，这几座城市生活习俗、饮食习惯等和成渝相似，更多川内外游客来到成渝，进入"大成都旅游环线""大川西旅游环线"旅游观光。像海螺沟这种相比于九寨黄龙更加"小众"的景区，不必强求广阔市场，而是应给予准确的市场定位，提供精品旅游线路和产品，持续拉新和维稳。

产品定位——"康养＋休闲"。伴随着时间的推移，中国老龄化问题愈加突出，据国家统计局发布的人口数据显示：我国现有60岁及以上人口为2.64亿余人，占总人口的18.70%；其中，65岁及以上人口为1.9亿余人，占13.50%，中国人口老龄化程度进一步加深，催生了康养这个朝阳产业。海螺沟结合自身优势，捕捉到了这个机遇，提出了"康养""休闲"的产品定位。我国虽然现在60岁及以上人口进一步增多，但是随着人们生活、医疗条件的进步，不少此年龄段的人口反而成了日常旅游的主力军，他们往往已经退休，财富上没有太大压力，时间较为充裕，有着丰富业余爱好，旅游成为他们交友散心、放松身心的绝佳方式之一。

海螺沟根据这两个精准的定位，因地制宜推出特色小组团旅游产品：亲子游、度假游、冰雪游、温泉康养等深受游客青睐。海螺沟景区已较好搭建起以温泉为核心的康养旅游体系，现已建成的温泉中心就包含天域瑶池、贡嘎翔云等，借助现有温泉资源造势，开展以"品、享、赏"为核心的体验式旅游度假模式。人们逃离疲惫的生活，在雪山森林之间获得放松和温暖，这种乌托邦式的体验是难以忘记的，不少来此的游客甚至选择在此养老、创业和购置房产，为当地经济再注入动力。

2. 供给侧改革，突出"旅游+"模式

海螺沟虽然拥有了优质的自然观光资源，但是并不满足于发展简单的观光游，而是顺应文旅融合的脚步，加快旅游供给侧结构性改革和需求侧管理，发展"旅游+"模式，为旅游产业发展注入新动能。

文旅融合，首先肯定是"旅游+文化"。海螺沟除了冰川雪山、森林草原等，还是红色文化的重要传承地之一。其中，最为著名的便是红军长征召开磨西会议的会址所在地——磨西镇。据此，海螺沟建设了红色研学基地——磨西红军长征陈列馆，深挖红色资源，推出3条红色旅游精品线路，打造了青少年"若丁山变形记"夏令营产品，让青少年学习红军不怕艰苦的精神，锻炼自身的意志；编排《云中贡嘎》民族歌舞演出等节目，展示民族风情。海螺沟还积极发展各式文化，将美食、音乐、书画、歌舞、运动等创新元素与当地自然旅游相结合，如以户外运动为突破口，开发攀岩、徒步、探险等体育旅游产品，还打造了时下大火的露营地项目，举办了"环贡嘎山百千米超级越野""山地骑行挑战""户外徒步探险"等10余个具有较强影响力的体育赛事，以赛促游，用精彩刺激的体育比赛吸引更多游客[10]。

另外，当地还坚持"旅游+生态""旅游+农业"等"旅游+"模式，全方位、多维度创新旅游生产经营方式。在"旅游+生态"上，海螺沟立足自然资源、气候资源等优势，在保护绿水青山的前提下，发展民宿、建设生态厕所，做好防火防灾等生态保护工作，充分挖掘避暑休闲游、康养养生游等旅游产品，做到端"旅游碗"、吃"生态饭"。在"旅游+农业"方面，坚持"农旅结合、以旅促农"，推进果蔬、食用菌、牛羊等特色优势产业与观光旅游、休闲度假、农事文化体验等深度融合，以文旅产业带动农业发展，进而实现农民的增收致富[11]。

（三）发展历程

1. 升级基础设施

海螺沟景区于 1984 年 10 月开发建设，1987 年 10 月正式对外运营，1988 年 8 月被设立为贡嘎山国家级风景名胜区，1997 年确立为贡嘎山国家级自然保护区的重要组成部分。以往的海螺沟因为地理、经济条件限制，景区设施简陋，安全系数不高。

旅游景区的基础设施改造升级是当地可持续发展不可或缺的一部分，再好的风景如果没有舒适的旅行体验和安全的景区保护也是无济于事。在厕所这一重要卫生基础设施升级上，海螺沟坚持"厕所革命"，从过去异味重、容易造成环境污染的打包厕所更改为具有泡沫微生物排解技术的公厕，达成无污染自然排放，减少了清洁成本，保护了环境。为提供更完善的旅游环境，海螺沟景区管理局现已投入 12.5 亿元资金对区内建筑风貌进行改造升级，实施亮化工程、加强各酒店规范化管理、提升景区内整体住宿品质疫增强市场竞争力，与此同时，规范市场监管，营造良好的市场环境。

海螺沟在数字景区建设上成为甘孜旅游领头羊。当地抓住"数字甘孜"建设机遇，打造智慧景区：天气情况、交通情况可通过景区微信和 LED 大屏随时了解，借助微信公众号在线一键式订票订房、泡温泉。在景区里，每走到一个景点，语音导览功能就提供了景点讲解，景区服务效率和保障能力大大提高。海螺沟景区管理局提升"食、住、行、游、购、娱"六要素，补齐景区里六要素相关短板、优化旅游环境，最终满足游客多样化的消费和服务需求。

2. 创新营销方式

海螺沟在数字营销时代抓住线上线下营销渠道，采取各式营销手段，不断加大宣传营销力度，营造出"人人都是旅游宣传员、人人都是旅游形象代言人"的全民营销氛围。

在线上，海螺沟合理运用媒体资源，打通传统媒体平台、社交媒体平台各类媒体渠道，在中央电视台、四川卫视等栏目黄金时段增加景区曝光量，联合大贡嘎旅游联盟、川西旅游联盟，利用抖音、微博、小红书等载体发布宣传资讯。景区将线下活动也搬上云端，形成线上线下同频共振，在"云喊山"活动中，现场的观众面对海螺沟冰川喊出祝福和心愿，而线上抖音直播间里的观众也一起给神山留言互动，"云端喊山"让更多潜在消费者看到景区的壮丽冰川和奇秀森林景观，海螺沟已经在其心中留下美好印象，这类观众将更好地完成线上到线下的转化。景区将继续创新营销方式，为游客提供一个线上抒发情感和承载情怀的对象，提高景区的知名度和美誉度。

在线下，当地旅游局和宣发部门积极赴重庆、广东、浙江等地参加旅游推介，将大海螺沟景区以及甘孜旅游推介给川渝以外的市场；开展政校企合作，搭乘成渝双城经济圈建设的快车，同川渝两地部分高校达成战略合作协议；开展文创设计大赛、策划川渝大学生

"重走长征路"暨文旅产品体验官活动，类似的联合活动较大程度提升景区知名度，拓展了景区的市场范围。

（四）经验及启示

1. 打造小而美的个人品牌，用故事吸引游客

每一个景区，不仅是高山河流的美景令人动心，更是当地的风土人情、旅游逸事让每次旅途显得独一无二，现代人追寻的旅游不再是走马观花的赏景，更应该跳出原有的环境，去成为远方某个故事的听众，成为故事里的一员，因此景区要深入挖掘动人的故事，让人们的精神情感在这里得以寄托。

民宿是随着文旅产业链完善不断进步的新业态，往往承载着主理人的精妙设计和个人品位，其背后的故事值得挖掘。在海螺沟有一个很美丽的民宿基地，叫作"七号营地"，主理人名叫阿布，他用了 10 年光景，从开路、搭房开始，用血汗将无人问津的"野猪凼"改造成"向往的生活"若丁山。阿布将自己闲适的生活分享在社交平台，引来了大批网友的围观与羡慕，待大家了解了背后的艰辛，其故事又很快在网络传播开来，这个充满着坚韧、勇气和信仰的故事引起了许多人的共鸣和喜爱，知名导演来此地取景拍摄，多个明星也前来度假。

文旅融合中的"文"，不仅应善于挖掘当地的民族、历史等"大"文化，也要关注像"七号营地"这样的小人物、小故事，小事物亦有大精神、大文化，一间民宿、一个人物、一段动人的故事更容易让人印象深刻，人们往往会因此产生想要去看看的念头，如丁真的理塘和"格聂之眼"、《从你的全世界路过》里的稻城亚丁、阿布的七号营地，都是"以小见大"讲好文旅故事的典型案例。

2. 政校企合作促文旅

文旅产业发展不能仅仅依靠景区自身的建设和营销，当地政府更应该善于与企业、高校形成联动，充分发挥各自优势，实现合作共赢。政府负责顶层设计，期间需要高校企业专家进行调研和理论指导，高校可以将景区作为学生实践基地，帮助学生在理论和实践两个方面学习完善，企业可为景区提供专业技术支持，如数字景区的建设便离不开高新技术企业的产品研发和运用，三者互为表里，达成合作，促进旅游产品提质增效，为游客带来最科学、最便利的旅游体验。

政企合作模式可以为企业提供政策优待和补贴支持，企业可以发挥数据平台作用，提供数字化服务，包括但不限于线上票务、分销渠道、品牌推广等。例如，甘孜州政府与携程集团签署政企战略合作协议，在旅游资源开发、旅游品牌推广、旅游市场整合、旅游大数据应用等方面进行合作[12]。抖音等短视频平台开展线上助农扶贫项目，"山里 DOU 是好风光"活动为贫困地区旅游提供流量倾斜和算法扶持，助力多个贫困乡县的农产品品牌和

旅游品牌获得全网高知名度，带动当地旅游和电商消费，实现电商助农、以旅助贫。

校企合作为景区开发提供科学依据，带动研学旅游发展。景区的合理规划需要前期大量的调研工作和资料整理，有些高校设置了专门的文化产业中心和旅游管理专业，可以为旅游景区规划提供专业意见，旅游学院（专业）的学生作为旅游业后备人才，既能将景区作为专业实践基地，也能成为景区管理、服务的高素质人才储备。

3. 变点为线，变静为动

大景区里的旅游资源往往是分散的，一个景区的开发需要将旅游点整理成旅游线、旅游片区，从规划到管理都应该把握"变点为线、变静为动"这一主要思路，让景区线路规划更科学，以便于游客获得更好的文旅体验。

变点为线，就是把小景区、小景点串联成一条有逻辑、有看头的旅游线。景点是孤立的、静止的，景区不是简单地做一个静止的"点"，比如，建一座博物馆、建一家民宿，要善于将"点"变为"线"，把有共同特征或者互补的景点连接起来，以一个带动另一个，也可以给消费者带来更为完整的体验，例如红色文化景区，某个会议遗址观赏时间短，但是通过深挖其他红色旅游资源，推出红色旅游精品线路，把会议遗址、博物馆、自然风景区和展览演出打包成为红色旅游产品，从点式观光向线状游览转变，既可以拉长人们在景区停留时间，带动住宿、门票、餐饮等消费，也可以把当地红色文化讲述得更清晰、更深入人心，从而实现从"眼观"转向"留心"。

变静为动，就是将沉寂、晦涩的文化活化，用人们喜闻乐见的形式让景区传统文化动起来。通过挖掘当地文化的记忆点、闪光点，让文化可视化、可交互化，形式上尽量实现展示多样化、具有创新性，既可以是文化演艺节目、民俗活动、文创比赛，也可以是VR、AR、裸眼3D等技术参与的数字产品，包括现在大热的"元宇宙"概念，人们如果能拥有一个现实生活之外的线上空间，那么是否能打造一个旅游元宇宙，让人们可以足不出户却身临其境到川西的高山和森林之中，去跳锅庄舞、参加篝火晚会呢？文化如何创新呈现方式，书面的文化如何立体呈现，非书面的文化如何包装成旅游产品，都是需要技术和创新的。

五、邛海泸山景区：城市里的桃花源

（一）项目概况

邛海泸山景区面积86平方千米，自然和人文景观并重，素以"松、风、水、月、情"著称于世。景区核心面积80.6平方千米，平均海拔1510米，平均气温18℃。该景区邛海、泸山两部分。邛海又名邛池，位于西昌城东南5千米处，水面海拔1500米，面积34平方千米，是四川省第二大湖泊，水质清澈达到饮用水标准，是西昌市的"母亲湖"，也是有名的天然渔场和水上运动场。泸山又名蛙山，海拔2317米，位于邛海水畔，山上灵气所钟，又为僧道赞为悟道佳山。邛海湿地是全国最大城市湿地，现建成总面积达 6 万余亩，被誉为"川南胜境"。邛海泸山景区是国家 4A 级旅游景区，先后被评为国家生态环境科普基地、全国水利风景区、全国环保科普示范基地、国家湿地旅游示范基地、中国最佳野生鸟类观赏地、2021 成渝十大文旅新地标、首批省级文明旅游示范单位等。2021 年央视中秋晚会在邛泸景区星月湖举办，知名度进一步提升。

（二）发展历程

1. 无序开发，生态破坏

自 20 世纪 60 年代，因周边围海造田、无序开发等不良行为发生频繁，邛海的生态环境破坏严重。当时邛海周边近 2/3 的湿地、滩涂和植被遭到损毁性开发，导致邛海面积缩小、湖底淤积、鱼虾等水生动物失去家园。20 世纪 80 年代后期和 90 年代，邛海开始旅游开发，湖滨餐饮业兴盛，居住人口增加，生活生产污水未经处理便直接大量排入湖体，沿湖农田大量使用化肥，致使邛海水质由优转劣，水体富营养化严重，浮游藻类繁盛，甚至出现蓝藻暴发。

2. 修复生态，发展湿地旅游

为改善邛海已遭破坏的生态环境，凉山于 1997 年 9 月颁布了《邛海保护条例》，以法律方式保护好邛海的生态环境，并为此打赢五场硬仗。2009 年以来，西昌连续投入近 50 亿元（包括征地、拆迁、安置、基础设施、湿地修复工程等费用），六次开展湿地修复工程，多方式实现"退田还湿、退塘还湿、退屋还湿"的原定目标。

经过 20 多年持续不断地修复，终于让西昌的母亲湖重现了它的美丽。目前，一系列生态修复工程使得该区域恢复湿地 2000 余亩，水域面积已达 34 平方千米。比之前增加了 7 平方千米。通过邛海流域生态环境综合治理保护，流域自然生态环境大幅度提升，林地覆盖率从 11.4% 提高到 53.7%，水生态条件初步得以改善，现在邛海水质已稳定恢复到 Ⅱ 类。邛海的生态保护和修复，让西昌形成了山、水、城相依相连的景观格局，生态环境得到持续改善。

为了随时保护邛海的生态环境，当地组建了"守护邛泸"志愿队，常态化开展文明旅游志愿服务，加大文明旅游宣传，各类培训等活动，让当地人和游客都自发地参与邛泸景区生态保护。

3. 打造智慧景区，文旅融合发展

西昌是凉山彝族自治州首府，也是大香格里拉旅游环线、川滇旅游黄金线上的重要节点，当地以彝族文化为主的民族风情浓郁，文化精髓和自然美景并重。邛海泸山景区优化基础设施建设，增加数字技术项目，包装打造文旅融合产品，让当地旅游模式从自然观光向深度文化游转型。

一方面，邛海泸山大力建设数字景区。景区引进了智慧旅游系统，建成大数据中心及产业监测平台，实现景区 5G 信号全覆盖，建立了"管理、服务、营销"三大平台体系，建成投运了邛海泸山旅游门户网站、官方微信公众号，电子商务网站和指挥中心，并推出"一部手机游邛泸"线上活动，实现邛泸智慧营销，效果显著。

另一方面，当地政府充分挖掘邛海泸山景区文化特色，打造充满现代感、新鲜感和体验趣味的文旅产品。例如，游客可以选择"火之旅、水之旅、色之旅、剧之旅、食之旅、购之旅、动之旅"多种有不同特点的旅游线路，参与"郁金香迎春花展""金秋菊展""邛海湿地扶贫高山索玛花展"等景区文化旅游活动；在泸山上修建了全国唯一具民族特色的"凉山彝族奴隶社会博物馆"；推出了凉山大型旅游实景演出《阿惹妞》，通过高科技水火特效和现代舞美手段，演出将"火"——这一彝族图腾元素贯穿演出始终，展示了地道的彝族人文风情。

（三）项目亮点

1. 湿地生在城市中

邛海泸山景区与西昌城区连成一体，组成了国内不多见的山、水、城相依相融的独特自然景观，邛海湿地是全国城市中面积最大的湿地。泸山山顶与山下修建了的泸山索道、滑道相连接，人们可以从缆车上一览邛海风光和西昌市区风貌。

2. 因地制宜发展康养旅游

西昌位于四川南部，夏季因山地海拔较高、植被丰富而气候凉爽，冬季阳光直射更多，气候温暖宜人，冬暖夏凉的气候和绿色清新的环境让西昌十分适合发展康养旅游，而泸山邛海又因其依山傍水、景色迷人的自然环境，成为来西昌康养旅游的首选目的地。在四川其他城市的旅游淡季——冬季，西昌推出"大凉山·香格里拉阳光生态之旅""大凉山·安宁河谷阳光康养度假之旅""大凉山·环螺髻山阳光冰雪温泉之旅"等康养旅游线路，邛海泸山景区是每条线路的必经之地，此类旅游产品弥补了游客冬季出行缺少应季产品的不足，尤其是满足了成都盆地游客冬季对阳光和清新空气的向往，人们逃离冬季的寒冷和阴郁，在春城西昌的邛海湖畔得以休闲和放松，赢得了市场的一致好评。

3. 水上体育赛事发扬地

邛海面积辽阔，水质优良，码头、补给站等基础设施配备到位，是水上赛事天然的训练场和培训地。西昌高度重视体育事业的发展，每年举办的体育赛事及健身活动达 30 余项，曾连续 5 年举办邛海湿地国际马拉松赛，连续 4 年举办邛海国际帆船赛等大型赛事。此外，当地设立了四川省邛海水上运动学校，校内设有国家级青少年体育俱乐部和中国青年滑水队以及四川省帆板、滑水、激流运动协会，水上运动在邛海落地生根，培养出一代又一代优秀的帆板、帆船人才。凉山籍帆板运动员殷剑从这里走向世界，获得 2008 年北京奥运会帆板金牌。

（四）经验和启示

1. 保护就是最好的开发

曾经经历过无序开发后创伤的邛海，意识到竭泽而渔只会自食恶果。绿水青山就是金山银山，虽然退耕还湿、退塘还湿、退房还湿会带来短时间的阵痛，但是一个景区若要实现可持续发展，造福世代，不能因为个人眼前利益而放弃生态保护。

"修复一片湿地，救活一个湖，造福一方百姓。"邛海在生态功能遭到严重破坏后，痛定思痛，下定决心积极推进湿地恢复、生态修复和水质净化工程，目前已实现80%自然湿地区的恢复。生态环境是一个紧密连接的链条，自然环境好了，生物多样性也会增加，邛海现在是青头潜鸭、彩鹬、紫水鸡、鸳鸯等多种珍稀鸟类的理想栖息地，还有小鸦鹃等15个鸟类新种入住，成为四川最佳观鸟地之一，观鸟爱好者、学校社团等游客也被吸引到此，当地发展起观光旅游、科普教育，百姓收入也在持续增加，形成良性发展。据了解，景区直接带动就业人数超过2.8万人，年人均增收6000元，来自周边乡镇的近千个贫困户依托景区提供的就业岗位，增加收入，实现脱贫。

因早年地方政府的策划意识、管理意识薄弱，早期的生态景区多多少少都经历过无序开发、生态破坏到生态恢复的过程。正是因为有前期之痛，今日的旅游开发更应该在开发之前便注重精心策划、科学谋划，避免无序开发带来的经济、人力和时间上的浪费，开发前策划好生态环境保护、设施建设、人造景观建设的投入比例，让景区不再经历被破坏的阵痛。

2. 人造景观的合理运用

一处自然资源要开发成消费者喜爱的旅游景区，不能只停留在简单的原始生态观光上，需要对资源布局进行精心规划，在资源空白区适当加入人造景观，这种"无中生有"可以根据当地环境、历史风貌和游客需求进行调整，最终达到人造景观与自然景观优势互补、相得益彰的效果。

以邛海为例，在植被修复的过程中，邛海坚持"保旧引新"原则，在保留原有植被基础上，又在科学评估基础上引进其他本土树种，如黄葛树、朴树、槐树、皂角树、黄连树等，再配植其他乔木、挺水植物、浮水植物以及珍贵的树种"活化石"桫椤，让邛海多了一处枝繁叶茂可以乘阴纳凉的"植物园"[13]。另外，邛海湿地还打造了"一廊六园"，其中三角梅园规划总面积约为26.14万平方米，园艺设计师以白、红、粉、黄等不同色系的梅花作为主题树种，打造动物形态的园艺装置，同时点缀紫薇、樱花、海棠、玉兰等开花树种，使得园林整体观赏性及多样性大大提升。

除了白天的景观，"夜经济"在今年文旅发展中的作用不可忽视，晚上人们有了更多的空余时间，茶余饭后的夜晚娱乐活动成为人们消费的新趋势。在夜色中将景色与声光电进行配合，打造出更浪漫或者更炫酷的夜间游玩地。例如，上海的"夜游浦东"、西安的"大唐不夜城"、成都的"夜游锦江"，都已经成为当地文旅发展的响亮名片。西昌努力打响"夜春城"消费品牌，邛海1号院、邛海17度、听涛小镇、唐园、水墨江南、海南小镇、海河天街、古城片区、大凉山文化创意产业园等"夜春城"地标不断崛起，夜晚的游览项目一般更具放松性和观赏性，可以避开白天的人流和日照，无论是亲子、情侣还是家庭旅游都十分适宜。

近年来，人造景观在自然观光景区出现得越来越多，人造景观不等于生拗硬造、画蛇添足，而是要充分考量景区原有的特色和布局，融入景区风格和发展需求，实现锦上添花，甚至是画龙点睛的效果。在湖南长沙橘子洲头，屹立着的青年毛泽东艺术雕塑是景区最大的景观工程，充分展示了青年毛泽东曾在橘子洲头明志的坚毅神情，显示出国家伟人"问苍茫大地，谁主沉浮"的豪迈气势，为橘子洲头景区增添了红色底蕴和历史厚度，是人造景观成就自然景区的佳例，成为游客前来合影留念最重要的一部分。此外，海南南海观音雕塑、河南清明上河园、浙江莫干山等景区都是因为加入人造景观，将当地文化凝聚在实景建设之中，与自然景观交相辉映，让景区品牌更具有传播性和话题性。

3. 城市发展与环境保护协同共生

政府规划引导，生态文明为核心。邛海泸山湿地是中国最大的城市湿地，西昌目前初步建成国家湿地公园建设与城市人居环境质量优化协同共生的模式。如何实现城市发展与环境保护和平共生？西昌给了我们答案。

西昌市始终坚持生态文明建设优先原则，强化邛海景区在城市发展规划中的核心角色，在科学评估基础上合理调整城市发展重心，优化了城市总体规划，以将西昌建设为"繁荣、开放、文明、秀美的现代生态田园城市"。

顶层设计在邛海泸山的生态保护中有着重要作用。为了让生态文明建设这一理念得到贯彻落地，政府先后编制了《邛海—螺髻山风景名胜区总体规划》《邛海流域环境规划》等数十项规划，形成了较为完整的保护、建设、利用规划体系[14]。

让湿地长在城市中，让城市建在湿地里，邛海泸山景区与西昌市相辅相成，景区调节了城市气候，给予市民优良的居住环境，帮助周边依靠旅游脱贫致富；城市给予景区更方便的交通，更优良的基础设施，更多更持续的客源，依托城市的属性，自然景区既有自然风貌，更多了人文底蕴。景区与城市的融合，从更高层面来说就是人与自然的平衡，登上泸山观西昌，坐上游船游西昌，从不同视角领略城市与自然的奇妙之处，景区的魅力更上一层楼。

| 第二节 |

国内文化旅游"精提升微改造"典型案例

一、从遗产到民宿：莫干山的乡村民宿新业态

（一）项目概况

图 11-7　莫干山十八迈乡村民宿（赵川摄）

莫干山的"莫"是镆铘之义，"干"则为干将之解，以春秋时期造剑夫妇的名字镆铘干将命名。传说夫妇两人在三个月内造了两把剑。然而，铁水始终沸腾，无凝结之意。镆铘果断跳入炉中，向炉神献祭，铁水凝固了，剑终铸成，而铸剑之地便是此山，所以名为莫干山（见图 11-7）。

莫干山坐落在浙江省湖州市德清县西部，是国家 4A 级旅游风景区，占地 4400 余亩，因竹海清泉、别墅遍山，四季不同景，故被称为"江南第一山"，是中国四大避暑胜地之一；同时当地留存有 200 多幢式样各异、形状美观的名人别墅，有"世界建筑博物馆"之称。

莫干山是中国著名的休闲旅游及避暑胜地。曾被《纽约时报》评选为全球最值得去的 45 个旅行目的地之一，CNN 更是将这里称为"除了长城之外，15 个你必须要去的中国特色地方之一"。

（二）项目亮点

1. 各色建筑星罗棋布，人文与自然共生

因为历史原因，莫干山当地遗留了众多 20 世纪的老式别墅，荟萃了英、法、美、德、

日、俄等各国风格，无一雷同。这些别墅多为曾经的历史伟人、名人避暑下榻之处，不仅建筑宏伟大气，背后还有众多故事加持，极具人文风韵。例如，毛泽东下榻过的皇后饭店，张云逸也曾在此疗养；与蒋介石颇有渊源的武陵村；周恩来与蒋介石进行国共和谈的白云山馆；还有杜月笙、张啸林的林海别墅；国民党元老张静江的静逸别墅等。这些历史建筑现今保存完好，并在保持原始风貌的基础上做了整修维护。

2. 四季不同景，全年皆可游

夏季的莫干山最为出名，已经成为我国著名的"四大避暑胜地"之一，与北戴河、鸡公山和庐山齐名。莫干山坐拥大片浩瀚无边的竹海，大致分为大坑景区、芦花荡公园、剑池景区和武陵村景区四部分，以竹、云、泉"三胜"和清、凉、景、静"四优"而闻名中外，素有"清凉世界"之美誉。郭沫若在《游莫干山》一诗中用"盛暑来兹颇若秋，紫薇花静翠篁幽"来描述莫干山的凉爽夏季。除了夏季避暑，莫干山的其他三季也各有美景，春来百花待放，万物复苏，满山只此青绿；秋来天高气爽，银杏枫叶等落叶乔木绚丽多姿，尤其是 62 号别墅有一株百年枫树，可以领略诗中"停车坐爱枫林晚，霜叶红于二月花"的美景；冬季整个莫干山银装素裹，泡个私汤观雪景好不惬意。

3. 乡村民宿发展标杆

截至 2020 年，莫干山镇共有登记在册民宿 847 家，全年累计接待游客 230 万余人次，户外运动民宿及俱乐部 20 多个，实现旅游综合收入近 25 亿元。因该地独特的自然环境和优越的地理位置，莫干山的群众将本地文化与乡村文旅巧妙结合，积极发展乡村旅游和民宿业，建成以"后坞—仙潭—燎原—劳岭—兰树坑"为中心的环莫干山面状核心集聚区和边远村域多点集聚的民宿空间发展结构。

除了常规的民宿体验，莫干山还开发了新的民宿模式。比如将体育运动与乡村旅游、民宿行业巧妙融合，发展出独具特色、极具"莫干山"风情的民宿新业态。

如山中的漫运动小镇，依山而建的山地自行车运动基地、傍水而居的水上皮划艇运动中心；全球首个 Discovery 探索极限基地也坐落于此，海内外的年轻人们来到莫干山参与滑翔伞、丛林滑索、攀岩等各种极限运动，在碧水青山之间挑战自己，为宁静的莫干山添加了几分活力。2019 年，TNF100 国际越野跑挑战赛兼 TNF100 户外节在此举行，比赛集玩、看、乐、聚为一体，除了越野，参赛者及游客可以参加被誉为"峭壁上芭蕾"的抱石体验、模拟骑行和 VR 滑雪，以及飞碟高尔夫、迷你排球在内的多种户外休闲运动。此外，当地居民还自发组织成立了莫干山运动联盟，定期举办各种适合在莫干山开展的户外活动。

（三）项目发展历程

1. 跨越百年，旧别墅焕发新生机

百年前，旅居上海的外国人将莫干山作为度假地，成为当时上海的"后花园"。因此，

莫干山建起大批时尚建筑，外国人在此建设网球场、游泳池，举办运动会。据说当时的莫干山最多居住着5000名外国人，他们建造了发电厂、教堂和学校等基础设施，拥有旅馆、银行、服装店和百货商场，大名鼎鼎的商务印书馆和伊文思图书馆便是在那段时期所建。中途因为各种历史原因，莫干山的外国人纷纷迁走，当地年轻人也去了城市，山里只剩老人和小孩，莫干山走向凋敝，曾经辉煌的别墅在风吹雨打中无人维护，渐渐失去昔日的光彩。

2002年，现杭州民宿行业协会执行会长宿集营造社召集人夏雨清来到莫干山颐园别墅，将其改造和维新。2006年，颐园别墅隔壁开了一间英式咖啡馆，莫干山逐渐又开始吸引上海及周边游客，颐园的多余房间承担了接待游客的任务，成为莫干山民宿的雏形；2007年，南非骑行运动爱好者高天成（中文名）来到莫干山，被莫干山风景及历史建筑所吸引，在巍然独立的别墅建筑裸心堡里创立了莫干山第一家民宿"裸心谷"——这是莫干山民宿产业的正式开端，众多"洋家乐"如雨后春笋在莫干山区域诞生。

2. 集聚发展，民宿产生规模效应

2014年，民宿概念被德清县官方使用，出台了《德清县民宿管理办法（试行）》，民宿成了环莫干山地区接待业空间的统称，这一年，莫干山民宿年增加数量超过100家，增幅达136%。2019年，莫干山的"洋家乐"民宿产业实现营业收入20.1亿元，贡献税收达6500多万元，带动全镇直接就业人员5500余人。

目前，莫干山的民宿生态已经十分成熟，民宿类型多样，从建筑设计到服务理念各有千秋，大概分为三类。第一类是最早发展的"洋家乐"，目前以高端酒店为主，如南非企业家高天成最早创办的裸心谷、法国山庄等都是这里高端民宿的代表，其消费者以长三角地区高端人士和海外游客为主；第二类是来自周边外来经营者创办的民宿，经营者多来自长三角的上海、杭州地区，从最初的游客到被莫干山吸引，来到此地打造自己的民宿，如大乐之野、翠域木竹坞、清境原舍等精品民宿，这类民宿性价比较高，民宿主理人和游客可以一起畅聊旅游见闻和人生经历，游客可以获得不一样的本地体验，所以这类精品民宿深受旅行者欢迎。第三类是由本地人或杭州人利用自家闲置房屋和土地打造的小型民宿，属于农家乐式民宿，因为山里大型别墅和名气高的民宿接待能力有限，溢出的游客自然成为这些当地小型民宿的客源，它们价格更低，游客也能和当地人打交道，获取不一样的住宿体验。

三大类的民宿加上配套的交通设施、景点游玩项目，莫干山的民宿产业已经产生了规模效应，游客来此可以"食、喝、住、玩、行"均围绕民宿及周围配套完成，不同消费水平和消费需求的游客都能在莫干山找到适合自己的旅游项目。用户被网上某一网红民宿所吸引，会转化成潜在顾客，进行线上查询，从而找到当地最适合自己的民宿进行入驻，这样莫干山的各个民宿就让顾客完成了"引流—点击—转化—消费"这一流程，各民俗之间虽然存在一定竞争但是更是互通有无，渐已形成集聚效应，"民宿"成为莫干山最大的标签。

3. 活动不断创新，引爆线上传播

莫干山的火不仅在于自身独特的民宿、风景和服务，线上的走红让它走出了湖州、走出了浙江，走进了全国甚至世界人民的视野。2020 年 8 月 15 日，中国之声《新闻纵横》、央广网推出回顾"绿水青山就是金山银山"理念提出 15 周年系列报道，其中用单条报道了莫干山创业青年短片《山中青年：梦入云端》，讲述了莫干山青年创业故事。2020 年年底，作为热播谍战剧《隐秘而伟大》的拍摄取景地，莫干山再次登上热搜，剧中钟处长对莫干山进行了高度评价，剧中出现的特产黄芽也成了当地受欢迎的商品之一，许多游客追完剧后便迫不及待前来打卡主角同款。

良好的民宿生态还吸引了众多艺人选择莫干山为其工作、居住地，明星艺人的网红效应为莫干山带来了更多流量。不少港台明星选择莫干山定居，甚至当起了民宿主人。前段时间走红的"明星教练"刘畊宏，在莫干山租下民宿作为抖音带练直播间，其与好友艺人吴尊到莫干山天际森谷游乐园的游玩视频更是吸引粉丝前去游玩打卡，间接带动了莫干山民宿的出圈，为莫干山的"体育＋民宿"标签做了更好的诠释。

目前，莫干山词条在短视频平台抖音上位居"湖州市景点打卡榜"第 4 名，在小红书上有 10 万多条笔记攻略，"莫干山民宿""莫干山酒店"等都是搜索热词，线上的裂变式传播为当地带来了热度和客流量。

（四）项目经验

1. 变废为宝，旧遗产变身新资源

莫干山合理运用百年前的老别墅，修旧如旧打造了民宿群，还利用已有的当地老建筑，在原有基础上进行专人设计和改造，打造出审美和舒适性兼具的各色民宿，将民宿这一标签做大做好。

此外，莫干山的地理位置十分优越，交通非常便捷，方便了游客公共交通和自驾前往的不同需求。莫干山位于沪宁杭金三角的中心地段，搭乘火车从杭州到德清只要十几分钟，上海和南京高铁过来也就 1 个多小时。山上公路设施平整便利，更利于自驾游客，此外以著名的颜值担当"彩虹公路"为代表的沿路秀美风光更让自驾旅途赏心悦目。

2. 新旧结合，传统与现代碰撞火花

莫干山虽然以百年别墅民宿作为主打卖点，但是仍坚持与时俱进，不断创新。不少民宿建造了网上很火的无边泳池，提供户外篝火、户外露营、烧烤和泳池派对等近年来新兴热门的年轻人的生活方式空间，并且在传统的住宿业务上增加了婚礼筹划、生日派对、企业团建等空间租赁服务，消费者可以将民宿当成多功能用地，满足一切需要仪式感和美感的场景需求。此外，莫干山还主打"运动＋民宿"的新模式，弥补了传统自然景区"只静不动"的缺陷，吸引了更年轻、更前卫的年轻人和外国人来此打卡，为历史悠久的莫干山

注入热血与活力。

3. 年轻人才源源不断，带来创新与活力

随着莫干山民宿、旅游、美食，多种产业的落户和蓬勃发展，很多年轻人找到了新的就业方向，许多当地年轻人在毕业后纷纷选择回到莫干山进行创业，为当地带来了不一样的想法和生机。

2011 年，参与过"裸心谷"筹建的刘杰，10 年间始终在民宿圈里打拼，33 岁就被公认是"莫干山第一民宿经理"，刘杰在莫干山创立了木芽乡村青年创客空间，将莫干山成功的经营模式总结梳理并制定出一套符合我国国情和市场需求的民宿业管理标准和规范，为后来创业者指明道路；莫干山的 Discovery 运动营地由英国留学回来的江苏女孩杨梦云担任运营总监，她运用国际化的视野和手段，希望将莫干山打造成汇聚年轻人群和丰富业态的国际平台。还有许多新锐设计师、民宿品牌创立者都选择来莫干山发展事业，其中很多都是情侣和夫妻，他们把前沿的设计、对生活的热爱以及自己的故事和温情带到莫干山，一宿一人一个故事，让这座历史名山生机勃勃。

二、戏剧幻城：中原文明的戏剧表达

（一）案例概况

戏剧幻城景全称为"只有河南·戏剧幻城"，项目位于河南省郑州市中牟县，总占地622 亩，核心区是一座单边长 328 米、高 15 米的沉浸式戏剧体验园区。景区总投资近 60 亿元，由建业集团联袂著名导演王潮歌历时 4 年打造而成，是王潮歌"只有"系列的又一扛鼎之作，是目前中国规模最大、演出时长最长的戏剧聚落群之一，也是中国首座全景式沉浸戏剧主题公园。

景区项目以中原文化、黄河文明为创作源泉，坚持沉浸式体验为主要方式，综合运用"声""光""电""画"等高度集成化与智能数字系统做载体，在中原大地进行了一次黄河文明与戏剧的大胆结合与创新。2021 年 12 月，"只有河南·戏剧幻城"在"2021 中国旅游集团化发展论坛"上同北京环球影城、上海迪士尼等景区共同入选"2021 文旅融合创新项目"，是河南文旅融合新业态的代表之一[15]。

（二）项目亮点

1. 中原文化为根，发扬黄河文明

旅游是载体，文化是灵魂。大河之南，中华之源，华夏文明的历史有多悠久，中原文化的脉络就有多长。在 5000 年中华文明史中，河南有近 3000 年的时间是中国的政经文化中心，被誉为中华文明的摇篮。自中国史上第一个王朝夏王朝于河南建都以来，中原文化

以河南省为核心，以黄河中下游为腹地，层层向外辐射。截至 2021 年年底，全省有不可移动文物 65519 处，可移动文物 177 万件 / 套。拥有三商文化、裴李岗文化、仰韶文化和龙山文化等多种古老文化，清明上河图、豫剧、华夏姓等物质、非物质文化遗产都从这里诞生。可以说，整个河南省文化内涵丰富，历史源远流长。

"只有河南"从一开始就决定从河南本土历史中寻找灵感，将河南文化系统化、视觉化，深入挖掘厚重的中原文明，通过戏剧形式对其做一次系统化的旅游产品表达。这是在新时代对中原文化与黄河文明进行的一次传承与创新，以突破这个文化大省原来的"有说头，没看头"的困境。

"只有河南"用抽象的符合和具象的物化，将中原文化进行了一次前所未有的汇集。"幻城"内的户外空间多采用黄土材料搭建，外有百亩麦田，用承载和孕育着生命的"小麦""黄土"作为主要元素，展现出河南的地域性历史文化；同时在演绎中对历史人物和故事加以戏剧性凝练，表达出河南精神。整个项目以"黄河、土地、粮食、传承"为主线，顺应"黄河流域生态保护和高质量发展"上历史机遇，坚持以黄河故事、黄河文化为基调，打造具有世界影响力的文化精品[16]。

2. 院落为载体，创新戏剧呈现模式

"只有河南"属于王潮歌导演的"只有"系列，属于开放场景的沉浸式演出，代表了国内演绎业态的演进。

项目整体布局为棋盘形，前为麦田，后为幻城，布局方正。观众经过一片百亩麦田，穿越白雾萦绕的滚滚麦浪，如同穿越时光隧道，随后来到项目主体——幻城之中。幻城以方格作为空间布局，以院落作为戏剧载体，构成丰富而又捉摸不定的"迷阵"，给人以迷幻迷失之感。城内拥有 56 个空间，分为 21 个大小不一的剧场，含"李家村剧场""幻城剧场""火车站剧场"三大主题剧场与 10 座微剧场，有近千名演员参与演出，为观众带来 3 场大剧、18 个小剧、2 场夜间大秀，演出总时长长达 700 分钟。园区所有剧场的接待量达 1 万人，其中三大主要剧场可同时容纳观众近 5000 人。

园区内戏剧涵盖了河南各个历史重大节点，跨越了从夏商西周至今好几千年的历史，既有唐宋时河南的繁荣景象，也有民国三十一年（1942 年）的饥荒苦难，是河南精神的传承和真实再现[17]；从内容上来看，剧目涉及了河南的绘画、音乐、服装、诗词歌赋及农业文明各个维度，以小见大，反映出时间长河中河南精神与物质上的传承与发展。在三大主剧之一的幻城剧场，观众可以通过立体投影与古代名人进行交流对话，这些伟人以或严肃或俏皮的表述方式为观者讲述自身的故事以及浩瀚的中华文明史，他们以不同于以往的戏剧形象带给观者新鲜的体验，也在充满启示性的对话中给予观众思考和震撼。

2. 技术与园区巧妙融合，穿越时空的沉浸体验

"只有河南·戏剧幻城"项目实现文化与科技深度融合，经过大量的创新实验寻求最佳

视觉表达，实体和虚拟相融并存，共同营造出的幻城之"幻"。

《只有河南》项目中的剧场设计都巧妙融合了各式机关和声光电模式。从拥有 8 个升降台、5 个旋转升降台的遗址剧场，到可以智能控制机械麦穗吊杆呈现滚滚麦浪的车站剧场，以及环绕剧场的半空环形舞台和金属纱幕投影。戏剧《乾台》的小剧场中隐藏着上万台定制灯具，灯光工艺与景观完全融为一体，特别是夜幕降临时，动态玄妙的舞台配合灯光效果和武术表演，展现出光阵与太极的互动，引人哲思。

景区内的演出方式也与其他平面式看剧稍有不同，在幻城的剧场里不设观众座席，观众走进演出空间，便会融入其中成为演出的一分子。在园区棋盘式分割的小空间，真人演员或者 VR、AR 投影的虚拟角色或欢笑、或流泪，演绎着芸芸众生。观众不再是剧目的旁观者，演员的台词被设计成互动式的发问，每个参与者不一样的回答都会影响角色的下一步剧情处理，让观众身临其境地参与到故事之中。在最受观众之一的《红庙小学》剧目中，观众回到 20 世纪八九十年代的乡村小学，同穿蓝白校服、戴红领巾的学生一起上课、一起唱歌，仿佛回到了自己的青葱岁月。

（三）项目成功经验

1. 戏剧为核心，重归有温度的人文艺术精神

"只有河南"在园区定位上，保留了"戏剧为主"这一初心。不同于其他主题园区和仿古小镇，戏剧幻城完全围绕着戏剧而服务，观众进到景区就是为了走进戏剧、参与体验，除此之外，幻城内的业态极为简单：除了 21 个剧场、30 多个剧目外，项目内只有风格统一的文创商店、集中式的两处用餐点，以及贩卖即食小吃、饮品和幻城文创雪糕的补给站。从园区运营来看，目前很多类似景区还是在"文化搭台，经济唱戏"，通过招商引资、餐饮购物等来促进园区创收。而在幻城，看剧才是主题，其余业态均是为了游客需求做配套。

园区内餐饮、住宿、零售等商业配套涵盖全面且严格控量，价格保持在合理区间，积极开发与"只有河南"主题密切相关的系列文创产品，保持园区内中原文化主题的统一调性，周边产品均为原创和唯一。

戏剧是观众来此的首要目的，"只有幻城"尽量避免了园区内其他要素对戏剧本身的冲击和注意力的转移。在这里，中原文化的静止符号通过演员真挚的演绎和环境氛围的打造拥有了生命和温度，观者置身其中，将浮华抛在脑后，在黄土与麦浪中与人类文化和情感产生更深一层共鸣，去探讨和关注人的情感、人的精神、人的本质、人的思考，去关注戏剧艺术本身，是文旅融合的代表性产品。

2. 颠覆主题公园传统游乐模式

说到主题公园，国内原创主题公园数量并不少，以科技游乐型、民俗风情型、名胜微

缩型、文化历史型等类型为主，较为著名的有长隆海洋世界、香港海洋公园、华侨城欢乐谷、方特主题乐园、常州中华恐龙园和深圳世界之窗等。但是相比于迪士尼乐园、环球影城以及任天堂世界等世界知名主题乐园品牌，国内原创乐园还存在知名 IP 效能不足、园区服务落后、文化底蕴欠缺、低龄化和设施单一老旧等问题，在香港、上海、北京相继引入迪士尼乐园和环球影城的冲击下，本土原创主题乐园的运营更加困难。

"只有河南"跳出"主题景区＝游乐园"的窠臼，用"中原文化＋戏剧＋科技"的模式，把主题公园的功能拓展开来，将文化深度活化，充分展现出民族文化、中国特色文化。同时配套先进的灯光、多媒体和舞台机械技术，把游客的沉浸式体验做到极致。园区有了艺术美学加持和人文精神的培育，变得深刻而有温度。与此同时，园区考虑了各个年龄层和背景的游客，对晦涩复杂的史实进行最生动的解说和演绎，人人均可观看和参与，情侣、亲子互动得以增强，给予每个游客独一无二的体验。正如王潮歌导演所说，"浅者看了不深，深者看了不浅"。

此外，景区还对外提供沉浸式体验游、中原文化定制研学、数字化智慧服务、互动型剧目演艺等多重特色服务产品，在市场内快速确立了独有的品牌属性，与其他主题乐园相比有了明显的区分度和话题度。

3. 配套设施完善，商业模式创新

"只有河南"的黄土夯体方形建筑布局工整，场面恢宏，是专业摄影、游客拍照的打卡胜地，内部设计传统河南元素与现代灯光和谐交融，白日和夜间呈现出不同的氛围，内部餐饮、演艺、文创周边售卖配套完善但不拥挤，外部住宿、交通也较为方便。

在餐饮上，幻城内部专门修建了河南特色民居"地坑院"作为餐饮业态集合点，这里陈列了非遗主题馆，市集等多种丰富业态，游客在享受传统美食时如同体验了一场别样的民俗文化家宴。此外，景区内还修建了可容纳 2500 人同时就餐的麦浪餐厅，融文化、设计和艺术于一体，提供中西式知名快餐、各地域美食、甜品饮品、网红小吃在内的各类餐饮。在住宿上，园区配套了只有·剧场酒店，旨在服务"只有河南／戏剧幻城"主题剧场的观众与游客，设计的灵感也来自地坑院，室外景观设计将"水的刻痕与印记"作为主要概念，运用"水"的五种形态——雪、雨、川、雾、云，来呈现五个建筑中庭景观风貌，与剧场调性一脉相承，游客入住后依然觉得身处河南文明之幻城，富有艺术感和审美性。

戏剧幻城的表演模式也增加了游客的游览时间和黏性，富有前瞻性。剧场内剧目的超长单日演出时长使得游客的观览时间纵向拉长，进而延长了游客停留时间；同时，园区内剧目繁多，3 场大剧、18 个小剧、2 场夜间大秀分散在园区各个方位，每个剧目演员的即兴表演和互动各不相同，这会吸引游客多次来到园区完成剩余体验甚至重复体验，成为非一次性的游玩目的地。

三、乌镇：江南水乡的"小镇+"之路

（一）项目概况

图11-8 江南水乡乌镇（赵川摄）

乌镇镇，隶属于浙江省嘉兴市桐乡市，西临湖州市，北界江苏省苏州市吴江区（见图11-8）。乌镇镇历史悠久，长达7000余年，是国家5A级旅游景区、中国历史文化名镇、中国十大魅力名镇、素有"中国最后的枕水人家"之誉。自2013年起，开始举办乌镇戏剧节；2014年11月19日成为世界互联网大会永久会址[18]。

（二）项目发展历程

1. 江南水乡改造发展

多年前的乌镇并非现在这般整齐干净，因为管理缺失，民众意识不到位，改造前的乌镇建筑年久失修、河道污水横流，甚至没有下水系统，马桶胡乱堆放臭气熏天。乌镇是桐乡市最后一个修公路的镇子，当地有句老话："车子跳，乌镇到。"意思是感到车子猛烈颠簸，就意味着到了乌镇。那时的乌镇同旁边镇子一样发展工业，随着国有工厂陆续倒闭，乌镇一度走向衰败。

1998年，乌镇委托上海同济大学城市规划设计院编制《乌镇古镇保护规划》，明确了乌镇古镇保护和旅游开发的整体发展方向；1999年，桐乡市委、市政府决定对乌镇古镇进行保护性开发和整治，以保护历史遗产来开发旅游，启动了东栅保护开发工程[19]；2001年，东栅景区正式对外开放，以其原汁原味的水乡风貌吸引了八方来客；2003年，乌镇二期工程西栅景区启动。不同于东栅景区的管理模式，西栅景区实施封闭式管理，借用人工水系将景区划转为格子化空间，可实现完全企业化运营。

2. 旅游小镇化身文化小镇

2013年，乌镇总规划师陈向宏、著名戏剧导演孟京辉、演员黄磊等人在乌镇发起了第一届"乌镇戏剧节"，乌镇从休闲度假的旅游小镇进一步转身成为文化小镇。首届乌镇戏剧节共新建改造了6个剧院，整体花费达5亿元，到2016年，乌镇又为戏剧节拓建了4个剧院，

除有一个美轮美奂的乌镇大剧院以及 10 多个小剧院外，还有若干个户外剧场，可以容纳多场不同体量的戏剧表演同时进行。

随着第九届乌镇戏剧节在 2022 年年底拉开帷幕，当地戏剧节的运作机制愈发成熟。在当地老百姓眼中，戏剧这种被视为从国外来的新鲜玩意儿到被认为变成生活常态化的一部分，戏剧、美学、艺术逐渐融入当地的青少年教育当中，文化和节庆氛围在这个江南小镇更加浓郁。

3. 文旅小镇的数字化转变

2014 年，凭借优越的地理位置、突出的文化基因、健全的基础设施和大规模招待能力，乌镇召开了第一届全球互联网大会，从此成为全球互联网大会的常驻地。

世界互联网大会是中国举办的规模最大、层次最高的互联网大会，借由互联网大会召开的契机，乌镇也逐渐完成了它的数字化转变[20]。腾讯众创空间、凤岐茶社、平安创客小镇等众创空间在此诞生；乌镇虚拟产业园、乌镇设计园、大数据产业园正式上线，慧澳科技项目、以色列 SkySapience 公司无人机项目、德国 GRECO 项目等一大批项目成功落地。

除改变了乌镇的经济面貌之外，互联网同样在医疗、教育等民生领域为当地居民和游客带来了想象不到的便利。乌镇街头基本实现了 5G 信号的全覆盖，5G 自动微公交在这里自由穿行；景区里中国首个商业化运作的"无人诊所"落地，"互联网 +AI"技术帮助居民足不出户可以远程问诊；城市主干道沿线分布着的智慧信息亭、智慧自行车租车点、腾讯无人书店等在此落地生根。

（三）项目亮点

1. 深挖在地文化，沉淀水乡文明

乌镇自古名人荟萃，南北朝时梁朝的昭明太子萧统在乌镇编撰了与《诗经》《楚辞》齐名的《昭明文选》，"中兴四大诗人"之一、田园派代表诗人范成大访游乌镇时，吟有《乌戍密印寺》一诗；到了近现代，乌镇孕育了众多文学界、新闻界和革命界的名人雅士，如文学大师茅盾、文学家丰子恺、作家木心、中国新闻界前辈严独鹤等，他们或生于斯，或长于斯，为乌镇增添了专属的文化底蕴，后人为其修建的纪念馆、作品陈列馆也成为乌镇不得不去的打卡地。木心美术馆纪念和展示了木心先生的毕生心血与美学遗产，场馆由贝聿铭弟子冈本博、林兵设计督造，成为乌镇西栅一道宁静而清俊的风景线。

乌镇同时也是江南文化的缩影，当地将特色文化挖掘、组织、汇集成具有时节性的民俗活动提供给游客，将文化活化并传承。在春节、清明、中秋等中国传统佳节，乌镇会推出相应的文化活动，如元宵节"走百桥，去百病"、清明做青团、中秋赏月等，以及举办乌镇香市、蚕花庙会和水上集市等让游客参与。

2. 配套完善，营造特色空间

作为著名的旅游目的地，乌镇交通、住宿和美食配套设施非常完善。乌镇周边配有度假酒店、精品酒店、民宿、经济酒店等一系列住宿设施。当地有多处在原有旧址上建造的星级酒店，比如"昭明书舍"紧邻西栅景区昭明书院古迹，设计遵循书院古迹，融入江南古镇文脉；还有诸如将休息区搬进小型丝绸博物馆的"益大丝业会馆"，造船世家的私宅改建而成的"锦堂行馆"、江南风格明清建筑群落样式的"通安客栈"等，设计上独具匠心，为旅游提供优质的服务。此外，乌镇民宿由百年历史的民居改建而成，依水而建，游客可以深度体验江南水乡的日常生活风光。乌镇还修建了养生会馆、民俗体验馆、咖啡店等休闲娱乐设施，供游客参观乏累之时得到休息。

乌镇还特地在西北角开辟建设了一块总面积450亩的乡村休闲度假村——乌村，全村基于江南乡村特色配备了一系列服务设施，提供极具特色的CCO（Chief Cultural Officer）服务，CCO意为"热诚的文化创意者"，他们为游客精心策划和组织各类文化活动，提供陪伴式服务，游客只需一次付费，便可以享用乌村内所有措施和消耗品，参与农耕体验、美食鉴赏、亲子时光等各类有趣项目，足不出村便可以渡过江南水乡的特色乡村时光[21]。

常规基础设施之外，由著名建筑师姚仁喜先生设计的一个新的乌镇大剧院在此投巨资落成，与五大古典小剧场共同组成了乌镇剧场群。乌镇背靠这些艺术空间，组织运营了新潮前卫的活动供艺术爱好者参与，比如乌镇戏剧节、乌镇当代艺术邀请展及视觉展，以及最近"步履环境"粮仓艺术展等，跳出旅游的藩篱，乌镇化身艺术的展陈空间。

3. 在江南小镇看世界戏剧

在传统的观念里，在中国某个古镇看到西方的戏剧，将会是一件不可思议的事情，但是乌镇做到了让人们接受这种变化、喜欢这种改变。乌镇戏剧节由陈向宏、黄磊、赖声川、孟京辉共同发起，文化乌镇股份有限公司主办。戏剧节期间，1300年历史的乌镇全部化为戏剧上演的舞台，无论是专门改造搭建的10个剧院，还是青砖绿瓦、阡陌长桥、街道巷湾，所到之处成为全国乃至全世界戏剧爱好者表演的舞台。

为了保证戏剧节的专业性和普适性，乌镇戏剧节分为特邀剧目、青年竞演、古镇嘉年华、小镇对话（论坛、峰会、工作坊、朗读会、展览）等单元，不论是专业戏剧从业者，还是前来游玩的普通大众，都可以置身于戏剧节当中，成为表演或者观看得一部分。特邀剧目每年会邀请国内外20余个剧目团体登场表演，均为戏剧经典力作；青年竞演是专门为新生代戏剧从业者和爱好者准备的舞台，他们可以在擂台上进行激烈的角逐；最有意思的莫过于游客可以和演员们一起参与古镇嘉年华，演员们穿上华丽戏服，走上乌镇大街小巷和游客互动，人人都能参与这场戏剧狂欢[22]。

（四）项目经验

1. 建筑修旧如旧，控制过度商业化

乌镇的古镇保护和旅游开发始终秉承着"整旧如故、以存其真"的原则。转型开始后，乌镇第一件事就是把镇上所有现代建筑统统拆掉，当地人从邻近乡里收集旧料，将水泥路面全部恢复为青石板路，陈年的门窗修好后按古法用桐油刷漆，而不是用彩色油漆刷成新色。

在最初的开发中，乌镇制定了"四个最"的目标，即保护最彻底、环境最优美、功能最齐全、管理最科学。为了达到这一目标，当地具体实施了遗迹保护工程、文化保护工程、环境保护工程三大工程，并且首次将"管线地埋""改厕工程""清淤工程""泛光工程""智能化管理"等保护模式运用于乌镇的建设之。因其在生态保护和遗址保存的特殊贡献，乌镇获得了联合国专家考察小组的肯定，被誉为"乌镇模式"，在全国进行推广和传播。

2. "精提升+微改造"，用细节留住游客

精提升、微改造是近年来浙江省政府及相关旅游部门提出的文旅发展新模式，即旅游环境和服务的改善，要靠的是"精""细"的"绣花功夫"，比起大刀阔斧的拆建改革，旅游目的地建设要通过小改、微改来让文化延续，让记忆留下，让乡愁记在心中，善用小变化、小改造、小更新提升居民获得感。

乌镇的精提升和微改造始终贯穿于景区建设的各个方面。乌镇的水上剧场原本是一处甲鱼塘，当地依托原有的新月形湖泊，增加了2300多个原木铺就的观众席，顺着地势由低到高，观众临湖而坐，舞台背后连绵的明清老建筑群，一段残破的马头墙和半截石拱桥成为天然未经雕琢的舞台布景；作为戏剧节办公室和特邀剧目演出场地的沈家戏园，原为梁昭明太子的老师、尚书令沈约的后裔建造，2004年进行修复，修复后保留五小楼、五小院的格局，将"四间五进"的第三进改为传统戏园，戏剧节期间众多特邀剧目在此上演；在景区之外，乌镇也在围绕"改"字做文章，原先的废弃厂房、仓库改造成了全新的剧场、艺术公寓，本来废弃的乌镇啤酒厂被改造成为数字音乐文化基地"乌镇·有戏FUN"，以此为载体，打造"乌镇出品"戏剧品牌。

3. 坚持"共创共有"，当地人当上家乡导游

在景区运营招商引资方面，桐乡市政府对乌镇秉承了"共创共有"原则，优先吸纳当地农民就地就近就业，出台支持创业的相关政策，吸引当地年轻人返乡创业。乌镇景区为当地创造了5500余个就业岗位，其中80%都是由当地居民任职。原来在乌镇种地的农民，可以将地里的蔬菜供应给景区的餐饮部，一年收入5万~6万元；原乌镇渔业村的渔民成为景区游船的船工，景区对船工进行系统的职业培训，包括着装礼仪、安全培训，甚至有简单的英

语教学，这些原来的渔民对乌镇的每条河道和石桥都烂熟于胸，成了乌镇最好的导游。

2007年，乌镇景区面向本地居民招募房东，并给出"住宿费归旅游公司，餐饮收入归房东"的丰厚政策，乌镇许多居民靠着成为民宿房东过上了好日子，不少居民还将自家宅子打造成民宿，承接景区溢出的客流，开始了创业生涯。桐乡政府应时而为，出台《加快文旅融合推进全域旅游高质量发展的政策意见》，鼓励经营者创建品牌，对民宿进行评级，首次评定为浙江省白金级、金宿级、银宿级的民宿分别给予50万元、30万元、10万元奖励。除此之外，当地政府还成立乌镇人家民宿行业协会、组建乌镇人家民宿学院，由市里有关部门组织民宿经营管理人才专题培训，在乌镇各类600余家民宿中，60%为本地居民开办。

4. 多种业态融合，"小镇 +"模式的精细化运营

乌镇在文旅融合的发展道路上，不断探索新的业态，新业态与乌镇的文化气质或相融，或相碰撞，产生了新的灵感与发展方向。目前的乌镇可以分为"传统乌镇""度假乌镇""文化乌镇""会展乌镇"几个维度，不同需求的游客来此既可以侧重游览某一种自己的喜爱的乌镇风格，也可以在传统与现代不同风格乌镇中穿梭，获得如时空交错般的新奇体验。

正如乌镇旅游股份有限公司总裁陈向宏说，乌镇已经做成了"小镇 +"的模式：小镇与戏剧交融产生了戏剧节；小镇与互联网交融催生了互联网大会；小镇与当代艺术交融产生了当代艺术展……在各个维度的探索抢占了新一轮文化小镇发展高地。乌镇正在吸引更多元的游客，也为当地的文化教育注入新的资源，培育着新一代对文化、对艺术感兴趣的年轻人。

西方戏剧和中国小镇，西方先锋潮流和中国传统文化，两者的反差在乌镇得以碰撞、交融，成为乌镇独一无二的文化气质。这种碰撞为乌镇带来张力，通过这种张力，感受到戏剧和艺术带来的想象力和生活能量，也正是这种张力，让乌镇从众多旅游小镇中脱颖而出，拥有了醒目的标签和文化氛围，让海内外的各路游客纷至沓来。

参考文献

［1］裘亦书. 基于 GIS 技术的景观视觉质量评价研究［D］. 上海：上海师范大学，2013.

［2］徐登林. "补妆"完毕，九寨沟美出新高度［N］. 四川日报，2021-09-28（008）.

［3］唐国芳. 九寨沟景区全域恢复开放［EB/OL］. https://baijiahao.baidu.com/s?id=171327387184660941
2&wfr=spider&for=pc，2021-10-11.

［4］何涛，徐中成，肖雨杨. 九寨沟县在传统景区基础上，再推新景点助力旅游扶贫——"1+12"的
三种算法［EB/OL］. .https://epaper.scdaily.cn/shtml/scrb/20210105/247981.shtml，2021-01-05.

［5］刘杰. 成都附近居然藏着一个天堂秘境"达古冰川"［EB/OL］. .https://www.kunming.cn/news/
c/2018-05-29/10522876.shtml，2018-05-29.

［6］金台资讯. 达古冰川将建成阿坝州首个单体"国家级地质博物馆"［EB/OL］. https://baijiahao.
　　　baidu.com/s?id=1675250191854928176&wfr=spider&for=pc，2020–08–17.

［7］木易. 稻城亚丁景区开启"加速跑"文旅融合成为全域旅游发展新引擎［EB/OL］. https://
　　　baijiahao.baidu.com/s?id=1632137162594584032&wfr=spider&for=pc，2019–04–29.

［8］科技百科. 亚丁自然保护区［EB/OL］. http://www.techcn.com.cn/index.php?doc–view–106374.html，
　　　2009–04–01.

［9］笛笛杂谈. 有一个地方叫作稻城，我要和我心爱的人一起去那里看白色的雪山［EB/OL］. https://
　　　author.baidu.com/home?from=bjh_article&app_id=1654493075163589，2020–01–12.

［10］张黎萍. 让"冰"燃起来——海螺沟以文旅融合推进乡村振兴的探索［EB/OL］. https://travel.
　　　gmw.cn/2019–11/22/content_33342582.htm?s=gmwreco2，2019–11–22.

［11］甘孜日报. 扬帆起航再出发——海螺沟景区迈入提质升级"加速期"［EB/OL］. http://www.
　　　kbcmw.com/html/xw/jjgz/81246.html，2022–06–21.

［12］杨琦. 我省10县（市）1景区携手共建新平台"大贡嘎"文旅发展联盟昨日正式成立［N］. 四
　　　川经济日报，2022–12–24（01）.

［13］李季欢. 湿地生态园园艺植物配置研究［D］. 绵阳：西南科技大学，2018.

［14］蒋金. 西昌邛海湿地：修复一片湿地润泽一座城市［EB/OL］. https://baijiahao.baidu.com/s?id=156
　　　7077259620319&wfr=spider&for=pc，2017–05–11.

［15］郭凯军. 基于产业融合视角的《只有河南·戏剧幻城》旅游演艺项目研究［J］. 旅游纵览，2022
　　　（17）：156–159.

［16］何璐彤. 王潮歌大型实景演出艺术研究［D］. 石家庄：河北师范大学，2022.

［17］朱丽文，马绍坤，葛永捷. 行走河南　读懂中国｜把"河南"讲给你听　这座城用戏剧讲好河
　　　南故事［EB/OL］. https://new.qq.com/rain/a/20230322A091QM00，2023–03–22.

［18］吕宁，韩霄，赵亚茹. 旅游中小企业经营者创新行为的影响机制——基于计划行为理论的扎根
　　　研究［J］. 旅游学刊，2021，36（3）：57–69.

［19］刘健. 旅游型特色小镇可持续发展研究［D］. 北京：北京交通大学，2020.

［20］姜飞. 世界互联网大会背后蕴含的这些深意你懂吗？［EB/OL］. https://www.sohu.com/a/275099299_181884，
　　　2018–11–13.

［21］上海惠建. "乡村振兴"元年，多元模式探索发展新路径，美好空间势在必行［EB/OL］. https://
　　　baijiahao.baidu.com/s?id=1709221901593937000&wfr=spider&for=pc，2021–08–27.

［22］朱磊，刘诗棋. 以节事活动为触媒的传统城镇文化复兴策略研究——以乌镇与乌镇戏剧节为例
　　　［J］. 小城镇建设，2022，40（1）：69–75.

责任编辑：李冉冉
责任印制：冯冬青
封面设计：中文天地

图书在版编目（CIP）数据

精提升与微改造："大九寨"旅游区高质量发展的
实践与探索 / 文化和旅游部四川培训基地
（四川省旅游培训中心），九寨沟旅游人才培养开发示范基
地编 . —— 北京：中国旅游出版社，2023.10
　ISBN 978-7-5032-7217-2

　Ⅰ. ①精… 　Ⅱ. ①文… ②九… 　Ⅲ. ①九寨沟 – 旅游
区 – 旅游业发展 – 研究 　Ⅳ. ① F592.771.4

中国国家版本馆 CIP 数据核字（2023）第 178236 号

书　　名：精提升与微改造："大九寨"旅游区高质量发展的实践与探索

作　　者：文化和旅游部四川培训基地
　　　　　（四川省旅游培训中心），九寨沟旅游人才培养开发示范基地编
出版发行：中国旅游出版社
　　　　　（北京静安东里6号　邮编：100028）
　　　　　https://www.cttp.net.cn　E-mail: cttp@mct.gov.cn
　　　　　营销中心电话：010-57377103，010-57377106
　　　　　读者服务部电话：010-57377107
排　　版：北京中文天地文化艺术有限公司
印　　刷：北京工商事务印刷有限公司
版　　次：2023年10月第1版　2023年10月第1次印刷
开　　本：787毫米×1092毫米　1/16
印　　张：15
字　　数：304千
定　　价：69.00元
ＩＳＢＮ　978-7-5032-7217-2